LANGENSCHEIDTS
PRAKTISCHE LEHRBÜCHER

LANGENSCHEIDTS
PRAKTISCHES LEHRBUCH
PORTUGIESISCH

mit Berücksichtigung der brasilianischen Besonderheiten

Von

FÁTIMA VIEGAS FIGUEIREDO BRAUER

und

UWE BRAUER

LANGENSCHEIDT
BERLIN · MÜNCHEN · WIEN · ZÜRICH

Ein Schlüssel zu diesem Lehrbuch ist gesondert lieferbar. Er enthält die Übersetzung der Lesestücke und gibt die Lösungen zu den deutsch-portugiesischen Übungen.

| Auflage: | 10. 9. 8. 7. 6. | Letzte Zahlen |
| Jahr: | 1986 85 84 83 82 | maßgeblich |

©1975 by Langenscheidt KG, Berlin und München
Druck: Druckhaus Langenscheidt, Berlin-Schöneberg
Printed in Germany / ISBN 3-468-26270-1

Vorwort

Das vorliegende Lehrbuch stellt ein auf den Erkenntnissen der modernen Sprachbetrachtung aufgebautes, wissenschaftlich fundiertes Werk zur gründlichen Erlernung der portugiesischen Sprache dar und will die Ansprüche derjenigen Kreise befriedigen, die sich, über das Ziel einer bloßen Verständigungsmöglichkeit hinausgehend, eingehender mit dem Studium der Fremdsprache befassen möchten. Mit dieser Zielsetzung wendet das Werk sich auch an die Studierenden der Hochschulen in den deutschsprachigen Gebieten sowie an die Hörer der Volkshochschulen. Darüber hinaus wird es für sprachlich geschulte Benutzer zum Selbstunterricht geeignet sein.

Den Lektionen sind ausführliche Bemerkungen über die *Aussprache* und die *Schreibung* der portugiesischen Sprache vorangestellt. Den nach praktischen Gesichtspunkten ausgewählten und zum Teil dem zeitgenössischen portugiesischen Schrifttum entnommenen *Lesestücken*, die den Lernenden mit den mannigfachen Ausdrucksformen des heutigen portugiesischen Lebens vertraut machen und ihn gleichzeitig in die portugiesische Umgangssprache einführen sollen, folgen *Erläuterungen* stilistischer und grammatischer Art.

Die *Grammatik* selbst ist folgerichtig aus den Lesestücken entwickelt, wobei besonderer Wert auf klare und übersichtliche Darstellung und größtmögliche Vollständigkeit gelegt wurde.

An die grammatischen Ausführungen schließen sich *Übungen* an, die den Lernenden befähigen sollen, das richtige Sprachgefühl zu erwerben und sich korrekt auszudrücken.

Die *Aussprachebezeichnung* ist in der Lautschrift der Association Phonétique Internationale gegeben. Die *Rechtschreibung* der portugiesischen Wörter steht im Einklang mit dem brasilianischen Erlaß vom 18. 12. 1971 und dem portugiesischen Erlaß vom 6. 2. 1973 über eine orthographische Reform, die vornehmlich der Angleichung des in Portugal bzw. in Brasilien gesprochenen Portugiesisch dienen soll.

Angesichts der ständig wachsenden Bedeutung der wirtschaftlichen und kulturellen Beziehungen zwischen *Brasilien* und den deutschsprachigen Ländern hat das in Brasilien gesprochene Portugiesisch besondere Berücksichtigung erfahren. Nach den Vorbemerkungen folgen ausführliche Hinweise zur Aussprache, zur Schreibung und zur Grammatik. Daran schließen sich fünf Textproben an, die dem zeitgenössischen brasilianischen Schrifttum entnommen sind.

Der *Anhang* enthält vollständige Konjugationsmuster der portugiesischen regelmäßigen und unregelmäßigen Verben, ein portugiesisch-deutsches Wörterverzeichnis sowie ein ausführliches Sachregister, das das schnelle Auffinden jeder grammatischen Einzelheit ermöglicht.

VERFASSER UND VERLAG

Abkürzungen

bras.	brasilianisch	*m/pl.*	männliche Mehrzahl
etw.	etwas	Pers.	Person
f, Fem.	Femininum, weiblich	Pl., Plur.	Plural, Mehrzahl
f/pl.	weibliche Mehrzahl	*port.*	portugiesisch
Ger.	Gerundium	Präp.	Präposition
Inf.	Infinitiv	s.	siehe
jm., j-m	jemandem	Sg., Sing.	Singular, Einzahl
jn., j-n	jemanden	wörtl.	wörtlich
m, Mask.	Maskulinum, männlich	<	entstanden aus

Inhaltsverzeichnis

9

Aussprache des Portugiesischen A

Die Vokale A1

Anmerkungen zur Erleichterung des Verständnisses von Aussprache und Lautschrift der Vokale

Offene und geschlossene Aussprache bzw. Lautqualität A1.1

Die Lautqualität eines Vokals wird unter anderem bestimmt durch die Weite bzw. Enge der Mundöffnung (bestimmt durch Stellung bzw. Haltung des Unterkiefers, der Zunge und der Lippen). Ordnet man die Vokale nach diesem Faktor, so daß die mit enger Mundöffnung (man sagt „geschlossen") ausgesprochenen Vokale oben stehen und die mit weiter Mundöffnung (man sagt „offen") ausgesprochenen unten stehen, so kommt man zu folgender Anordnung der Vokale:

$$
\begin{array}{c}
\mathbf{i} \ / \ \mathbf{u} \uparrow \quad \text{geschlossen}\\
\overline{\mathbf{e} \ / \ \mathbf{o}}\\
\mathbf{a} \downarrow \quad \text{offen}
\end{array}
$$

a ist also offener als e und o (die etwa gleich „offen" sind); e und o sind geschlossener als a, aber offener als i und u (die etwa gleich „geschlossen" sind).

Diese Anordnung wird dadurch noch reichhaltiger, daß die Vokale e und o und im Portugiesischen auch das a jeweils eine „offenere" und eine „geschlossenere" Version aufweisen. Da jeweils für beide Versionen nur ein Schriftzeichen besteht, kann man nur durch Lautschrift die Skala der Vokale in ihrer Anordnung nach offenerer oder geschlossenerer Qualität vollständig aufzeichnen:

Schriftzeichen	Lautschrift	Qualität
e, o	[e], [o]	geschlossener
	[ɛ], [ɔ]	offener
a	[ɐ]	geschlossener
	[a]	offener

Die Tatsache, daß bei **e, o** und **a** ein Schriftzeichen genaugenommen für zwei verschiedene Laute (Versionen eines Vokals) steht, führt zu Fällen, in denen Wörter im Schriftbild identisch sind und doch je nach Aussprache des Vokals verschiedene Bedeutungen haben. Das zeigt, wie wichtig der Sprachlernende eine genaue und richtige Aussprache der Vokale nehmen muß.

Beispiele:

almoço	[alˈmosu]	*Mittagessen,*	[alˈmɔsu]	*ich esse zu Mittag*
começo	[kuˈmesu]	*Anfang,*	[kuˈmɛsu]	*ich fange an*
cor	[kor]	*Farbe,*	[kɔr] (de cor)	*auswendig*
este	[ˈeʃt⁽ə⁾]	*dieser,*	[ˈɛʃt⁽ə⁾]	*Osten*
fora	[ˈforɐ]	*er war gegangen,*	[ˈfɔrɐ]	*draußen*
governo	[guˈvernu]	*Regierung,*	[guˈvɛrnu]	*ich regiere*
gosto	[ˈgoʃtu]	*Geschmack,*	[ˈgɔʃtu]	*ich mag*
olho	[ˈoʎu]	*Auge,*	[ˈɔʎu]	*ich schaue*
pregar	[pr⁽ə⁾ˈgar]	*nageln,*	[prɛˈgar]	*predigen*
seco	[ˈseku]	*trocken,*	[ˈsɛku]	*ich trockne*
sede	[ˈsed⁽ə⁾]	*Durst,*	[ˈsɛd⁽ə⁾]	*Sitz*

In einigen Fällen wird der Bedeutungsunterschied von Wörtern, die ihren Buchstaben nach identisch sind, durch einen Akzent auch schriftlich gekennzeichnet. Abgesehen davon, daß sie markieren, welche Silbe eines Wortes betont werden soll, zeigen die Akzente nämlich bei **e, o** und **a** an, ob die **offene** oder die **geschlossene** Version des Vokals gemeint ist. Die Akzente **(acento agudo)** und **(acento grave)** bezeichnen die **offene** und der Akzent **(acento circunflexo)** die **geschlossene** Version.

Also:

[e] e, ê	o, ô [o]
[ɛ] e, é	o, ó [ɔ]
[ɐ] a, â	
[a] a, á, à	

Beispiele:

a	[ɐ]	*die*	à	[a]	*zur*
gostamos	[guʃˈtɐmuʃ]	*wir mögen*	gostámos	[guʃˈtamuʃ]	*wir mochten*
para	[ˈpɐrɐ]	*für*	pára	[ˈparɐ]	*er hält an*
pode	[ˈpɔd⁽ə⁾]	*er kann*	pôde	[ˈpod⁽ə⁾]	*er konnte*
por	[pur]	*durch*	pôr	[por]	*stellen*
se	[s⁽ə⁾]	*ob*	sé	[sɛ]	*Dom*

Konsequenzen der Stellung in betonter oder unbetonter Silbe für die Vokale e und o   A 1.2

In **betonter** Silbe werden **e** und **o**
$$\text{geschlossen oder offen ausgesprochen}$$
$$[e] \quad [o]$$
$$[\varepsilon] \quad [\mathit{ɔ}]$$

In **unbetonter** Silbe wird **e**
„stumm" ausgesprochen
$$[^{(ə)}]$$
und **o**
wie „u" ausgesprochen
$$[u]$$

Nasalierung   A 1.3

Zu jedem der fünf Vokale **i, u, e, o, a** existiert eine nasalierte Version (in der Lautschrift gekennzeichnet als [ĩ], [ũ], [ẽ], [õ], [ɐ̃]). Der nasalierte Vokal wird in jedem Fall geschlossen ausgesprochen. Die Vokale sind zu nasalieren, wenn sie ein Tilde ~ **(til)** tragen oder wenn ihnen **-n** oder **-m** folgt, wobei **m** und **n** nicht ausgesprochen werden.

Vo-kal	Laut-schrift	Beispiele			Aussprache des Vokals	Bedingung
i	[i]	país vinho suíço Lisboa cidade	[pɐ'iʃ] ['viɲu] [su'isu] [liʒ'boɐ] [si'dad⁽ᵊ⁾]	*Land* *Wein* *Schweizer* *Lissabon* *Stadt*		
	[⁽ᵊ⁾] oder [i]	ministro facilidade felicidade	[m⁽ᵊ⁾'niʃtru] [fɐs⁽ᵊ⁾li'dad⁽ᵊ⁾] [f⁽ᵊ⁾l⁽ᵊ⁾si'dad⁽ᵊ⁾]	*Minister* *Leichtigkeit* *Glück*		— oft in unbe-tonter Silbe, wenn die fol-gende Silbe ebenfalls ein i enthält
	[ĩ]	tinta imposto fim	['tĩtɐ] [ĩ'poʃtu] [fĩ]	*Tinte* *Steuer* *Ende*	nasal	— in — im
u	[u]	cunhado quando qualquer guardar	[ku'ɲadu] [ku'ɐ̃du] [kual'kɛr] [guɐr'dar]	*Schwager* *wenn* *irgendeiner* *aufbewahren*		
	[ɵ]	quem porque quinto português guerra guisado	[kɐj] ['purk⁽ᵊ⁾] ['kĩtu] [purtu'geʃ] ['gɛrɐ] [gi'zadu]	*wer* *weil* *der fünfte* *Portugiese* *Krieg* *Gulasch*		— in der Kombination mit q- oder mit g- vor -e oder -i (zu Ausnahmen s. A 3)
	[ũ]	fundo um	['fũdu] [ũ]	*tief* *eins*	nasal	— un — um
e	[e]	mês preto cedo viver	[meʃ] ['pretu] ['sedu] [vi'ver]	*Monat* *schwarz* *früh* *leben*	geschlossen	— ê — in beton-ter Silbe
	[ɛ]	é médico ela mulher director excepto	[ɛ] ['mɛdiku] ['ɛlɐ] [mu'ʎɛr] [dirɛ'tor] [ɐjʃ'sɛtu]	*es ist* *Arzt* *sie* *Frau* *Direktor* *außer*	offen	— é — in betonter Silbe — in betonter oder unbeton-ter Silbe, wenn in dieser auf das e ein c oder p folgt
	[⁽ᵊ⁾]	tarde desde senhora telefonar	['tard⁽ᵊ⁾] ['deʒd⁽ᵊ⁾] [s⁽ᵊ⁾'norɐ] [t⁽ᵊ⁾l⁽ᵊ⁾fu'nar]	*spät* *seit* *Dame* *anrufen*	„stumm": wird so eng mit dem vor-angehenden	— in unbe-tonter Silbe

16

Vo-kal	Laut-schrift	Beispiele			Aussprache des Vokals	Bedingung
	[⁽ᵊ⁾]	de que lhe	[d⁽ᵊ⁾] [k⁽ᵊ⁾] [ʎ⁽ᵊ⁾]	*von* *daß* *ihm*	Konsonanten verschmolzen, daß es fast ganz verschwindet	— in einsilbigen Wörtern
	[i]	teatro reunir elevador efeito evitar	[ti'atru] [ɾiu'nir] [il⁽ᵊ⁾vɐ'dor] [i'fɐjtu] [ivi'tar]	*Theater* *versammeln* *Fahrstuhl* *Wirkung* *vermeiden*		— vor Vokal — im Anlaut, wenn das e allein die Silbe bildet — im Wort e *und*
	[i] oder [⁽ᵊ⁾]	escrever esperar sete anos	[⁽ᵊ⁾ʃkr⁽ᵊ⁾'ver] [⁽ᵊ⁾ʃp⁽ᵊ⁾'rar] ['sɛt⁽ᵊ⁾‿ɐnuʃ]	*schreiben* *warten* *sieben Jahre*		— im Anlaut vor s — im Auslaut, wenn das folgende Wort mit Vokal anfängt
	[i] oder [ɐj]	exposição excitação	[iʃpuzi'sɐ̃w] [iʃsitɐ'sɐ̃w]	*Ausstellung* *Aufregung*		— ex- vor Konsonant im Wortanlaut
	[ẽ]	vender sempre	[vẽ'der] ['sẽpr⁽ᵊ⁾]	*verkaufen* *immer*	nasal	— en — em
o	[o]	avô senhora moça director	[ɐ'vo] [s⁽ᵊ⁾'n_orɐ] ['mosɐ] [dirɛ'tor]	*Großvater* *Dame* *Mädchen* *Direktor*	geschlossen	— ô — in betonter Silbe
	[ɔ]	avó olhas mora nove optimismo	[ɐ'vɔ] ['ɔʎɐʃ] ['mɔrɐ] ['nɔv⁽ᵊ⁾] [ɔti'miʒmu]	*Großmutter* *du schaust* *er wohnt* *neun* *Optimismus*	offen	— ó — in betonter Silbe — in betonter oder unbetonter Silbe, wenn in dieser auf das o ein c oder p folgt
	[u]	falo vivemos noventa o do nos	['falu] [vi'vemuʃ] [nu'vẽtɐ] [u] [du] [nuʃ]	*ich spreche* *wir leben* *neunzig* *der* *vom* *uns*		— in unbetonter Silbe — in einsilbigen Wörtern

17

Vo-kal	Laut-schrift	Beispiele		Aussprache des Vokals	Bedingung
[õ]		onde comprar bom	['õd⁽ᵊ⁾] [kõ'prar] [bõ]	*wo* *kaufen* *gut*	nasal	— on — om
a	[ɐ]	pânico falar garrafa a mas cama pano manha	['pɐniku] [fɐ'lar] [gɐ'r̄afɐ] [ɐ] [mɐʃ] ['kɐmɐ] ['pɐnu] ['mɐɲɐ]	*Panik* *sprechen* *Flasche* *die* *aber* *Bett* *Stoff* *List*	geschlosse- ner als [a]. ,,dumpf'' — etwa wie das ,,a'' im engli- schen ,,about''	— â — in unbe- tonter Silbe — in einsilbi- gen Wörtern — in betonter Silbe vor in- tervokali- schem **m, n** und **nh** — als Aus- nahme auch in **cada** *jeder* und **para** *für*
	[a]	à simpático desastre acto baptizado	[a] [sĩ'patiku] [d⁽ᵊ⁾'zaʃtr⁽ᵊ⁾] ['atu] [bati'zadu]	*zur* *nett* *Unfall* *Akt* *Taufe*	offen	— á oder à — in betonter Silbe — in betonter oder unbe- tonter Silbe, wenn in dieser auf das **a** ein **c** oder **p** folgt
	[ẽ]	irmã cantar samba	[ir'mẽ] [kẽ'tar] ['sẽbɐ]	*Schwester* *singen* *Samba*		— ã — an — am (außer im Auslaut) (s. nas. Diph- thonge)

Die Diphthonge A 2

ai	[aj]	mais	[majʃ]	*mehr*
ao au	[aw]	ao mau	[aw] [maw]	*zum, ins* *böse*
ei éi	[ɐj] [ɛj]	cantei, gostei papéis	[kɐ̃'tɐj], [guʃ'tɐj] [pɐ'pɛjʃ]	*ich sang, ich mochte* *Papiere*
eu éu	[ew] [ɛw]	seu céu	[sew] [sɛw]	*sein, ihr* *Himmel*
iu	[iw]	ouviu, partiu	[o'viw] [pɐr'tiw]	*er hörte, er zerbrach*

18

| oi | [oj] | foi | [foj] | *er ging* |
| ói | [ɔj] | espanhóis | [iʃpɐˈɲɔjʃ] | *Spanier (Pl.)* |

| ui | [uj] | azuis | [ɐˈzujʃ] | *blau (Pl.)* |

(nasalierte Diphthonge)

ãe (em) (en)	[ɐ̃j]	mãe viagem, bem tens	[mɐ̃j] [viˈaʒɐ̃j] [bɐ̃j] [tɐ̃jʃ]	*Mutter Reise, gut du hast*
ão (am)	[ɐ̃w̃]	mão falam, cantaram	[mɐ̃w̃] [ˈfalɐ̃w̃] [kɐ̃ˈtarɐ̃w̃]	*Hand sie sprechen, sie sangen*
õe	[oj̃]	põe, eleições	[poj̃] [ilɐjˈsojʃ]	*er stellt, Wahlen*
ui	[uj̃]	muito	[ˈmuj̃tu]	*sehr, viel* (ui wird nur in muito nasaliert)

Bemerkung:

Bei den portugiesischen Diphthongen ist unbedingt zu beachten, daß jeder der beiden im Diphthong enthaltenen Vokale **seine eigene Lautqualität voll behält.** Eine Aussprache des **eu** im portugiesischen Wort **Europa** [euˈrɔpɐ] wie im deutschen Wort *Europa* wäre daher falsch.

Die Konsonanten   A 3

Konsonant	Lautschrift	Beispiele			Bedingung
b	[b]	beber abrir	[b(ə)ˈber] [ɐˈbrir]	*trinken öffnen*	
c	[s]	cedo cidade	[ˈsedu] [siˈdad(ə)]	*früh Stadt*	— vor e oder i
	[k]	com café declarar	[kõ] [kɐˈfɛ] [d(ə)klɐˈrar]	*mit Kaffee behaupten*	*allgemein:* wenn nicht e oder i folgt. *im einzelnen also:* — vor a, o oder u — vor Konsonanten (außer c, ç und t) (*zu Ausnahmen s. unten*)
	[ø]	direcção acção arquitecto	[dirɛˈsɐ̃w̃] [aˈsɐ̃w̃] [ɐrkiˈtɛtu]	*Richtung Handlung Architekt*	— vor c, ç oder t *Ausnahmen:* contacto *Berührung,*

19

Kon-so-nant	Laut-schrift	Beispiele			Bedingung
[ɵ]		directo acto activo espectador espectáculo	[di'rɛtu] ['atu] [a'tivu] [iʃpɛtɐ'dor] [iʃpɛ'takulu]	*direkt* *Akt* *aktiv* *Zuschauer* *Schauspiel*	intelectual *intellektuell*, convicção *Überzeugung*, facto *Tatsache*, ficção *Fiktion*, pacto *Vertrag*, secção *Abteilung*
ç	[s]	suíço almoço acção	[su'isu] [al'mosu] [a'sɐ̃w̃]	*Schweizer* *Mittagessen* *Handlung*	
d	[d]	cedo de	['sedu] [d⁽ə⁾]	*früh* *von*	
f	[f]	café falar	[kɐ'fɛ] [fɐ'lar]	*Kaffee* *sprechen*	
g	[ʒ]	engenheiro gigante	[ẽʒ⁽ə⁾'nɐjru] [ʒi'gɐ̃t⁽ə⁾]	*Ingenieur* *Riese*	— vor **e** oder **i**
	[g]	grego algumas Grécia digno	['gregu] [al'gumɐʃ] ['grɛsiɐ] ['dignu]	*Grieche* *einige* *Griechenland* *würdig*	*allgemein:* wenn nicht **e** oder **i** folgt. *im einzelnen also:* — vor **a, o** oder **u** — vor Konsonant
gu	[g]	guerra guisado	['gɛr̄ɐ] [gi'zadu]	*Krieg* *Gulasch*	— vor **e** oder **i**
h	[ɵ]	há hoje	[a] ['oʒ⁽ə⁾]	*es gibt* *heute*	in allen Fällen unausgesprochen
ch	[ʃ]	chegar achar	[ʃ⁽ə⁾'gar] [ɐ'ʃar]	*ankommen* *finden*	
lh	[ʎ]	olho filho mulher	['oʎu] ['fiʎu] [mu'ʎɛr]	*Auge* *Sohn* *Frau*	
nh	[ɲ]	vinho senhora	['viɲu] [s⁽ə⁾'ɲorɐ]	*Wein* *Dame*	
j	[ʒ]	já queijo	[ʒa] ['kɐjʒu]	*schon* *Käse*	
l	[l]	lado italiano	['ladu] [itɐli'ɐnu]	*Seite* *italienisch*	
m	[m]	matemática filmar	[mɐt⁽ə⁾'matikɐ] [fil'mar]	*Mathematik* *filmen*	— im Wort- und Silbenanlaut

Kon-so-nant	Laut-schrift	Beispiele			Bedingung
[~]	[~]	fim um samba	[fĩ] [ũ] ['sẽbɐ]	*Ende* *eins* *Samba*	-im, -om, -um -am, -em (außer im **Wort**auslaut) (s. A 2, nas. Diphthonge)
n	[n]	não dono	[nɐw̃] ['donu]	*nein* *Besitzer*	— im Wort- und Silbenanlaut
	[~]	cantar tinta juntos	[kẽ'tar] ['tĩtɐ] ['ʒũtuʃ]	*singen* *Tinte* *zusammen*	-an, -en, -in, -on, -un
p	[p]	pera pouco	['perɐ] ['poku]	*Birne* *wenig*	
	[ø]	excepção recepção baptizado Egipto optimismo excepto receptor	[iʃsɛ'sɐw̃] [r⁽ə⁾sɛ'sɐw̃] [bati'zadu] [i'ʒitu] [ɔti'miʒmu] [iʃ'sɛtu] [r̄⁽ə⁾sɛ'tor]	*Ausnahme* *Rezeption* *Taufe* *Ägypten* *Optimismus* *außer* *Empfänger*	— vor **c, ç** und **p** *Ausnahmen:* abrupto *abrupt*, adepto *Anhänger*, apto *fähig*, corrupto *korrupt*, egípcio *ägyptisch*, eucalipto *Eukalyptus*, interruptor *Schalter*, núpcias *Hochzeit*, opção *Wahl*, réptil *Reptil*
qu	[k]	querer quinto	[k⁽ə⁾'rer] ['kĩtu]	*wollen* *der fünfte*	— vor **e** und **i** *(zu Ausnahmen s. unten)*
	[ku]	qual qualquer enquanto quando quadro quatro quotidiano	[ku'al] [kual'kɛr] [ẽku'ẽtu] [ku'ẽdu] [ku'adru] [ku'atru] [kuotidi'ɐnu]	*welcher* *irgendeiner* *während* *als* *Bild* *vier* *täglich*	— vor **a** oder **o** *Als Ausnahme auch:* cinquenta *fünfzig*, consequência *Folge*, frequência *Häufigkeit*, frequentar *besuchen*, sequência *Folge*, tranquilidade *Ruhe*, tranquilo *ruhig*
rr	[r̄]	carro	['kar̄u]	*Auto*	— (immer)
r	[r̄]	rua melro	['r̄uɐ] ['mɛlr̄u]	*Straße* *Amsel*	— im Wortanlaut oder Silbenanlaut nach Konsonanten

21

Kon-so-nant	Laut-schrift	Beispiele			Bedingung
[r]	[r]	ter terminar caro fraco trazer	[ter] [t⁽ᵊ⁾rmiˈnar] [ˈkaru] [ˈfraku] [trɐˈzer]	*haben* *beenden* *teuer* *schwach* *bringen*	— *allgemein:* nicht im Wortanlaut oder Silbenanlaut nach Kons. *im einzelnen also:* — im Wort- oder Silbenauslaut — intervokalisch — in der Kombination **cr-, fr-, gr-, pr-, tr-**
ss	[s]	regressar	[r̄⁽ᵊ⁾grⁱᵊˈsar]	*zurückkommen*	— (immer)
s	[z]	casa os americanos	[ˈkazɐ] [uz‿ɐm⁽ᵊ⁾riˈkɐnuʃ]	*Haus* *die Amerikaner*	— intervokalisch (im Wort und im Satz)
	[s]	sempre sol penso insistir absurdo	[ˈsẽpr⁽ᵊ⁾] [sɔl] [ˈpẽsu] [ĩsiʃˈtir] [ɐbˈsurdu]	*immer* *Sonne* *ich denke* *auf etw. bestehen* *absurd*	*allgemein:* wenn nicht intervokalisch *im einzelnen also:* — im Wortanlaut — im Silbenanlaut nach Kons. (*Ausnahme:* trânsito *Verkehr* — **s** [z])
	[ʃ]	ruas responder escrever estar as flores	[ˈr̄uɐʃ] [r̄⁽ᵊ⁾ʃpõˈder] [⁽ᵊ⁾ʃkr⁽ᵊ⁾ˈver] [⁽ᵊ⁾ʃˈtar] [ɐʃ ˈflor⁽ᵊ⁾ʃ]	*Straßen* *antworten* *schreiben* *sein* *die Blumen*	— im Wortauslaut vor den Satzzeichen , ; : oder. — im Wort- oder Silbenauslaut vor stimmlosen Kons. (**[k]**, **f, p, t**)
	[ʒ]	Lisboa desde bebes vinho	[liʒˈboɐ] [ˈdeʒd⁽ᵊ⁾] [ˈbɐb⁽ᵊ⁾ʒ ˈviɲu]	*Lissabon* *seit* *du trinkst Wein*	— im Wort- oder Silbenauslaut vor stimmhaften Konsonanten (**b, d, g, j, l, m, n, r, v**)
t	[t]	leite tarde	[lɐjt⁽ᵊ⁾] [ˈtard⁽ᵊ⁾]	*Milch* *spät*	
v	[v]	uvas vinho	[ˈuvɐʃ] [ˈviɲu]	*Trauben* *Wein*	
x	[ʃ]	enxofre xadrez paixão	[ẽˈʃofr⁽ᵊ⁾] [ʃɐˈdreʃ] [pajˈʃɐ̃w̃]	*Schwefel* *Schach* *Leidenschaft*	— im Wort- oder Silbenanlaut — intervokalisch

22

n- *nt*	Lautschrift	Beispiele			Bedingung
	[ʃ]	baixo	['bajʃu]	*niedrig*	
		mexer	[m⁽ᵊ⁾'ʃer]	*umrühren*	
		mexilhão	[m⁽ᵊ⁾ʃi'ʎɐw̃]	*Miesmuschel*	
		experiência	[iʃp⁽ᵊ⁾ri'ēsiɐ]	*Erfahrung*	— ex vor stimm-
		êxtase	['ɐjʃtɐz⁽ᵊ⁾]	*Ekstase*	losem Konsonan-
		texto	['tɐjʃtu]	*Text*	ten
	[z]	exame	[i'zɐm⁽ᵊ⁾]	*Prüfung*	— ex vor Vokal
		exemplo	[i'zēplu]	*Beispiel*	
		exagerar	[izɐʒ⁽ᵊ⁾'rar]	*übertreiben*	
	[s]	próximo	['prɔsimu]	*nahe*	— intervokalisch
		máximo	['masimu]	*höchst*	
		auxílio	[au'siliu]	*Hilfe*	
		sintaxe	[sĩ'tas⁽ᵊ⁾]	*Syntax*	
	[ks]	fixo	['fiksu]	*fest*	— intervokalisch
		sexo	['sɛksu]	*Sex*	
		táxi	['taksi]	*Taxi*	
		tórax	['tɔraks]	*Thorax*	
z	[z]	zangado	[zɐ̃'gadu]	*böse*	— im Wortanlaut
		fazer	[fɐ'zer]	*tun*	— intervokalisch wie bei s [z]
	[ʃ]	paz	[paʃ]	*Friede*	wie bei s [ʃ]
		diz	[diʃ]	*er sagt*	
		rapaz	[r̄ɐ'paʃ]	*Junge*	
	[ʒ]	rapaz brasileiro	[r̄ɐ'paʒ brɐzi'lɐjru]	*brasilianischer Junge*	wie bei s [ʒ]

Anmerkungen zur Erleichterung der Aussprache portugiesischer Konsonanten

1. Die portugiesische Aussprache der Konsonanten **b, d, f, l** und **t** ergibt sich für den Deutschen von selbst.

2. Die Einstellung auf die richtige Aussprache der Schriftzeichen **ç, h, ch, lh, nh, j, rr, ss** und **v** bietet ebenfalls kaum Schwierigkeiten.

3. Die Schriftzeichen **c, g, m, n, p, qu, r, s, x, z** bereiten hingegen eine gewisse Schwierigkeit, weil sie unter verschiedenen Bedingungen verschieden ausgesprochen werden.
   Eine erleichternde Zusammenfassung kann man von den Bedingungen der Aussprache her vornehmen.

   a. So ist es für die Aussprache der Schriftzeichen **m, n** und **r** entscheidend, ob sie im **Anlaut** stehen oder nicht.

23

b. Bei den verschiedenen Schriftzeichen für „s"-Laute (s, x und z) empfiehlt es sich, zunächst die Schriftzeichen s und z gesondert zu betrachten. Für ihre Aussprache ist die entscheidende Bedingung, ob sie im **Wort- oder Silbenauslaut** stehen oder nicht. Steht das Zeichen s oder z im **Auslaut** und folgt im Wort bzw. am Anfang des nächsten Wortes **kein Vokal**, so kommt für die Aussprache nur einer der beiden „sch"-Laute, nämlich [ʃ] (stimmlos wie in *Fisch*) oder [ʒ] (stimmhaft wie bei korrekter Aussprache von *Genie, Journal*), in Frage.

Steht das Zeichen s oder z hingegen **nicht im Wort- oder Silbenauslaut**, so kommt nur einer der beiden „s"-Laute in Frage, also entweder das stimmhafte [z] (wie in *Sohn*) oder das stimmlose [s] (wie in *Sklave*). Die Entscheidung, ob stimmhaft oder stimmlos auszusprechen ist, fällt relativ leicht:

Bei den „s"-Lauten: beim schriftlichen z existiert **nur** die stimmhafte Version des „s"-Lautes [z], beim schriftlichen s ist der „s"-Laut nur in **intervokalischer** Stellung stimmhaft [z] auszusprechen.

Bei den „sch"-Lauten: ob stimmlos [ʃ] oder stimmhaft [ʒ] auszusprechen ist, entscheidet der Laut, der im Wort oder am Anfang des nächsten Wortes auf das s oder z folgt: ist es ein stimmhafter Konsonant (**b, d, g, j, l, m, n, r, v**), dann ist das davorstehende s oder z auch als stimmhafter „sch"-Laut [ʒ] auszusprechen, es sei denn, er wäre von dem folgenden stimmhaften Konsonanten durch ein Satzzeichen getrennt. Ist es hingegen ein stimmloser Konsonant ([k], **f, p, t**), so bleibt es bei stimmloser Aussprache [ʃ].

Die Bedingung für die verschiedenen Aussprachefälle des Schriftzeichens **x** [ʃ], [z], [s] und [ks] ist kaum zu systematisieren und daher wohl oder übel auswendig zu lernen.

c. Für die Schriftzeichen c und p gilt gemeinsam, daß sie grundsätzlich vor **c, ç** oder **t** nicht ausgesprochen werden. Von dieser Regel gibt es in beiden Fällen auswendig zu lernende Ausnahmen.

d. Für die Schriftzeichen c und g gilt gemeinsam, daß sie vor **e** oder **i** als Reibelaut ([s] im Falle von c und [ʒ] im Falle von g) auszusprechen sind. Folgt etwas anderes als **e** oder **i**, so sind sie als [k] im Falle von c und als [g] im Falle von g auszusprechen.

Allgemeine Bemerkungen A 4

1. **Zu feineren Aussprachedifferenzierungen im Portugiesischen und ihrer lautschriftlichen Kennzeichnung:**
Viele portugiesische Vokale und Konsonanten erfahren je nach der lautlichen Nachbarschaft, in der sie stehen, über die oben gemachten Angaben hinaus minimale Aussprachedifferenzierungen. Es ist zwar möglich, diese durch die Anwendung eines sehr umfangreichen Systems laut-

schriftlicher Zeichen zu beschreiben, aber hier ist auf eine solche Beschreibung verzichtet worden, um den Anfänger nicht unnötig zu verwirren.

2. Zur Schreibung:
Außer **-rr-** und **-ss-** tritt im Portugiesischen **kein** Konsonant als Doppelkonsonant auf. Eine Ausnahme hierzu bildet aber die Form **connosco** *mit uns*.

3. Zur Aussprache von a, e, o vor c oder p im Silbenauslaut:
Grundsätzlich werden **a, e** und **o** in einer Silbe, die auf **c** oder **p** endet, **offen** ausgesprochen, auch wenn die Silbe unbetont ist. Auch wenn das **c** oder **p** am Silbenende nicht mit ausgesprochen wird, bleibt die Aussprache des Vokals dann **offen**.

4. Zur Aussprache des r:
Der **r**-Laut wird im Portugiesischen mit der **Zungenspitze** gebildet, und zwar entweder als [r], nämlich geschlagen (die Zungenspitze schlägt nur einmal), oder als [r̄], nämlich vibrierend (die Zungenspitze vibriert).

5. Ganz allgemein ist zu beachten, daß **unbetonte Vokale** im Portugiesischen nur sehr schwach und undeutlich ausgesprochen werden.

Aussprache des Portugiesischen in Sätzen   **A 5**

Im Gegensatz zum Deutschen werden die einzelnen Wörter eines Satzes im Portugiesischen beim Sprechen derart **miteinander verbunden,** daß sich die Aussprache des Endes oder des Anfangs vieler Wörter dabei verändert. Gerade dieser Umstand macht Ausländern das Verständnis der gesprochenen portugiesischen Sprache sehr schwer.
Die lautliche Verbindung einzelner Wörter in einem Satz muß nicht in allen Fällen zu lautlichen Veränderungen bei den betreffenden Wörtern führen. Ohnehin hängt das Ausmaß der lautlichen Verschmelzung der Wörter eines Satzes auch beim Portugiesen davon ab, auf wieviel Sorgfalt der Aussprache er es anlegt.
Hier sollen aus den ersten acht Lektionen Beispiele für Wortverschmelzungen im Satz angegeben werden, wie sie umgangssprachlich häufig begegnen.

Fall 1: Ein Wort mit **vokalischem Auslaut** steht im Satz vor einem Wort, das mit einem **Vokal** anlautet.

    a. Wortende **-a** [ɐ], [a] stößt auf Wortanfang **a** [ɐ], [a]:
        ela achava [ˈɛl‿aˈʃavɐ]
        já arranjou [ʒ‿ar̄ẽˈʒo]
        para a (rua) [ˈpɐr‿a]
        regressa amanhã [r̄(ə)ˈgrɛs‿amɐˈɲẽ]

tua amiga [tuˌaˈmiɐ]
está a escrever [⁽ᵊ⁾ʃˈtˌaˌ⁽ᵊ⁾ʃˈkr⁽ᵊ⁾ˈver]
na avenida [nˌav⁽ᵊ⁾ˈnidɐ]
está à espera [⁽ᵊ⁾ʃˈtˌaˌ⁽ᵊ⁾ʃˈpɛrɐ]

b. Wortende -o [u] stößt auf Wortanfang o [u] bzw. u [u], [ũ]:
conheço o (médico) [kuˈɲesˌu]
encontro o (tio) [ẽˈkõtrˌu]
tenho uns (óculos) [ˈtɐɲˌũzˌˈɔkuluʃ]

c. Wortende Vokal stößt auf Wortanfang es- [⁽ᵊ⁾ʃ]:
uma esferográfica [ˈumɐˌ⁽ᵊ⁾ʃfɛrɔˈgrafikɐ]
(o) trânsito esteve (interrompido) [ˈtrẽzituˌ⁽ᵃ⁾ʃˈtev⁽ᵊ⁾]
um estrangeiro [ũˌ⁽ᵃ⁾ʃtrẽˈʒɐjru]
ela esteve [ˈɛlɐˌ⁽ᵃ⁾ʃˈtev⁽ᵊ⁾]
já está [ʒaˌ⁽ᵃ⁾ʃˈta]
(a) Margarida está [mɐrgɐˈridɐˌ⁽ᵃ⁾ʃˈta]
(já) lá estavas [laˌ⁽ᵃ⁾ʃˈtavɐʃ]
no escritório [nuˌ⁽ᵃ⁾ʃkriˈtɔriu]

d. Wortende -e [⁽ᵊ⁾] stößt auf Wortanfang Vokal:
de ir [d⁽ᵃ⁾ˌir]
conheceste ontem [kuɲ⁽ᵊ⁾ˈseʃt⁽ᵃ⁾ˌˈõtɐj]
conhece algumas [kuˈɲɛs⁽ᵃ⁾ˌalˈgumɐʃ]
sempre às (perguntas) [ˈsẽpr⁽ᵃ⁾ˌaʃ]
de andar [d⁽ᵃ⁾ˌẽˈdar]
hoje almoço [ˈoʒ⁽ᵃ⁾ˌalˈmɔsu]
esteve ontem [⁽ᵊ⁾ʃˈtev⁽ᵃ⁾ˌˈõtɐj]
esteve interrompido [⁽ᵊ⁾ʃˈtev⁽ᵃ⁾ˌĩt⁽ᵊ⁾r̃õˈpidu]
da exposição [d⁽ᵃ⁾ˌɐjʃpuziˈsɐ̃w̃]

e. Wortende -a [ɐ] stößt auf Wortanfang e- [ɛ] bzw. o [u]:
(a) moça é (simpática) [ˈmosˌɛ]
(quanto) custa o (carro) [ˈkuʃtˌɔ]

f. Wortende -o [u] stößt auf Wortanfang o- [o]:
muito obrigado [ˈmujtˌɔbriˈgadu]

g. Wortende -que stößt auf Wortanfang Vokal:
que horas (são) [kiˌˈɔrɐʃ]
(melhor do) que este [kiˌˈeʃt⁽ᵊ⁾]
que ela [kiˌˈɛlɐ]

Fall 2: Bei einem Wort, das auf -s bzw. -z endet, wird dessen Lautwert vom Anlaut des folgenden Wortes bestimmt.

a. Das folgende Wort lautet mit stimmlosem Konsonanten an:
(Quantos) anos tens [ˈɐnuʃ tɐjʃ]
depois foi (para o Porto) [d⁽ᵊ⁾ˈpojʃ foj]
falas português [ˈfalɐʃ purtuˈgeʃ]

26

b. Das folgende Wort lautet mit **stimmhaftem** Konsonanten an:
Os livros de (português) [uʒ ˈlivruʒ d⁽ə⁾]
Morámos muitos (anos) [muˈramuʒ ˈmuĩtuz‿ˈɐnuʃ]
Gostamos de (nadar) [guʃˈtɐmuʒ d⁽ə⁾]
Bebes vinho [ˈbɛb⁽ə⁾ʒ ˈviɲu]
Não deves ler [nɐw̃ ˈdɛv⁽ə⁾ʒ ler]

Bemerkung:

Obwohl bei Wortauslaut -s vor anlautendem r- nach den Regeln als [ʒ] auszusprechen wäre, wird das Auslaut-s in diesem Fall bei der Aussprache vielfach ganz ausgelassen: os rapazes [u‿r̄ɐˈpaz⁽ə⁾ʃ]
pelos resultados [ˈpelu‿r̄⁽ə⁾zulˈtaduʃ]

c. Das folgende Wort lautet mit **Vokal** an:
falas italiano [ˈfalɐz‿itɐliˈɐnu]
estudamos em (Coimbra) [⁽ə⁾ʃtuˈdɐmuz‿ɐj̃]
O Luís e (o primo) [u luiz‿i]

Weitere Beispiele zu a., b. *und* c.:
Temos muitos amigos [ˈtemuʒ ˈmuĩtuz‿ɐˈmiguʃ]
Quantos anos tens [kuˈɐ̃tuz‿ˈɐnuʃ tɐj̃ʃ]
Morámos muitos anos na (Avenida do Brasil) [muˈramuʒ ˈmuĩtuz‿ ˈɐnuʒ nɐ]
Os engenheiros americanos ainda (não compreendem português) [uz‿ẽʒ⁽ə⁾ˈɲɐjruz‿ɐm⁽ə⁾riˈkɐnuz‿ɐˈĩdɐ]

Fall 3 : Wie im Kapitel über die Aussprache der Vokale im Portugiesischen ausgeführt, kann e im Anlaut vor s sowohl als [⁽ə⁾] als auch als [i] ausgesprochen werden.
Geht in einem Satz einem Wort mit solchem Anlaut ein Wort voraus, das auf -z bzw. -s endet, so wird die [i]-Aussprache für das e des Anlautes es- vorgezogen, weil sich die beiden s-Laute lautlich so besser verbinden lassen als mit der [⁽ə⁾]-Aussprache.
óculos escuros [ˈɔkuluz‿iʃˈkuruʃ]
elas estão [ˈɛlɐz‿iʃˈtɐw̃]

Fall 4 : Auslautendes **im** [ĩ], **om** [õ], **am** [ɐw̃], **em** [ɐj̃] vor Wörtern, die mit **Vokal** anlauten:
com o (Rui) [kõ‿u]
com a (caneta) [kõ‿ɐ]
aceitam a (proposta) [ɐˈsɐjtɐw̃‿ɐ]
vivem em (Portugal) [ˈvivɐj‿ɐj̃]
(Gerade der deutsche Sprachlernende neigt dazu, das auslautende **m** in solchen Fällen stimmhaft werden zu lassen, was aber unbedingt zu vermeiden ist.)

27

Wie im Kapitel über die Aussprache der Konsonanten bereits dargestellt, werden einige Konsonanten im Portugiesischen je nachdem, was für ein Vokal ihnen folgt, verschieden ausgesprochen (s. A 3). Um bei Verben, deren Stamm auf einen solchen Konsonanten endet, durch das Schriftbild anzuzeigen, daß dieser **unabhängig vom folgenden Vokal** durch alle Konjugationsformen hindurch **einheitlich ausgesprochen** wird, wird der Konsonant, wo nötig, je nach dem folgenden Vokal **verschieden** geschrieben.

Infinitivendung auf	Lautwert des Konsonanten in allen Konjugationsformen	Schreibung des Konsonanten	
		vor **e** od. **i**	vor **a** od. **o**
-car	[k]	qu	c
-çar	[s]	c	ç
-gar	[g]	gu	g
		vor **a** od. **o**	vor **e** od. **i**
-cer	[s]	ç	c
-gir	[ʒ]	j	g
-guir	[g]	g	gu

Beispiele:
ficar *bleiben:* fico; aber: fiquei;
almoçar *zu Mittag essen:* almoçávamos; aber: almocemos;
chegar *ankommen:* chego; aber: cheguei;
conhecer *kennen:* conhecemos; aber: conheçamos;
fugir *fliehen:* fugi; aber: fuja;
conseguir *erreichen:* consegui; aber: consigo.

Schreibung des Portugiesischen B

Betonung B 1.1

1. Die Mehrzahl der portugiesischen Wörter wird auf der **vorletzten** Silbe betont:

Beispiele:

jan to	pro **pos** ta	ab so lu ta **men** te
che gas	res pon **de** mos	es tran **gei** ros
ci **da** de	co **nhe** cem	
ce do	**ru** a	

2. Auf der **letzten** Silbe werden betont:

   a. Alle Wörter, die auf **Diphthong** enden.

   Beispiele:

per gun **tei**	de **pois**	a le **mão**
be **beu**	en con **trou**	a vi **ão**

   b. Alle Wörter, die mit **nasaliertem Vokal** enden.

   Beispiele:

a ma **nhã**	ir **mã**

   c. Alle Wörter, die **i** oder **u** in der letzten Silbe haben.

   Beispiele:

a pren **di**	ven **di**

   d. Alle Wörter, die auf **Konsonant** enden (ausgenommen **m** oder **s**).

   Beispiele:

ra **paz**	es cre **ver**	es tu pi **dez**
di rec **tor**	se **nhor**	pa **pel**
o **lhar**	al mo **çar**	in fan **til**

Akzente B 1.2

Es gibt im Portugiesischen drei Akzente:

acento agudo
acento grave
acento circunflexo

1. Der **acento agudo** und der **acento grave** zeigen an, daß der betreffende Vokal **offen** auszusprechen ist.

   a. Der **acento agudo** gibt darüber hinaus noch an, daß die Silbe, zu der der betreffende Vokal gehört, zu **betonen** ist.

   b. Der **acento grave** wird gemäß einem Reform-Dekret zur Orthographie des Portugiesischen vom 6. 2. 1973 nur noch bei drei Verschmelzungen und ihren Flexionsformen gesetzt. Es handelt sich um die Verschmelzung der Präposition **a:**
      — mit dem Artikel **a (as)** zu **à (às);**
      — mit den Formen des Demonstrativpronomens **aquele** zu **àquele (àqueles, àquela, àquelas);**
      — und mit dem unflektierten Demonstrativpronomen **aquilo** zu **àquilo.**

2. Der **acento circunflexo** zeigt an, daß der betreffende Vokal **geschlossen** auszusprechen ist und daß die Silbe, zu der der betreffende Vokal gehört, zu **betonen** ist.

   A. Alle Wörter, die von den Betonungsregeln B1.1, 2a., b., c. und d. abweichen, **tragen einen Akzent als Betonungsanweisung.**

   Beispiele:
   zu 1.

você	alguém	café
português	até	também
atrás		

   zu 2a.

órgão	bênção

   zu 2b.
   órfã

   zu 2c.

lápis	álbum

   zu 2d.

automóvel	Setúbal	tórax
possível		

   B. Es gibt außerdem viele portugiesische Wörter, die auf der **drittletzten** Silbe betont werden. Auch für sie gilt selbstverständlich das unter A Bemerkte.

   Beispiele:

sábado	óculos	estômago
médico	farmacêutica	característica
simpática	disséssemos	

   C. Besteht die nach den Regeln zu betonende Silbe eines Wortes nur aus einem **i** oder einem **u,** so muß dieser Vokal mit einem **acento agudo**

versehen werden, wenn die unmittelbar davorstehende Silbe auf
Vokal endet. Auf diese Weise wird verhindert, daß die beiden anein-
anderstoßenden Vokale als Diphthong aufgefaßt werden. (Es gibt
allerdings einige Ausnahmen.)

Beispiele:

saíste	saúde	concluído
saísse	ruído	

D. Einige Verbformen, die mit einer anderen verwechselt werden können,
tragen zur Unterscheidung einen Akzent.

Beispiele:

almoçamos	/	almoçámos
encontramos	/	encontrámos
demos	/	dêmos
pode	/	pôde

E. Der **acento agudo** und der **acento circunflexo** werden auch gebraucht,
um die **betonte** Aussprache von **a**, **e** oder **o** in einsilbigen Wörtern im
Schriftbild zu kennzeichnen. (Diese Vokale sind normalerweise in
einsilbigen Wörtern als [ɐ], [(ə)] und [u] — also unbetont — auszusprechen.)

Beispiele:

nó	*Knoten*	no	*im*
dá	*er gibt*	da	*von der*
sé	*Dom*	se	*ob*
pôr	*legen*	por	*durch*
má	*schlecht*	ma	*sie mir*
nós	*wir*	nos	*uns*
más	*schlechte*	mas	*aber*

Silbentrennung B 2

Im Portugiesischen wird normalerweise nach Sprechsilben getrennt.

Beispiele:

ab-so-lu-ta-men-te	en-car-na-do	or-gu-lho-so
a-cei-tam	en-ge-nhei-ro	par-dais
ar-gen-ti-no	es-pe-ram	pro-fun-da-men-te
com-pa-nhei-ro	eu-ro-peus	re-sul-ta-do
com-pra-ram	e-xa-me	sal-dos
con-ti-nu-o	fil-mar	sem-pre
de-sas-tre	i-men-so	tar-de
di-rec-tor	is-quei-ro	
di-ver-ti-do	jan-to	

31

Merke:

1. a. Die Vokale, die zusammen einen Diphthong bilden, werden nicht getrennt.

   Beispiele:

aprovei-/tar	espa-/nhóis	mais
dão	jan-/tou	mau
engenhei-/ro		

   b. Konsonantengruppen im Silbenanlaut werden nicht getrennt.

   Beispiele:

a-/brimos	em-/prestou	ex-/plicar
com-/praram	en-/graçado	sem-/pre
desas-/tre	es-/crever	

   c. -ch-, -lh-, -nh- sind nicht trennbar.

   Beispiele:

a-/chamos	fi-/lhos	mari-/nheiro
chegar	o-/lham	ti-/nha

2. a. -gu- und -qu- werden nie vom folgenden Vokal oder Diphthong getrennt, unabhängig davon, ob das u mit ausgesprochen wird oder nicht.

   Beispiele:

aguar-/dente	en-/quanto	quen-/te

   b. -rr-, -ss-, -cc-, -cç-, -ct-, -pc-, -pç- und -pt- müssen getrennt werden.

   Beispiele:

car-/ro	interes-/sante	direc-/tor
inter-/rompido	fric-/cionar	excep-/ção
dis-/se	reac-/ção	adap-/tar

3. a. Wird ein Wort, das einen Bindestrich enthält, beim Bindestrich getrennt, so muß der Bindestrich am Anfang der nächsten Zeile wiederholt werden.

   Beispiele:

encontrei-/-o	hei-/-de	visitou-/-te

   b. Man trennt nicht so, daß ein Vokal, der den Anfang oder das Ende eines Wortes bildet, dadurch allein zu stehen kommt. (Dies zu tun, wäre nach den Regeln der Grammatik zwar möglich, ist aber ungewöhnlich.)

   Beispiele:

abrir	famí-/lia	saiu
evi-/dente		

Die Groß- und Kleinschreibung des Portugiesischen unterscheidet sich grundlegend von der des Deutschen. In der Regel wird im Portugiesischen **klein** geschrieben.
Groß zu schreiben sind allerdings:

1. Das **erste Wort** eines Satzganzen.
   Beispiele:
   Soube pela televisão que era a única totalista. Não diz qual foi a primeira reacção. (*Aus Lekt. 17*)

2. a. **Eigennamen:**
   João
   Teresa
   Nogueira

   b. **Namen von Völkern, Tieren und Sachen:**
os Franceses	*die Franzosen*
os Japoneses	*die Japaner*
o Veludinho	*(Name eines Kanarienvogels)*
a Gaivota	*(Name eines Segelboots)*
o Foguete	*(Name eines Zuges)*

   c. **Straßennamen:**
Avenida da Liberdade	*(Freiheitsallee)*
Rua da Prata	*(Silberstraße)*

   d. **Geographische Namen:**
Serra da Estrela	*Sterngebirge*
o Algarve	
a Ilha da Madeira	*die Insel Madeira*
o rio Mondego	*(Fluß)*
Portugal	

   e. **Buch- und Zeitungstitel:**
O Irreal Quotidiano	
Quatro Paredes Nuas	
Diário de Notícias	*(Zeitung)*
Diário Popular	*(Zeitung)*

   f. **Gesellschaftliche, akademische und Amtstitel:**
a Dona Paula	*(Anrede für Frauen)*
o Engenheiro Azevedo da Silva	*(Ing.)*
o Doutor Amaral	*(Dr.)*
o Governador Civil	*Chef einer Provinzverwaltung*
o Presidente da Câmara	*Bürgermeister*
o Ministro da Educação	*Kultusminister*
o Cônsul da Inglaterra	*der englische Konsul*

33

g. **Namen von Monaten, Festen, Institutionen, Schul- und Studienfächern:**

Julho	*Juli*
Agosto	*August*
a Queima das Fitas	(*Name eines Studentenfestes*)
o Natal	*Weihnachten*
a Páscoa	*Ostern*
a Câmara Municipal	*das Rathaus*
a Biblioteca Nacional	*die Staatsbibliothek*
a Universidade de Coimbra	*die Universität Coimbra*
a Faculdade de Letras	*die Philosophische Fakultät*
Desenho	*Zeichnen*
Românicas	*Romanistik*

h. **Verwandtschaftliche Grade in der schriftlichen Anrede und andere als Anrede benutzte Bezeichnungen:**

(. . .) soube que o Tio (. . .).

Quando é que o Amigo (. . .)? (*s. Lekt. 7*)

i. **Götternamen und der Name Gottes:**

Júpiter

Vénus

Deus *Gott*

Zeichensetzung   B 4

Die Satzzeichen im Portugiesischen sind:

ponto final	(.)	*Punkt*
vírgula	(,)	*Komma*
ponto e vírgula	(;)	*Semikolon*
dois pontos	(:)	*Doppelpunkt*
ponto de interrogação	(?)	*Fragezeichen*
ponto de exclamação	(!)	*Ausrufungszeichen*
reticências	(. . .)	*Pünktchen*
aspas	(" ")	*Anführungszeichen*
parênteses	(( ))	*Klammern*
travessão	(—)	*Gedankenstrich*

Bis auf die **Kommasetzung** stimmt die portugiesische Zeichensetzung fast ganz mit der des Deutschen überein.

Im einzelnen gilt:

1. Im Unterschied zum Deutschen werden **adverbiale Bestimmungen** im Portugiesischen durch Kommas vom übrigen Satz getrennt.

2. **Nebensätze** werden im Portugiesischen vom Hauptsatz **nicht** durch Komma getrennt, wenn sie diesem **nachgestellt** sind.

3. Im Unterschied zum Deutschen werden **Relativsätze** im Portugiesischen vom Hauptsatz **nicht** durch Komma getrennt, wenn erst durch ihre Aussage eindeutig wird, wer oder was mit dem Substantiv, auf das sie sich beziehen, gemeint ist. Relativsätze, die eine für das Satzverständnis entbehrliche **attributive Angabe** enthalten, werden hingegen wie im Deutschen durch Kommas vom Hauptsatz getrennt.

Beispiele:
Tínhamo-nos encontrado, por mero acaso. (*Aus Lekt. 19*)
(. . .) respondeu, neutro, o viajante. (*Aus Lekt. 20*)
Bem sabes como era a tua mãe. (*Aus Lekt. 19*)
Mas lembrei-me de que já só me restavam novecentos até ao fim do mês. (*Aus Lekt. 24*)
Se pensar bem, vejo que nada encontrei na vida que se compare ao Natal do Campo Alegre. (*Aus Lekt. 26*)
(. . .) há qualquer coisa de sagrado num diálogo entre pessoas que falam a mesma língua em tons diferentes. (*Aus Lekt. 28*)
Todos os anos a assistir a este espectáculo da janela do consultório, onde vivo enclausurado desde que as queimei também. (*Aus Lekt. 13*)

Das portugiesische Alphabet   B 5

a	b	c	d	e	f	g	h	i	j	l
[a]	[be]	[se]	[de]	[ɛ]	[ˈɛf⁽ə⁾]	[ge]	[ɐˈga]	[i]	[ˈʒɔtɐ]	[ˈɛl⁽ə⁾]

m	n	o	p	q	r	s	t	u	v
[ˈɛm⁽ə⁾]	[ˈɛn⁽ə⁾]	[ɔ]	[pe]	[ke]	[ˈɛ͂ɾ⁽ə⁾]	[ˈɛs⁽ə⁾]	[te]	[u]	[ve]

x	z
[ʃiʃ]	[ze]

Die Konsonanten k [ˈkapɐ], w [ve duˈbradu] und y [i ˈgregu] od. [ˈipsilɔn⁽ə⁾] kommen heute nur noch in Fremdwörtern vor; früher existierten sie auch in portugiesischen Wörtern.
Die Abkürzungen zu **quilómetro** und **quilograma** werden bemerkenswerterweise mit **k** geschrieben (**km** bzw. **kg**).

1. Lektion

Janto com o Rui.
Nunca chego tarde.
Hoje almoço cedo.
Ainda não falas português?
A Isabel pensa que já falas italiano.
Trabalhas pouco.
O Paulo gosta de nadar?
A senhora pergunta quanto custa o carro.
Estudamos em Coimbra.
Amanhã jantamos tarde.
Gostamos de andar a pé.
A Sílvia e o António olham para a rua.
O Luís e o primo aceitam a proposta.

1.1.2

[ˈʒɐ̃tu kõ u ˈʀuj]
[ˈnũkɐ ˈʃegu ˈtardⁱ⁽ᵊ⁾]
[ˈoʒ⁽ᵊ⁾ ‿alˈmɔsu ˈsedu]
[ɐˈĩdɐ nɐ̃w̃ ˈfalɐʃ purtuˈgeʃ]
[ɐ izɐˈbɛl ˈpẽsɐ k⁽ᵊ⁾ ʒa ˈfalɐz‿itɐliˈɐnu]
[trɐˈbaʎɐʃ ˈpoku]
[u ˈpawlu ˈgɔʃtɐ d⁽ᵊ⁾ nɐˈdar]
[ɐ s⁽ᵊ⁾ˈɲorɐ p⁽ᵊ⁾rˈgũtɐ kuˈẽtu ˈkuʃtɐ u ˈkaʀu]
[⁽ᵊ⁾ʃtuˈdɐmuz‿ɐj kuˈĩbrɐ]
[amɐˈɲɐ̃ ʒẽˈtɐmuʃ ˈtardⁱ⁽ᵊ⁾]
[guʃˈtɐmuz d⁽ᵊ⁾ ‿ẽˈdar ɐ pɛ]
[ɐ ˈsilviɐ i u ẽˈtoniu ˈɔʎɐw̃ ˈpɐr‿a ˈruɐ]
[u luˈiz‿i u ˈprimu ɐˈsɐjtɐw̃ ɐ pruˈpɔʃtɐ]

Erläuterungen   1.2

1. o Rui, a Isabel, o Paulo, a Sílvia, o António, o Luís: Eigennamen werden mit dem bestimmten Artikel verwendet.

2. Die Adverbien **nunca** und **não** stehen immer **vor** dem Verb.

3. A Isabel pensa **que** já **falas** italiano (*Isabel denkt, daß du schon Italienisch sprichst*): Man beachte die Stellung des Prädikats in diesem eingeleiteten Nebensatz! Anders als im Deutschen steht es nicht am Satzende. Ebenso: A senhora pergunta **quanto custa** o carro.

4. gosta **de**, olham **para**: **gostar** tritt in Verbindung mit der Präposition **de** auf und **olhar** mit **para**.
(Welche Präposition mit welchem Verb zu verbinden ist, muß in solchen Fällen auswendig gelernt werden, weil das Portugiesische darin oft vom Deutschen abweicht und es andererseits keine feststellbaren Regeln gibt.)

5. Quanto custa o **carro**: Das Subjekt ist hier in der indirekten Frage nachgestellt; s. 12.4.5.

6. **Coimbra**: Universitätsstadt.

7. o primo *der Vetter:* gemeint ist hier *sein Vetter.* Den bestimmten Artikel verwendet man oft anstelle des Possessivpronomens (s. 12.4.3, *Bem.* 4.).

Zur Aussprache:

8. com o Rui: s. A 5, Fall 4.

9. aceitam, olham; em: s. A 2.

10. almoço, cedo, aceitam, pensa, senhora, Sílvia: s. A 3.
Isabel, falas italiano, estudamos em Coimbra, o Luís e o primo; falas português, trabalhas pouco, gosta, custa, estudamos, jantamos tarde, proposta; gostamos de andar: s. A 3 *und* A 5, Fall 2.

11. carro, com, pouco, Coimbra, *aber:* aceitam, cedo: s. A 3.

Zur Betonung und Akzentsetzung:

12. já, pé: s. B 1.2, E.

13. senhora, janto, almoço, *aber:* Isabel, andar, amanhã: s. B 1.1.

14. Sílvia, António, Luís, português: s. B 1.2.

Vokabeln zum Text   1.3.1

janto (< **jantar**) ich esse zu Abend
com mit
o der
nunca nie
chego (< **chegar**) ich komme an
tarde spät
hoje heute

almoço (< **almoçar**) ich esse zu Mittag
cedo früh
ainda noch
não nicht
falas (< **falar**) du sprichst
português portugiesisch
a die
pensa (< **pensar**) sie denkt

que daß
já schon
italiano italienisch
trabalhas (< **trabalhar**) du arbeitest
pouco wenig
gosta (**de**) (< **gostar**) er mag, ... gern
nadar schwimmen

38

a **senhora** die Dame, die Frau
pergunta (< **perguntar**) sie fragt
quanto wieviel
custa (< **custar**) es kostet
o **carro** das Auto
estudamos (< **estudar**) wir studieren

em in
amanhã morgen
jantamos wir essen zu Abend
gostamos (de) wir mögen, ... gern
andar gehen
a **pé** zu Fuß
o **pé** der Fuß

e und
olham (para) (< **olhar**) sie schauen, blicken (auf)
a **rua** die Straße
o **primo** der Vetter, der Cousin
aceitam (< **aceitar**) sie nehmen an
a **proposta** der Vorschlag

Vokabeln zu den Übungen   1.3.2

o **aluno**, a **aluna** der Schüler, die Schülerin
o **amigo**, a **amiga** der Freund, die Freundin
a **casa** das Haus, die Wohnung

comprar kaufen
fechar schließen, zumachen
o **filho**, a **filha** der Sohn, die Tochter, das Kind
fumar rauchen
a **janela** das Fenster

o **livro** das Buch
o **médico** der Arzt
a **porta** die Tür
voltar zurückkehren

Grammatik

Die Konjugation des Verbs   1.4.1

Präsens (Indikativ) der regelmäßigen Verben auf -ar

fal **ar**	sprechen
fal **o**	*ich spreche*
fal **as**	*du sprichst*
fal **a**	*er, sie, es spricht*
fal **amos**	*wir sprechen*
(fal **ais**)	*ihr sprecht*
fal **am**	*sie sprechen*

Ebenso werden konjugiert:

aceitar *annehmen:* (aceito, aceitas, aceita, aceitamos, aceitais, aceitam)

almoçar *zu Mittag essen:* (almoço, almoças, almoça, almoçamos, almoçais, almoçam)

chegar *ankommen:* (chego, chegas, chega, chegamos, chegais, chegam)

estudar *studieren:* (estudo, estudas, estuda, estudamos, estudais, estudam)

gostar *mögen, gern etwas tun:* (gosto, gostas, gosta, gostamos, gostais, gostam)

jantar *zu Abend essen:* (janto, jantas, janta, jantamos, jantais, jantam)

olhar *schauen, blicken:*	(olho, olhas, olha, olhamos, olhais, olham)
pensar *denken:*	(penso, pensas, pensa, pensamos, pensais, pensam)
perguntar *fragen:*	(pergunto, perguntas, pergunta, perguntamos, perguntais, perguntam)
trabalhar *arbeiten:*	(trabalho, trabalhas, trabalha, trabalhamos, trabalhais, trabalham)

Bemerkungen:

1. Das Konjugieren der Verben erfolgt durch Anhängen bestimmter Endungen. Den Endungen des Infinitivs entsprechend (**-ar, -er, -ir**) unterscheidet man im Portugiesischen **drei** Konjugationen, von denen hier zunächst die erste vorgestellt wird.

2. Anders als im Deutschen werden im Portugiesischen die Personalpronomina (**eu, tu, ele, ela, nós, vós, eles, elas** — s. hierzu 4.4.4) nur zum Zweck der Unterscheidung oder des besonderen Nachdrucks wegen gesetzt.

3. Die 2. Pers. Pl. (**falais, jantais, chegais** etc.) ist in Portugal kaum noch zu hören; sie erscheint hier deshalb in Klammern. Statt dessen gebraucht man die **3. Pers. Pl.** Also:

ihr *sprecht*	falam
ihr *eßt zu Abend*	jantam
ihr *kommt an*	chegam

Die Anrede wird übrigens auch mit der **3. Pers. Singular** oder **Plural** gebildet (s. hierzu 7.4.1).

4. Wie im Kapitel über die Aussprache der Vokale im Portugiesischen bereits dargestellt, gilt für die Aussprache von **a, e** und **o** folgendes:

a wird in betonter Silbe grundsätzlich als [a], in unbetonter Silbe als [ɐ],
e wird in betonter Silbe grundsätzlich als [ε] od. [e], in unbetonter Silbe als [⁽ə⁾],
o wird in betonter Silbe grundsätzlich als [ɔ] od. [o], in unbetonter Silbe als [u] ausgesprochen.

Bei Verben, die ein **a, e** oder **o** als Stammvokal haben, ist dieser also in der einen oder der anderen Weise auszusprechen, je nachdem, ob in der betreffenden Konjugationsform die Betonung auf der Stammsilbe liegt oder nicht.

Beispiele:
trabalho [trɐ'baʎu], trabalhas [trɐ'baʎɐʃ],
aber: trabalhamos [trɐbɐ'ʎɐmuʃ]

chego ['ʃegu], chegam ['ʃegɐ̃w],
aber: chegamos [ʃ⁽ə⁾'gɐmuʃ]

gostas ['gɔʃtɐʃ], gostam ['gɔʃtɐ̃w],
aber: gostamos [guʃ'tɐmuʃ]

(Das hier über die Aussprache der Stammvokale Bemerkte gilt selbstverständlich nicht nur für das Präsens, sondern für alle Zeiten.)

Der Artikel (Geschlechtswort) 1.4.2

Der bestimmte Artikel

männlich

Singular	Plural
o carro *das Auto*	os carros *die Autos*

weiblich

Singular	Plural
a rua *die Straße*	as ruas *die Straßen*

Bemerkungen:

1. Im Portugiesischen gibt es nur **zwei** Geschlechter.
2. Den Begriff „Kasus" oder „Deklination" gibt es im Portugiesischen nicht. Man spricht hingegen von Flexion hinsichtlich des Geschlechtes (Genus) oder der Zahl (Numerus). Wo die grammatisch-syntaktischen Beziehungen, in denen einzelne Satzteile (vor allem Substantive, Adjektive und Artikel) in einem Satz zueinander stehen, im Deutschen durch „Kasus" hergestellt werden, verwendet das Portugiesische andere Mittel, von denen noch die Rede sein wird.

Das Substantiv (Hauptwort) 1.4.3

Das Geschlecht der Substantive

männlich	weiblich
o carro o primo	a senhora a rua

Bemerkung:

Das Geschlecht der Substantive läßt sich oft — aber nicht immer! — an der Endung erkennen; fast alle auf **-o** endenden Substantive sind **männlich,** während die meisten Substantive auf **-a weiblich** sind.

Übungen 1.5

1. *Konjugieren Sie die folgenden Verben im Präsens Indikativ:* pensar, falar, olhar, chegar, almoçar, comprar, gostar, jantar, trabalhar, fumar, conversar, fechar, voltar.

2. *Was bedeuten die folgenden Verbformen?* fumas, conversamos, voltam, jantamos, chegam, almoça, falo, penso, nadamos, custam, olho, gostas, aceito, trabalhas, estuda.

3. *Setzen Sie den bestimmten Artikel zu den folgenden Substantiven:* carro, primo, aluna, rua, médico, amigo, filho, casa, senhora, porta, filha, aluno, amiga, janela, livro.

4. *Lesen und übersetzen Sie:* Jantamos com a Sílvia. Nunca almoçamos tarde. Já falamos português. O Rui pensa que chegas cedo. Não gosto de fumar. O Luís gosta de jantar tarde. O Paulo e o Rui olham para a casa. Não aceitamos a proposta. Compramos hoje o carro.

5. *Übersetzen Sie:* Ich spreche schon Portugiesisch. Wir kommen spät an. Der Arzt denkt, daß ich rauche. Isabel und Paulo denken, daß wir Italienisch sprechen. Ich schließe die Tür und das Fenster. António schaut auf die Straße. Der Schüler ißt spät zu Abend. Wir kaufen das Buch nicht. Wir sprechen gerne Portugiesisch. Rauchst du gerne?

2. Lektion

2.1.1

Aprendo português.
Já conheço o médico suíço.
Adormeço sempre tarde.
Nunca bebes vinho?
Comes demais.
Porque não respondes?
Aqui não chove, felizmente!
O Rui conhece algumas cidades brasileiras.
A água já ferve.
Escrevemos com a caneta preta.
Não vendemos cosméticos.
Bebemos café com leite.
Os engenheiros americanos ainda não compreendem português.
As brasileiras que conhecemos vivem em Portugal desde 1960 (mil novecentos e sessenta).

2.1.2

[ɐ¹prẽdu purtu¹geʃ]
[ʒa ku¹nes‿u ¹mɛdiku su¹isu]
[ɐdur¹mesu ¹sẽpr⁽ᵊ⁾ ¹tard⁽ᵊ⁾]
[¹nũkɐ ¹bɛb⁽ᵊ⁾ʒ ¹viɲu]
[¹kɔm⁽ᵊ⁾ʒ d⁽ᵊ⁾¹majʃ]
[¹purk⁽ᵊ⁾ nɐ̃w̃ r̃⁽ᵊ⁾ʃ¹põd⁽ᵊ⁾ʃ]

[ɐˈki nɐw̃ ˈʃɔv⁽ᵊ⁾ f⁽ᵊ⁾liʒˈmẽt⁽ᵊ⁾]
[u r̃uj kuˈnɛs⁽ᵇ⁾‿alˈgumɐʃ siˈdad⁽ᵊ⁾ʒ brɐziˈlɐjrɐʃ]
[ɐ‿ˈaguɐ ʒa ˈferv⁽ᵊ⁾]
[⁽ᵊ⁾ʃkr⁽ᵊ⁾ˈvemuʃ kõ ɐ kɐˈnetɐ ˈpretɐ]̌
[nɐw̃ vẽˈdemuʃ kuʒˈmɛtikuʃ]
[b⁽ᵊ⁾ˈbemuʃ kɐˈfɛ kõ ˈlɐjt⁽ᵊ⁾]
[uz‿ẽʒ⁽ᵊ⁾ˈnɐjruz‿ɐm⁽ᵊ⁾riˈkɐnuz‿ɐˈĩdɐ nɐw̃ kõpriˈẽdɐj purtuˈgeʃ]
[ɐʒ brɐziˈlɐjrɐʃ k⁽ᵊ⁾ kuɲ⁽ᵊ⁾ˈsemuʒ ˈvivɐj ɐj purtuˈgal ˈdeʒd⁽ᵊ⁾ mil ˈnɔv⁽ᵊ⁾
ˈsẽtuz‿i s⁽ᵊ⁾ˈsẽtɐ]

Erläuterungen 2.2

1. **Já conheço: já** in der Bedeutung *schon* steht meistens **vor** dem Verb;
so auch in dem Beispiel der 1. Lektion: **A Isabel pensa que já falas italiano.**

2. **vivem: viver** bedeutet *leben*, aber auch *wohnen*; für *wohnen* verwendet
man auch **morar.**

3. **1960** (mil novecentos e sessenta): Schon jetzt sei auf die besondere Bildung der Jahreszahlen hingewiesen; nicht *neunzehnhundertsechzig*, sondern
tausendneunhundertsechzig.

Zur Aussprache:

4. compreendem: s. A 1.

5. escrevemos: s. A 1.

6. com a caneta; vivem em Portugal: s. A 5, Fall 4.

7. conhecemos: s. A 3.

8. bebes vinho, comes demais, felizmente, cosméticos, as brasileiras, desde:
s. A 3.

9. português, algumas, engenheiro: s. A 3.

Zur Betonung und Akzentsetzung:

10. aqui, Portugal, demais: s. B 1.1.

11. médico, cosméticos; água, café: s. B 1.2.

Vokabeln zum Text 2.3.1

aprendo (< **aprender**) ich
lerne, ich studiere
conheço (< **conhecer**) ich
kenne
suíço schweizerisch

adormeço (< **adormecer**)
ich schlafe ein
sempre immer
bebes (< **beber**) du trinkst
o vinho der Wein

comes (< **comer**) du ißt
demais zuviel
porque warum
respondes (< **responder**)
du antwortest

aqui hier
chove es regnet
felizmente glücklicher-
weise
conhece er kennt
algumas einige
a cidade die Stadt
brasileiro brasilianisch
a água das Wasser
ferve (< ferver) es kocht
escrevemos (< escrever)
wir schreiben

a caneta der Füller
preto schwarz
vendemos (< vender) wir
verkaufen
os cosméticos die Kosmetika
bebemos wir trinken
o café der Kaffee (aber
auch: das Café)
o leite die Milch
o engenheiro der Ingenieur
americano amerikanisch

compreendem (< com-
preender) sie verstehen
a brasileira die Brasilianerin
que die, welche
conhecemos wir kennen
vivem (< viver) sie leben,
wohnen
desde seit
mil tausend
novecentos neunhundert
sessenta sechzig

Vokabeln zu den Übungen   **2.3.2**

aparecer erscheinen, auf-
treten
arder brennen
a aula die Unterrichts-
stunde
bem gut (Adverb)
comprido lang
correr laufen

a fábrica die Fabrik
mal schlecht (Adverb)
o moço, a moça der Junge,
das Mädchen
a moeda die Münze
a nota der Geldschein
oferecer anbieten, schen-
ken

pequeno klein
receber empfangen, erhal-
ten
o restaurante das Restau-
rant
rico reich
a verdade die Wahrheit

Grammatik

Die Konjugation des Verbs   **2.4.1**

Präsens (Indikativ) der regelmäßigen Verben auf -er

beb er	trinken
beb o	ich trinke
beb es	du trinkst
beb e	er, sie, es trinkt
beb emos	wir trinken
(beb eis)	ihr trinkt
beb em	sie trinken

Ebenso werden konjugiert:

adormecer *einschlafen:*   (adormeço, adormeces, adormece, adormecemos, adormeceis, adormecem)

aprender *lernen:*   (aprendo, aprendes, aprende, aprendemos, aprendeis, aprendem)

comer *essen:*   (como, comes, come, comemos, comeis, comem)

compreender *verstehen:*   (compreendo, compreendes, compreende, com-preendemos, compreendeis, compreendem)

conhecer *kennen:*	(conheço, conheces, conhece, conhecemos, conheceis, conhecem)
escrever *schreiben:*	(escrevo, escreves, escreve, escrevemos, escreveis, escrevem)
responder *antworten:*	(respondo, respondes, responde, respondemos, respondeis, respondem)
vender *verkaufen:*	(vendo, vendes, vende, vendemos, vendeis, vendem)
viver *leben:*	(vivo, vives, vive, vivemos, viveis, vivem)

Bemerkungen:

1. Zur Konjugation der Verben sowie zur 2. Pers. Pl. s. 1.4.1, Bemerkungen.

2. Zur Schreibweise der 1. Pers. Sg. der im Infinitiv auf **-cer** auslautenden Verben (adormeço, conheço) s. A 6.

3. Zur Aussprache des Stammvokals in betonter oder unbetonter Silbe s. 1.4.1, Bemerkung 4.

4. Haben Verben auf **-er** ein e oder o als Stammvokal, so wird in der 2. Person Singular und der 3. Person Singular und Plural des Präsens Indikativ das e bzw. das o offen [ɛ] bzw. [ɔ] ausgesprochen. In der 1. Person Singular aber ist e oder o geschlossen ([e] bzw. [o]) auszusprechen.

> *Beispiele:*
> adormeces [ɐduɾ'mɛs⁽ə⁾ʃ], adormece [ɐduɾ'mɛs⁽ə⁾]
> und adormeço [ɐduɾ'mesu]
> comes ['kɔm⁽ə⁾ʃ], come ['kɔm⁽ə⁾]
> und como ['komu]

Eine Ausnahme von dieser Regel bilden nur die Verben **poder** *können* und **querer** *wollen* (s. 10.4.3 und 12.4.1), deren Stammvokal durchgehend **offen** (also [ɛ] und [ɔ]) auszusprechen ist.

Das Substantiv   2.4.2

Plural der vokalisch auslautenden Substantive

	Singular	*Plural*
männlich	o médico o vinho o café	os médicos os vinhos os cafés
weiblich	a caneta a brasileira a cidade	as canetas as brasileiras as cidades

Regel:
Den Plural bildet man bei den vokalisch auslautenden Substantiven durch **Anhängen von „-s" an die Singularform.**

Femininum der im Mask. Sg. auf -o auslautenden Substantive

männlich	weiblich
o médico o engenheiro o brasileiro	a médica a engenheira a brasileira

Regel:
Das Femininum der im Mask. Sg. auf -o auslautenden Substantive wird gebildet, indem man „-o" durch „-a" ersetzt.

Das Adjektiv (Eigenschaftswort) 2.4.3

Plural der vokalisch auslautenden Adjektive

	Singular	Plural
männlich	suiço americano preto	suiços americanos pretos
weiblich	suíça americana preta	suíças americanas pretas

Regel:
Den Plural bildet man bei den vokalisch auslautenden Adjektiven wie bei den vokalisch auslautenden Substantiven, d. h. durch **Anhängen von „-s"** **an die Singularform.**

Femininum der im Mask. Sg. auf -o auslautenden Adjektive

männlich	weiblich
suiço americano preto	suiça americana preta

Regel:
Das Femininum der im Mask. Sg. auf -o auslautenden Adjektive wird wie bei den im Mask. Sg. auf -o auslautenden Substantiven gebildet, d. h. indem man „-o" durch „-a" ersetzt.

46

Adjektiv und Substantiv

> o médico suíço
> a caneta preta
> as cidades brasileiras
> os engenheiros americanos

Regel:
Das Adjektiv richtet sich in **Geschlecht** und **Zahl** nach dem Substantiv, auf das es sich bezieht.
Außerdem wird es normalerweise **hinter das Substantiv** gestellt.

Übungen 2.5

1. *Bilden Sie die folgenden Verbformen:* ich schlafe ein, du lernst, er ißt, sie versteht, wir kennen, sie schreiben, ich antworte, du verkaufst, er lebt, es kocht, wir erscheinen, sie brennen, ich laufe, du schenkst, er erhält. *Zur Wiederholung:* sie nehmen an, wir schauen, ich arbeite, du denkst, ich frage, sie ißt zu Mittag, er kommt an, wir studieren, sie sprechen.

2. *Bilden Sie das Femininum von folgenden Substantiven und Adjektiven:* o engenheiro, o moço, comprido, o aluno, italiano, o amigo, o filho, pequeno, rico.

3. *Setzen Sie die folgenden Substantive in den Plural:* o carro, a rua, o primo, a proposta, o médico, o vinho, a cidade, a água, o café, o engenheiro, o moço, o restaurante, a aula, a fábrica, a moça, a moeda, a nota, a verdade.

4. *Übersetzen Sie ins Portugiesische:* der brasilianische Junge, die amerikanischen Restaurants, die lange Unterrichtsstunde, das italienische Mädchen, die reichen Städte, die kleinen Münzen, die schweizerischen Geldscheine, die kleine Fabrik, die lange Straße, der schwarze Wagen, der reiche Ingenieur, die brasilianische Ärztin.

5. *Setzen Sie in den Plural:* o livro italiano, a engenheira rica, o carro pequeno, o restaurante brasileiro, a rua comprida, a cidade pequena, o vinho italiano.

3. Lektion

3.1.1

A secretária trabalha no escritório do advogado.
Atravesso a rua na passadeira.
Na rua onde moramos há árvores enormes.
Gostas dos arredores da cidade?
O filho do dentista fala bem alemão.
Nunca encontro o tio da Joana.
O director da empresa regressa amanhã.
Não deves ler ao sol, nem com óculos escuros.
Não respondemos sempre às perguntas.
O professor oferece livros interessantes aos alunos.
Muito obrigado pelas flores.
Os rapazes esperam pelos resultados do exame.
A Teresa bebe sempre laranjada pela garrafa.

3.1.2

[ɐ s⁽ə⁾krⁱ⁽ə⁾'tariɐ trɐ'baʎɐ nu‿⁽ə⁾ʃkri'tɔriu du ɐdvu'gadu]
[ɐtrɐ'vɛsu ɐ 'ruɐ nɐ pɐsɐ'dɐjrɐ]
[nɐ 'ruɐ 'õd⁽ə⁾ mu'rɐmuz‿a 'arvur⁽ə⁾z‿i'nɔrm⁽ə⁾ʃ]
['gɔʃtɐʒ duz‿ɐr⁽ə⁾'dɔr⁽ə⁾ʒ dɐ si'dad⁽ə⁾]
[u 'fiʎu du dẽ'tiʃtɐ 'falɐ bɐj ɐl⁽ə⁾'mɐw̃]
['nũkɐ ẽ'kõtr‿u 'tiu dɐ ʒu'ɐnɐ]
[u dirɛ'tor dɐ ẽ'prezɐ r̄⁽ə⁾'grɛs‿amɐ'ɲẽ]
[nɐw̃ 'dɛv⁽ə⁾ʒ ler aw sɔl nɐj kõ 'ɔkuluz‿iʃ'kuruʃ]
[nɐw̃ r̄⁽ə⁾ʃpõ'demuʃ 'sẽpr⁽ə⁾‿aʃ p⁽ə⁾r'gũtɐʃ]
[u pruf⁽ə⁾'sor o'f⁽ə⁾rɛs⁽ə⁾ 'livruz‿ĩt⁽ə⁾r⁽ə⁾'sɛt⁽ə⁾z‿auz‿ɐ'lunuʃ]
['mujt‿ɔbri'gadu 'pelɐʃ 'flor⁽ə⁾ʃ]
[uʒ r̄ɐ'paz⁽ə⁾z‿iʃ'pɛrɐw̃ 'pelu‿r⁽ə⁾zul'taduʒ du i'zɐm⁽ə⁾]
[ɐ t⁽ə⁾'rezɐ 'bɛb⁽ə⁾ 'sẽpr⁽ə⁾ lɐrẽ'ʒadɐ 'pelɐ gɐ'r̄afɐ]

Erläuterungen   3.2

1. Na rua **onde** moramos *in der Straße, in der wir wohnen:* Das Adverb **onde** *wo* wird im Portugiesischen vielfach als Relativpronomen, und zwar im Sinne von **em que** *in dem, in der* verwendet.

2. Joana: weiblicher Eigenname.

3. ler *lesen:* ein unregelmäßiges Verb, dessen Konjugation an späterer Stelle behandelt wird (s. 16.4.3).

4. responder **a,** esperar **por: responder** tritt in Verbindung mit der Präposition **a** auf und **esperar** mit **por.**

5. O professor oferece **livros** aos alunos: In solchen Sätzen weicht die Satzstellung immer vom Deutschen ab: Im Portugiesischen wird das Akkusativobjekt **dem Dativobjekt vorangestellt.**

6. **muito obrigado:** *vielen Dank.* Im Portugiesischen ist es nicht wie im Deutschen einerlei, wer sich bedankt, ob Mann oder Frau, sondern Männer und Knaben bedanken sich mit „muito obrigado", Frauen und Mädchen hingegen mit „muito obrigada". Das liegt daran, daß **obrigado** ein **Adjektiv** ist (mit der Bedeutung *dankbar, verpflichtet*) und daher wie alle Adjektive gebraucht werden muß (s. 2.4.3).
Variante: **obrigado, obrigada** *danke.*

Zur Aussprache:

7. director: s. A 1.

8. os rapazes: s. A 5, Fall 2.

9. exame: s. A 3.

Zur Akzentsetzung:

10. às: s. B 1.2.

Zur Rechtschreibung:

11. nunca, encontro, *aber* empresa, sempre, com: Im Inlaut tritt vor **b** oder **p** nie **n**, sondern nur **m** auf.

Vokabeln zum Text   3.3.1

a secretária die Sekretärin; der Schreibtisch
no im
o escritório das Büro
do des
o advogado der Rechtsanwalt
atravesso (< **atravessar**) ich überquere
na auf dem
a passadeira der Zebrastreifen
na in der
onde in der, wo
moramos (< **morar**) wir wohnen
há es gibt
a árvore der Baum
enorme riesig
os arredores die Umgebung

da der (Genitiv)
alemão deutsch
encontro (< **encontrar**) ich treffe
o tio der Onkel
o director der Direktor
a empresa die Firma
regressa (< **regressar**) er kommt zurück
deves (< **dever**) du sollst
ler lesen
ao in der
o sol die Sonne
nem nicht einmal
os óculos die Brille
escuro dunkel
os óculos escuros die Sonnenbrille
às auf die
a pergunta die Frage

o professor der Lehrer, der Professor
interessante interessant
aos den (Dativ Plural)
muito obrigado vielen Dank
pelas für die
a flor die Blume
o rapaz der Junge, der Knabe
esperam (< **esperar**) sie warten
pelos auf die
o resultado das Ergebnis
o exame die Prüfung, das Examen
a laranjada die Limonade
pela aus der
a garrafa die Flasche

49

Vokabeln zum Grammatikteil und zu den Übungen 3.3.2

agrícola landwirtschaftlich
alto groß, hoch
bater (a) klopfen (an)
a cerveja das Bier
o chocolate die Schokolade
comum allgemein, gemeinsam
o correio die Post
difícil schwierig, schwer
doce süß, lieblich
a encomenda das Päckchen, das Paket

a escola die Schule
espanhol spanisch
feliz glücklich
inteligente intelligent
o italiano der Italiener
Lisboa Lissabon
mandar schicken
a mentira die Lüge
muito sehr, viel
a mulher die Frau
pagar (por) zahlen (für)

particular besonderer, privat
passar kommen
pensar (em) denken (an)
perguntar (por) fragen (nach)
por durch, für, aus
o porto der Hafen
a rapariga das Mädchen
simples einfach
vermelho rot

Grammatik

Das Substantiv 3.4.1

Plural der Substantive auf -r und -z

Singular	Plural
o professor	os professores
o director	os directores
a flor	as flores
o rapaz	os rapazes

Regel:
Der Plural der auf **-r** und **-z** endenden Substantive wird durch **Anhängen von ,,-es" an die Singularform** gebildet.

Femininum der auf Konsonant endenden Substantive

männlich	weiblich
o director	a directora
o professor	a professora

Regel:
Die Femininform von Substantiven, die auf **Konsonant** enden, wird normalerweise durch **Anhängen von ,,-a" an die Maskulinform** gebildet.

Ausnahme: **rapaz**   **rapariga**
                 Junge   *Mädchen*

50

Adjektive mit nur einer Form für beide Geschlechter

Es gibt Adjektive, die nur **eine** Form für beide Geschlechter haben (im Text „enorme" und „interessante"), und zwar sind dies alle Adjektive, die auf **-a, -e, -l, -m, -r, -s** und **-z** enden; wie z. B.:

männlich und weiblich
agrícola
doce
difícil
comum
particular
simples
feliz

Wichtige Ausnahmen:　　**espanhol**　　**espanhola**
　　　　　　　　　　　　trabalhador　**trabalhadora**

Der Artikel　　　　**3.4.3**

Kombinationsformen des bestimmten Artikels

Eine Eigenart des Portugiesischen besteht darin, daß in bestimmten Fällen **Präpositionen mit dem bestimmten Artikel verschmolzen werden:**

	+ o	+ a	+ os	+ as
de	do	da	dos	das
em	no	na	nos	nas
a	ao	à	aos	às
por	pelo	pela	pelos	pelas

Beispiele:

a. a casa **do** médico　　　　　　　*das Haus des Arztes*
　o filho **da** brasileira　　　　　　*der Sohn der Brasilianerin*
　os escritórios **dos** advogados　　*die Büros der Rechtsanwälte*
　as ruas **das** cidades　　　　　　*die Straßen der Städte*

b. trabalhamos **no** porto　　　　　*wir arbeiten im Hafen*
　penso muito **na** rapariga　　　　*ich denke viel an das Mädchen*
　vivo **nos** arredores de Lisboa　　*ich wohne in der Umgebung von Lissabon*

　ainda pensas **nas** mentiras da Joana?　*denkst du noch an die Lügen von Joana?*

c. respondo **ao** Luís   *ich antworte Luís*
respondo **à** senhora   *ich antworte der Dame*
respondo **aos** italianos   *ich antworte den Italienern*
respondo **às** brasileiras   *ich antworte den Brasilianerinnen*

d. mando a encomenda **pelo** correio   *ich schicke das Päckchen durch die Post*

passas **pela** rua onde moramos?   *kommst du durch die Straße, in der wir wohnen?*

obrigada **pelos** chocolates   *danke für die Schokolade*
obrigada **pelas** flores   *danke für die Blumen*

Bemerkung:

Lernen Sie zunächst nur die Bedeutungen, die diese Präpositionen in dieser Lektion haben, denn an späteren Stellen werden Sie erfahren, wieviel verschiedene Bedeutungen die einzelnen Präpositionen sonst noch haben können.

Übungen   3.5

1. *Übersetzen Sie und setzen Sie in den Plural:* Conheço o filho do professor. O rapaz chega sempre tarde à aula. A rapariga pensa no exame. A amiga da Teresa já fala bem alemão. A Sílvia bate à porta. Ofereço o livro ao primo do Rui. O tio da Joana manda o livro pelo correio.

2. *Übersetzen Sie ins Portugiesische:* Wir arbeiten im Büro des Rechtsanwalts. Ich denke an den Sohn der Ärztin. Wir antworten auf die Fragen der Dame. Der Brasilianer schenkt dem Ingenieur Kaffee. Der Rechtsanwalt fragt den Zahnarzt, ob er den Vorschlag annimmt. Fragst du António nach dem Ergebnis der Prüfung? Wieviel zahlst du für das Auto? Vielen Dank für den Wein und für das Bier. Wir fragen Teresas Tante, ob es Bäume in der Straße gibt, in der (*in der* = onde *oder* em que) sie wohnen.

3. *Setzen Sie ins Femininum:* o aluno inteligente, o pai pobre, o médico célebre, o rapaz espanhol, o professor italiano.

4. *Setzen Sie in den Plural:* o rapaz inteligente, a flor vermelha, o director da escola, a árvore alta, a mulher feliz.

4. Lektion

A moça é muito simpática.
Quem tem uma esferográfica?
Conheço cinco países europeus.
Ela nada muito bem.
O dono do barco é um estrangeiro.
Temos muitos amigos.
São pintoras célebres.
Tenho uns óculos muito modernos.
És de Lisboa?
Os ingleses não bebem muita cerveja?
Eles têm uma máquina de filmar.
Não sou farmacêutica.
Tens os bilhetes?
Ela fuma muito.
Somos suecos.
Já é tarde.
Uma das passageiras tem uma mala muito pesada.

[ɐ ˈmosɐ ɛ ˈmuĩtu sĩˈpatikɐ]
[kɐj tɐj ˈumɐ‿⁽ᵊ⁾ʃfɛrɔˈgrafikɐ]
[kuˈɲesu ˈsĩku pɐˈiz⁽ᵊ⁾z‿ewruˈpewʃ]
[ˈɛlɐ ˈnadɐ ˈmuĩtu bɐj]
[u ˈdonu du ˈbarku ɛ ũ‿⁽ᵊ⁾ʃtrɐ̃ˈʒɐjru]
[ˈtemuʒ ˈmuĩtuz‿ɐˈmiguʃ]
[sɐ̃w pĩˈtorɐʃ ˈsɛl⁽ᵊ⁾br⁽ᵊ⁾ʃ]
[ˈtɐɲ‿ũz‿ˈɔkuluʒ ˈmuĩtu muˈdɛrnuʃ]
[ɛʒ d⁽ᵊ⁾ liʒˈboɐ]
[uz‿ĩˈglez⁽ᵊ⁾ʒ nɐ̃w ˈbɛbɐj ˈmuĩtɐ s⁽ᵊ⁾rˈvɐʒɐ]
[ˈel⁽ᵊ⁾ʃ ˈtɐjɐj ˈumɐ ˈmakinɐ d⁽ᵊ⁾ filˈmar]
[nɐ̃w so fɐrmɐˈsewtikɐ]
[tɐjz‿uʒ biˈʎet⁽ᵊ⁾ʃ]
[ˈɛlɐ ˈfumɐ ˈmuĩtu]
[ˈsomuʃ suˈɛkuʃ]
[ʒa ɛ ˈtard⁽ᵊ⁾]
[ˈumɐ dɐʃ pɐsɐˈʒɐjrɐʃ tɐj ˈumɐ ˈmalɐ ˈmuĩtu p⁽ᵊ⁾ˈzadɐ]

1. **moça** *Mädchen:* Sie kennen bereits zwei Wörter für „Mädchen": **moça** und **rapariga**. In Portugal werden beide angewandt, in Brasilien hingegen nur das Wort **moça**.

2. **A moça é muito simpática:** Auch in seiner Anwendung als Prädikativum muß das Adjektiv in Geschlecht und Zahl mit dem Substantiv, auf das es sich bezieht, übereinstimmen.

3. **os ingleses** *die Engländer;* **suecos** *Schweden:* **inglês (ingleses)** und **sueco(s)** bedeutet aber auch *englisch* bzw. *schwedisch.* Ein Beispiel für diesen zweifachen Gebrauch ist Ihnen bereits in Lektion 2 begegnet, nämlich **cidades brasileiras** *brasilianische Städte* und **as brasileiras** *die Brasilianerinnen* (s. 2.1.1).

4. **uma** das passageiras *eine der Reisenden:* In diesem Fall ist **uma** nicht unbestimmter Artikel, sondern unbestimmtes Pronomen.

Vokabeln zum Text **4.3.1**

é (< ser) sie ist
simpático nett
quem wer
tem (<ter) er hat
a esferográfica der Kugelschreiber
o país das Land
europeu europäisch
ela sie
o dono der Besitzer
o barco das Schiff
um ein
o estrangeiro der Ausländer

temos wir haben
muitos viele
são sie sind
a pintora die Malerin
célebre berühmt
tenho ich habe
uns óculos eine Brille
moderno modern
és de du bist aus, du stammst aus
o inglês der Engländer
muita viel
eles sie
têm sie haben, sie besitzen

uma eine
a máquina de filmar die Filmkamera
sou ich bin
a farmacêutica die Apothekerin
tens du hast
o bilhete die Fahrkarte, die Eintrittskarte
somos wir sind
o sueco der Schwede
a passageira die Reisende
a mala der Koffer
pesado schwer

Vokabeln zum Grammatikteil und zu den Übungen **4.3.2**

o atlas der Atlas
barato billig
bonito hübsch
as calças die Hose
a carta der Brief
o cinzeiro der Aschenbecher
curto kurz
elas sie (Pl.)

ele er
eu ich
lá dort
o lápis der Bleistift
a mãe die Mutter
nós wir
a pessoa der Mensch
as pessoas die Leute
o pires die Untertasse

pobre arm
o português der Portugiese
a saia der Rock
o sapato der Schuh
trabalhador fleißig
tu du
uns, umas ungefähr, circa, etwa
vós ihr

Grammatik

Die Konjugation des Verbs 4.4.1

Präsens (Indikativ) von ter und ser

ter	haben	ser	sein
tenho	*ich habe*	sou	*ich bin*
tens	*du hast*	és	*du bist*
tem	*er hat*	é	*er ist*
temos	*wir haben*	somos	*wir sind*
(tendes)	*ihr habt*	(sois)	*ihr seid*
têm	*sie haben*	são	*sie sind*

Der Artikel 4.4.2

Der unbestimmte Artikel

männlich

Singular	Plural
um país	uns países
ein Land	*(einige) Länder*

weiblich

Singular	Plural
uma pintora	umas pintoras
eine Malerin	*(einige) Malerinnen*

Bemerkungen:

1. Im Portugiesischen läßt sich vom unbestimmten Artikel eine Pluralform bilden, jedoch sind **uns** und **umas** eigentlich adjektivische unbestimmte Pronomina (sie entsprechen etwa dem deutschen Wort *einige*).

2. **uns** bzw. **umas** kann auch *ungefähr, circa, etwa* bedeuten, nämlich in Ausdrücken wie: **uns** dez livros *ungefähr zehn Bücher*
umas vinte pessoas *etwa zwanzig Leute*

Das Substantiv 4.4.3

Plural der auf -s endenden Substantive

Singular	Plural
o inglês	os ingleses
o país	os países

55

Regel:
Die Substantive, die auf -s enden und den Hauptton **auf der letzten Silbe** tragen, bilden den Plural **durch Anhängen von „-es"** an die Singularform. (país hat zwei Silben **pa ís!**)

Singular und *Plural*	
o/os	lápis
	pires
	atlas

Regel:
Die Substantive, die auf -s enden und den Hauptton **nicht auf der letzten Silbe** tragen, bleiben im Plural **unverändert.**

Die Personalpronomina (Persönliche Fürwörter) 4.4.4

eu	tu	ele/ela	nós	vós	eles/elas
ich	*du*	*er/sie/es*	*wir*	*ihr*	*sie*

Bemerkungen:

1. Als Subjekt gebrauchte Personalpronomina werden im Portugiesischen im Unterschied zum Deutschen normalerweise **ausgelassen** (s. 1.4.1). Zu **besonderer Unterscheidung** werden sie aber benutzt.
   Beispiele hierzu:
   (fuma muito — hier ist Unterscheidung nötig, denn man kann fragen: **Wer** *raucht,* **er** *oder* **sie?)**
   Daher:
   ela fuma muito   *sie raucht viel*
   ele fuma muito   *er raucht viel*
   (têm uma máquina de filmar — *wer?)*
   eles têm uma máquina de filmar *sie* (Mask.) *haben eine Kamera*
   elas têm uma máquina de filmar *sie* (Fem.) *haben eine Kamera*

2. Sind in einem Satz wie *sie singen* Männer und Frauen gemeint, so verwendet man im Portugiesischen die **Maskulinform** des Pronomens: **eles cantam.**

3. Wenn man vom Zusammenhang des Gesprächs oder des Textes her einsehen kann, ob es sich um *ihn* oder um *sie* handelt, erübrigt sich manchmal der Gebrauch von **ele** oder **ela.**
   Beispiel:
   Ich frage **Teresa,** *ob es in der Straße, wo sie wohnt, Bäume gibt.*
   Pergunto à **Teresa** se há árvores na rua **onde vive** (das Pronomen ist hier also **ausgelassen**).

Zum Gebrauch von muito

1. Als Modaladverb bleibt **muito** in allen Anwendungen **unverändert**.

Beispiele:

bei Adjektiven	uma moça **muito** simpática *ein sehr nettes Mädchen* uns óculos **muito** modernos *eine sehr moderne Brille*
bei Adverbien	é **muito** tarde *es ist sehr spät* a pintora chega **muito** cedo *die Malerin kommt sehr früh an*
bei Verben	ela fuma **muito** *sie raucht viel* eles bebem **muito** *sie trinken viel*

2. Als unbestimmtes Pronomen wird **muito** flektiert.

Beispiele:

muito vinho	*viel Wein*
muita cerveja	*viel Bier*
muitos barcos	*viele Schiffe*
muitas moças	*viele Mädchen*

Die Grundzahlen 4.4.6

0 zero	19 dezanove	500 quinhentos, -as
1 um, uma	20 vinte	600 seiscentos, -as
2 dois, duas	21 vinte e um,	700 setecentos, -as
3 três	vinte e uma	800 oitocentos, -as
4 quatro	30 trinta	900 novecentos, -as
5 cinco	34 trinta e quatro	907 novecentos e sete
6 seis	40 quarenta	1 000 mil
7 sete	50 cinquenta	1 852 mil oitocentos e
8 oito	60 sessenta	cinquenta e dois,
9 nove	70 setenta	mil oitocentas e
10 dez	80 oitenta	cinquenta e duas
11 onze	90 noventa	34 657 trinta e quatro mil
12 doze	100 cem	seiscentos (*oder*
13 treze	124 cento e vinte e	seiscentas) e cin-
14 catorze	quatro	quenta e sete
15 quinze	136 cento e trinta e seis	1 000 000 um milhão
16 dezasseis	200 duzentos, duzentas	3 000 000 três milhões
17 dezassete	300 trezentos, trezentas	
18 dezoito	400 quatrocentos, -as	

1. *Übersetzen Sie:* Wir haben einen Vetter, der in der Umgebung von Coimbra wohnt. Er besitzt ein riesiges Schiff. Du hast viele Freunde. Ich habe eine Sekretärin. Sie (*Fem.*) haben viele Bleistifte. Ich bin Portugiese. Wir sind Engländer. Ich bin Lehrer. Sie ist aus Lissabon. Du bist sehr nett. Es ist sehr früh.

2. *Setzen Sie die richtige Endung von* **muito** *und übersetzen Sie:* um aluno muit— trabalhador; uma moça muit— bonita; uns livros muit— interessantes; umas mulheres muit— pobres; fumamos muit—; o Pedro não come muit—; não bebo muit—; o aluno responde muit— bem; ela escreve muit— mal; a mãe almoça sempre muit— cedo; ela adormece muit— tarde; conheço muit— pessoas; respondemos a muit— perguntas; vivem lá muit— portugueses; os rapazes bebem muit— vinho; ela bebe muit— laranjada.

3. *Übersetzen Sie:* Eles recebem umas cartas das amigas. Ofereces um livro ao professor. As alunas oferecem um cinzeiro à professora. O filho escreve uma carta aos pais.

4. *Übersetzen Sie:* Der Lehrer schenkt den Schülern ein Buch. Das Examen ist sehr schwer. Sie hat einen sehr kurzen Rock. Die fleißigen Schüler bekommen gute Bücher. Ich esse gerne in billigen Restaurants. Ein Maler, den ich kenne, ist Portugiese. Wir trinken immer portugiesischen Wein. Die Filmkamera ist sehr schwer. Sie bekommt viele Briefe vom Freund, der in Portugal wohnt. Wir sind Engländer. Das Mädchen ist hübsch. Wir lernen Portugiesisch und Spanisch. Er schreibt den Freunden einen Brief.

5. Lektion

5.1.1

O cunhado da tua amiga está no café.

O teu tio está muito doente.

Estou muito descontente com o meu carro; é novo mas está sempre avariado.

Amanhã é domingo.

Hoje é terça-feira.

Que horas são?

São oito e dez.

Hoje está bom tempo.

O Pedro Gonçalves tem trinta e cinco anos.

Quantos anos tens?

Não está ninguém em casa.
Os livros de português estão em cima da mesa.
A Margarida está a escrever uma carta ao José.
O trabalho já está feito.

5.1.2

[u ku'ɲadu dɐ tu‿a'migɐ ⁽ə⁾ʃ'ta nu kɐ'fɛ]
[u tew 'tiu ⁽ə⁾ʃ'ta 'mujtu du'ẽt⁽ə⁾]
[⁽ə⁾ʃ'to 'mujtu d⁽ə⁾ʃkõ'tẽt⁽ə⁾ kõ u mew 'kařu ɛ 'novu mɐz‿iʃ'ta 'sẽpr⁽ə⁾ ɐvɐri'adu]
[amɐ'ɲẽ ɛ du'mĩgu]
['oʒ‿ɛ 'tersɐ 'fɐjrɐ]
[ki‿'ɔrɐʃ sɐw̃]
[sɐw̃ 'ojtu‿i dɛʃ]
['oʒ‿⁽ᵈ⁾ʃ'ta bõ 'tẽpu]
[u 'pedru gõ'salv⁽ə⁾ʃ tɐj 'trĩtɐ i 'sĩku 'ɐnuʃ]
[ku'ẽtuz‿'ɐnuʃ tɐjʃ]
[nɐw̃ ⁽ə⁾ʃ'ta nĩ'gɐj ɐj 'kazɐ]
[uʒ 'livruʒ d⁽ə⁾ purtu'gez‿iʃ'tɐw̃ ɐj 'simɐ dɐ 'mezɐ]
[ɐ mɐrgɐ'ridɐ‿⁽ᵈ⁾ʃ't‿a‿⁽ᵈ⁾ʃ'kr⁽ə⁾ver 'umɐ 'kartɐ ɐw ʒu'zɛ]
[u trɐ'baʎu ʒa‿⁽ᵈ⁾ʃ'ta 'fɐjtu]

Erläuterungen **5.2**

1. **tua, teu, meu:** s. 12.4.3.

2. **doente, descontente** (mit gleicher Endung in der Maskulin- und Femininform): s. 3.4.2.

3. **bom** tempo: Das Adjektiv wird in diesem Fall ausnahmsweise *vorangestellt*; s. 2.4.3 *und* 17.4.1.

4. O Pedro Gonçalves **tem** 35 anos *Pedro G. ist 35 Jahre alt.*

5. **Não** está **ninguém** em casa: Über die doppelte Verneinung in diesem Satz an dieser Stelle nur soviel: sie hat im Deutschen keine Entsprechung; sie muß im Portugiesischen verwendet werden, wenn das unbestimmte Pronomen **ninguém** dem Verb folgt. Weiteres s. 9.4.2.

Vokabeln zum Text **5.3.1**

o cunhado der Schwager
a tua deine
o teu dein
está (< estar) er ist
doente krank
estou ich bin
descontente unzufrieden
o meu mein
novo neu
avariado defekt

o domingo der Sonntag
a terça-feira der Dienstag
a hora die Stunde, die Uhr
que horas são? wie spät ist es?
bom gut
o tempo das Wetter
bom tempo schönes Wetter
tem hier: er ist
o ano das Jahr

quantos anos tens? wie alt bist du?
ninguém keiner, niemand
em casa zu Hause
estão sie sind
em cima de auf
a mesa der Tisch
o trabalho die Arbeit
feito gemacht

admirado (com) erstaunt (über)
alto hoch
o armário der Schrank
bonito hübsch, schön
cansado müde
cantar singen
a capital die Hauptstadt
casar heiraten
católico katholisch
o céu der Himmel
o cinema das Kino
o cirurgião der Chirurg
o comboio der Zug
como está? wie geht es Ihnen?
comprado gekauft
conhecido bekannt
o dia der Tag
encoberto bedeckt
estar à espera (de) warten (auf)
estar deitado liegen
estar em pé stehen
estar pendurado hängen
estar sentado sitzen

estar com haben
estou melhor mir geht es besser
o estudante der Student, der Schüler
fazer machen
a febre das Fieber
as férias die Ferien
a fome der Hunger
frio kalt
a garagem die Garage
a gravata die Krawatte
a gripe die Grippe
largo breit
o lenço das Taschentuch
o lugar der Platz
o medo die Angst
meia halb
a meia-noite die Mitternacht
o meio-dia zwölf Uhr
melhor besser
ocupado besetzt
operado operiert
o que é isto? was ist das?
passar verbringen

por von
a quarta-feira der Mittwoch
o quarto das Viertel
que dia é hoje? welchen Wochentag haben wir heute?
a que horas? um wieviel Uhr?
a quinta-feira der Donnerstag
o sábado der Sonnabend
o sarampo die Masern
a seda die Seide
a sede der Durst
a segunda-feira der Montag
a sexta-feira der Freitag
o sogro der Schwiegervater
tenho calor mir ist warm
ter frio frieren
a toalha die Tischdecke
vaidoso eitel
vendido verkauft
verde grün
o vestido das Kleid
o vidro das Glas

Grammatik

Die Konjugation des Verbs **5.4.1**

Präsens (Indikativ) von estar

estar	sein
estou	*ich bin*
estás	*du bist*
está	*er, sie, es ist*
estamos	*wir sind*
(estais)	*ihr seid*
estão	*sie sind*

Gerundium **5.4.2**

cantar	*singen*	cantando	*singend*
escrever	*schreiben*	escrevendo	*schreibend*
dormir	*schlafen*	dormindo	*schlafend*
ter	*haben*	tendo	*habend*
ser	*sein*	sendo	*seiend*

Regel:
Das Gerundium wird bei allen Verben gebildet, indem man die Infinitivendung **-r** durch die Endung **-ndo** ersetzt.

In Brasilien und wenigen Gegenden Portugals (u. a. auf der Insel Madeira)
wird das Gerundium zusammen mit **estar** gebraucht, **um eine noch an-
dauernde bzw. gerade stattfindende Handlung zu bezeichnen.**

Beispiele:
estou escrevendo uma carta   *ich schreibe (gerade) einen Brief*
ela ainda está dormindo   *sie schläft noch*

Bemerkung:

Im allgemeinen bevorzugt man in Portugal eine andere Konstruktion, nämlich:

estar + Präposition **a** + **Infinitiv**

Beispiele:
estou **a escrever** uma carta
ela ainda está **a dormir**

Gebrauch von ser und estar   5.4.3

Sowohl **ser** wie **estar** entsprechen dem deutschen *sein.*

ser

1. bezeichnet grundsätzlich einen Dauerzustand bzw. eine Eigenschaft,
   die sich normalerweise oder eine Zeitlang nicht ändert.

   Beispiele:
   eles são estudantes   *sie sind Studenten*
   és portuguesa?   *bist du Portugiesin?*
   a gravata é de seda   *die Krawatte ist aus Seide*
   somos felizes   *wir sind glücklich*
   ele não é rico   *er ist nicht reich*
   sou de Lisboa   *ich bin (stamme) aus Lissabon*
   ela não é católica   *sie ist nicht katholisch*
   eles ainda são muito novos   *sie sind noch sehr jung*
   a janela é larga   *das Fenster ist breit*
   o que é isto?   *was ist das?*

2. wird bei Zeitangaben benutzt.

   Beispiele:
   são três horas   *es ist drei Uhr*
   que horas são?   *wie spät ist es?*

61

3. ist Hilfsverb beim Vorgangspassiv.

Beispiel:
o carro é comprado pela senhora   *das Auto wird von der Dame gekauft*

estar

1. bezeichnet ein „Befinden", einen vorübergehenden Zustand.

Beispiele:

estou em casa	*ich bin zu Hause*
ele está no cinema	*er ist im Kino*
como está?	*wie geht es Ihnen?*
estou melhor	*mir geht es besser*
eles estão doentes	*sie sind krank*

2. ist Hilfsverb beim Zustandspassiv.

Beispiel:
o trabalho está feito   *die Arbeit ist gemacht*

3. bezeichnet kombiniert mit dem Gerundium oder der Präposition **a** und Infinitiv eine gerade stattfindende Handlung.

Beispiele:

estou trabalhando	*ich arbeite (ich arbeite gerade)*
estou a trabalhar	
ela está escrevendo uma carta	*sie schreibt einen Brief (sie ist gerade da-*
ela está a escrever uma carta	*bei, einen Brief zu schreiben)*
eles estão cantando	*sie singen (sie singen gerade)*
eles estão a cantar	

4. tritt auch als Bestandteil folgender Ausdrücke auf:

a) estar deitado	*liegen*
estar em pé	*stehen*
estar pendurado	*hängen*
estar sentado	*sitzen*
b) estar à espera (de)	*warten (auf)*
c) estar com (= ter)	
calor	*es einem warm sein*
febre	*Fieber haben*
fome	*Hunger haben*
frio	*frieren*
gripe	*Grippe haben*
medo	*Angst haben*
sarampo	*Masern haben*
sede	*Durst haben*

Bitte achten Sie immer besonders darauf, in welchem Zusammenhang **ser** und in welchem **estar** benutzt wird, damit Sie selbst ein Gefühl für den richtigen Gebrauch entwickeln.

Verschiedenes **5.4.4**

Die Zeit	**Horas**
es ist 24 *Uhr* (*Mitternacht*)	é meia-noite
12	é meio-dia
13	é uma (hora)
2	são duas (horas)
7	são sete (horas)
20	são oito (horas)
—.30 (*halb* . . .)	. . . e meia
—.15 (*Viertel nach* . . .)	. . . e um quarto
—.45 (*Viertel vor* . . .)	. . . menos um quarto
—.05 (*fünf nach.* . .)	. . . e cinco
—.20 (*zwanzig nach.* . .)	. . . e vinte
—.40 (*zwanzig vor.* . .)	. . . menos vinte
—.55 (*fünf vor.* . .)	. . . menos cinco

Beispiele:

24.15	meia-noite e um quarto
15.45	quatro menos um quarto
7.30	sete e meia
13.10	uma e dez
12.40	uma menos vinte
18.35	sete menos vinte e cinco

Bemerkungen:

1. Die offizielle Zeitangabe im Portugiesischen hat aber folgende Form:

12.10	doze (horas) e dez (minutos)
8.30	oito (horas) e trinta (minutos)
17.45	dezassete (horas) e quarenta e cinco (minutos)

2. Regional hört man auch:

6.35	vinte e cinco para as sete
7.45	um quarto para as oito
9.55	cinco para as dez

Redewendungen im Zusammenhang von Zeitangaben:

que horas são?	*wie spät ist es?*
a que horas . . .?	*um wieviel Uhr . . .?*

Dias da semana *Wochentage*

segunda-feria	*Montag*
terça-feira	*Dienstag*
quarta-feira	*Mittwoch*
quinta-feira	*Donnerstag*
sexta-feira	*Freitag*
sábado	*Sonnabend*
domingo	*Sonntag*
que dia é hoje?	*welchen Wochentag haben wir heute?*
é sábado	*es ist Sonnabend*
na quarta-feira	*am Mittwoch*

Übungen   5.5

1. *Übersetzen Sie:* Estou a ler um romance muito interessante. Está a chover. Eles estão a passar férias em Espinho. O que estás a fazer? Ela está a almoçar.

2. *Übersetzen Sie:* Wie spät ist es? Es ist 14.30, 10.40, 8.10, 6.15, 13.45, 12.00, 5.05, 1.20, 9.25, 24.00, 12.30, 11.40, 2.35, 1.50.

3. *Übersetzen Sie:* Sie ist 12 Jahre alt. Heute ist es sehr kalt. Diese Tischdecke ist schon verkauft. Die portugiesischen Weine sind gut. Ist dein Vater 45 Jahre alt? Sie sind noch zu Hause. Ich bin sehr müde. Sie ist sehr eitel. Mein Auto wird immer in der Garage gewaschen. Ich bin erstaunt über deinen Cousin, er schwimmt schon sehr gut. Ich bin 17 Jahre alt. Mein Schwiegervater kommt am Dienstag an. Der Kaffee ist schon kalt. Dein Kleid ist sehr hübsch. Sie sind glücklich. Um wieviel Uhr kommt der Zug an? Heiratet deine Kusine morgen? Paula hat Grippe. Das Haus, in dem ich wohne, ist sehr hoch. Mein Mann wird morgen von einem bekannten Chirurgen operiert. José kommt um 17 Uhr an. Sie ist krank. Ich bin schon seit Sonntag krank. Ihre Taschentücher sind im grünen Schrank. Dieser Platz ist besetzt.

4. *Übersetzen Sie:* O meu tio vive em Portugal. Já estou melhor. Estamos sentados em cadeiras muito altas. Ela gosta de estar em pé. Quantos anos tens? A capital de Portugal é Lisboa. Sou de Espinho. A Margarida tem 29 anos. Ela está em Portugal desde quarta-feira. São quatro e dez. Hoje o céu está encoberto. Já é muito tarde.

6. Lektion

O filme foi muito interessante.
O Paulo Rocha e o Jorge Nogueira tiveram um desastre.
Já bebi vinho melhor do que este.
Conhecemos ontem o noivo da Maria da Graça.
Ele viveu em Coimbra até 1952 e depois foi para o Porto.
Ontem jantei com a Manuela Silva.
Ela esteve muito doente.
Gostaste da exposição?
Hoje tomaste o pequeno almoço tão tarde!
Morámos muitos anos na Avenida do Brasil, em Lisboa.
Ontem esteve bom tempo.

6.1.2

[u ˈfilm⁽ᵊ⁾ foj ˈmuĵtu ĩt⁽ᵊ⁾r⁽ᵊ⁾ˈsẽt⁽ᵊ⁾]
[u ˈpawlu ˈrɔʃɐ i u ˈʒɔrg⁽ᵊ⁾ nuˈgɐjrɐ tiˈvɐrɐw̃ ũ d⁽ᵊ⁾ˈzaʃtr⁽ᵊ⁾]
[ʒa b⁽ᵊ⁾ˈbi ˈviɲu m⁽ᵊ⁾ˈʎɔr du ki‿ˈeʃt⁽ᵊ⁾]
[kuɲ⁽ᵊ⁾ˈsemuz‿ˈõtɐj u ˈnojvu dɐ mɐˈriɐ dɐ ˈgrasɐ]
[ˈel⁽ᵊ⁾ viˈvew ɐj kuˈĩbrɐ ɐˈtɛ mil nɔv⁽ᵊ⁾ ˈsẽtuz‿i sĩˈkuẽtɐ i dojz‿i d⁽ᵊ⁾ˈpojʃ
foj pɐˈrɐ u ˈportu]
[ˈõtɐj ʒẽˈtɐj kõ ɐ mɐnuˈɛlɐ ˈsilvɐ]
[ˈɛlɐ‿⁽ᵊ⁾ʃˈtev⁽ᵊ⁾ ˈmuĵtu duˈẽt⁽ᵊ⁾]
[guʃˈtaʃt⁽ᵊ⁾ d⁽ᵊ⁾‿ɐjʃpuziˈsɐw̃]
[ˈoʒ⁽ᵊ⁾ tuˈmaʃt⁽ᵊ⁾ u p⁽ᵊ⁾ˈkenu alˈmosu tɐw̃ ˈtard⁽ᵊ⁾]
[muˈramuʒ ˈmuĵtuz‿ˈɐnuʒ n‿av⁽ᵊ⁾ˈnidɐ du brɐˈzil ɐj liʒˈboɐ]
[ˈõtɐj‿⁽ᵊ⁾ʃˈtev⁽ᵊ⁾ bõ ˈtẽpu]

Erläuterungen   6.2

1. melhor do que *besser als:* s. 14.4.1.

2. conhecemos *wir haben kennengelernt:* Bei den Verben, deren Infinitiv
auf -er endet, ist die 1. Person Pl. Präsens Ind. gleichlautend mit der 1.
Person Pl. PPS. Ob die Form das Präsens oder das PPS anzeigen soll, muß
man dem Zusammenhang des Textes entnehmen.

3. foi (5. Satz) *er ging:* Das PPS von **ir** *gehen, fahren* (s. 12.4.1) ist formal
identisch mit dem PPS von **ser** *sein.*

4. Coimbra, Lisboa, *aber* o Porto: s. 8.4.3.

5. Ela **esteve** muito doente *sie war sehr krank* (für einige Zeit), aber: Ela
é muito doente (*chronisch, dauernd*).

Vergleiche auch:

A moça é muito simpática *das Mädchen ist sehr nett*, aber: A Paula está muito simpática (*heute, im Gegensatz zu dem, was man von ihr gewohnt ist*).

Vokabeln zum Text 6.3.1

o **filme** der Film
foi er war, er ist gewesen
tiveram sie hatten, sie haben gehabt
o **desastre** der Unfall
do que als
este dieser
conhecemos wir haben kennengelernt

ontem gestern
o **noivo** der Verlobte
até bis
depois danach, dann
foi (< **ir**) er ging
para nach
gostar mögen, jm. gefallen

a **exposição** die Ausstellung
tomar nehmen
o **pequeno almoço** das Frühstück
tomar o pequeno almoço frühstücken
tão so
a **avenida** die Avenue

Vokabeln zum Grammatikteil und zu den Übungen 6.3.2

agradável angenehm
alugado vermietet
o **andar** das Stockwerk, die Etagenwohnung
o **ano bissexto** das Schaltjahr
aquela diese
aquele dieser
aquilo das
o **arquitecto** der Architekt
aterrar landen
o **avião** das Flugzeug
caro, -a teuer
a **casa de** zu
em casa de bei
como wie
consigo (< **conseguir**) ich kann (es gelingt mir zu. . .)
a **conta** die Rechnung
de facto tatsächlich

demorar lange dauern
a **dificuldade** die Schwierigkeit
a **dúvida** der Zweifel
o **edifício** das Gebäude
essa diese
esse dieser
esta diese
a **excursão** der Ausflug
o **exercício** die Aufgabe
a **família** die Familie
fácil leicht
fantástico, -a phantastisch
há vor
o **herói** der Held
a **história** die Geschichte
o **hotel** das Hotel
ir a gehen in
isso das
isto das
a **laranja** die Apfelsine

mas aber
o **mês** der Monat
o **minuto** die Minute
muito tempo lange
parecer scheinen
o **parque** der Park
passado vergangen, letzte(r)
perceber verstehen
por isso deswegen
a **profissão** der Beruf
o **século** das Jahrhundert
sem ohne
a **semana** die Woche
a **sorte** das Glück
a **tarde** der Nachmittag
o **teatro** das Theater
vendido verkauft
a **vergonha** die Schande
a **viagem** die Reise

Grammatik

Die Konjugation des Verbs 6.4.1

Pretérito Perfeito Simples (PPS) der regelmäßigen Verben

auf **-ar**   auf **-er**

jant **ar**	beb **er**
jant **ei**	beb **i**
jant **aste**	beb **este**
jant **ou**	beb **eu**
jant **ámos**	beb **emos**
(jant **astes**)	(beb **estes**)
jant **aram**	beb **eram**

Pretérito Perfeito Simples (PPS) von ser, estar, und ter

ser	estar	ter
fui	estive	tive
foste	estiveste	tiveste
foi	esteve	teve
fomos	estivemos	tivemos
(fostes)	(estivestes)	(tivestes)
foram	estiveram	tiveram

Bemerkungen:

1. Diese Formen haben in einigen Fällen die Funktion der deutschen Perfekt-form (*ich habe zu Abend gegessen, ich habe getrunken, . . .*) in ihrem Gebrauch als sog. „Historisches Perfekt", in anderen Fällen hingegen die der deutschen Imper-fektform (*ich aß zu Abend, ich trank, . . .*). Die Bezeichnung des **Pretérito perfeito simples** als „*Historisches Perfekt*" trifft daher strenggenommen nicht ganz zu. Deswegen soll sie hier — wie überhaupt der Versuch einer deutschen Bezeichnung — vermieden werden. Da andererseits der Ausdruck **Pretérito perfeito simples** für die Aussprache äußerst umständlich ist, wird hier an seiner Stelle die Abkür-zung **PPS** verwendet.

2. Grundsätzlich bezeichnet das **PPS** eine Handlung, die in der Vergangenheit stattfand und bereits abgeschlossen ist. Zu genaueren Einzelheiten des Gebrauchs des **PPS** s. 8.4.2.

> *Beispiele:*
> O filme foi interessante.
> *Der Film war interessante.*
> O Paulo e o Jorge tiveram um desastre.
> *P. und J. haben einen Unfall gehabt.*
> Já bebi vinho melhor do que este.
> *Ich habe schon besseren Wein getrunken als diesen.*
> Ele viveu em Coimbra até 1952 e depois foi para o Porto.
> *Er lebte bis 1952 in Coimbra und ging dann nach Porto.*

Das Substantiv und das Adjektiv · 6.4.2

Plural der auf -m auslautenden Substantive und Adjektive

Singular	*Plural*
a viagem	as viagens
bom	bons

Regel:
Die Substantive und die Adjektive, die auf -m auslauten, enden im Plural auf -ns.

flektiert

unflektiert		Singular		Plural	
		Mask.	*Fem.*	*Mask.*	*Fem.*
1	isto	este	esta	estes	estas
2	isso	esse	essa	esses	essas
3	aquilo	aquele	aquela	aqueles	aquelas

Bemerkungen:

a. Die flektierten Formen (**este, esse, aquele** usw.) entsprechen den Formen des deutschen Demonstrativpronomens (*dieser, diese, dieses*).
Die unflektierten Formen (**isto, isso, aquilo**) entsprechen der auch im Deutschen unflektierten Form „*das*".

b. Genauer als das Deutsche unterscheidet das Portugiesische verschiedene Grade bzw. Verhältnisse des sprachlichen Hinweisens bzw. Bezugnehmens und verwendet daher drei verschiedene Grundarten von Demonstrativpronomen (im oberen Schema in Zeile 1, 2 und 3 angeordnet).

Schema zur Erläuterung des Gebrauchs der verschiedenen portugiesischen Demonstrativ-Formen

		Objekt des Hinweisens ist . . .	
		etwas . . .	ein Zeitpunkt, eine Zeitspanne . . .
isto	este(s) esta(s)	. . . in der Nähe des Sprechers / in näherer Beziehung zum Sprecher / wovon der Sprecher bereits sprach	. . . in zeitlicher Nachbarschaft zur Gegenwart des Sprechens
isso	esse(s) essa(s)	. . . in der Nähe des Angesprochenen / in näherer Beziehung zum Angesprochenen / wovon der Angesprochene bereits sprach	. . . in Vergangenheit oder Zukunft zur Gegenwart des Sprechens (aber im zeitlichen Umkreis dessen, worauf sich der Sprecher im Kontext bezieht)
aquilo	aquele(s) aquela(s)	. . . außerhalb der Nähe von Sprecher und Angesprochenem / nicht in näherer Beziehung zu beiden / wovon nur Dritte gesprochen haben	. . . in vager oder entfernter Vergangenheit zur Gegenwart des Sprechens

Beispiele:
zu 1.
O que é isto?
Was ist das? (hier in meiner Hand)
Este ano é bissexto.
Dieses Jahr ist ein Schaltjahr (das Jahr, das gerade läuft).
Esta profissão é, sem dúvida, muito agradável.
Dieser Beruf ist ohne Zweifel sehr angenehm (gemeint ist: *mein Beruf*).
zu 2.
Isso não é verdade.
Das ist nicht wahr (das, was du eben behauptet hast).
Mas essa casa não está já alugada?
Aber ist dieses Haus nicht schon vermietet? (das Haus, das deiner Tante gehört)
Passei esse mês em Portugal.
Ich verbrachte diesen Monat in Portugal (den Monat nach meiner Hochzeit vor einem Jahr).
Quero passar esse sábado em casa.
Ich will diesen Sonnabend zu Hause verbringen (den übernächsten Sonnabend).
zu 3.
Aquilo foi uma vergonha.
Das war eine Schande.
Quero comprar um carro como aquele.
Ich will ein Auto wie dieses kaufen (wie dieses da hinten).
Aquele século teve muitos heróis.
Dieses Jahrhundert hatte viele Helden.

Verschiedenes   **6.4.4**

A Família   *Die Familie*

Maskulinum		*Femininum*	
avô	*Großvater*	avó	*Großmutter*
bisavô	*Urgroßvater*	bisavó	*Urgroßmutter*
cunhado	*Schwager*	cunhada	*Schwägerin*
filho	*Sohn, Kind*	filha	*Tochter, Kind*
genro	*Schwiegersohn*	nora	*Schwiegertochter*
irmão	*Bruder*	irmã	*Schwester*
marido	*Mann, Ehemann*	mulher, esposa	*Frau, Ehefrau*
neto	*Enkel*	neta	*Enkelin*
noivo	*Verlobter*	noiva	*Verlobte*

69

pai	Vater	mãe	Mutter
primo	Vetter	prima	Kusine
sobrinho	Neffe	sobrinha	Nichte
sogro	Schwiegervater	sogra	Schwiegermutter
tio	Onkel	tia	Tante

Plural

avós	Großeltern
bisavós	Urgroßeltern
casal	Ehepaar
filhos	Kinder, Söhne
irmãos	Geschwister, Brüder
pais	Eltern
tios	Onkel und Tanten

Übungen 6.5

1. *Konjugieren Sie die folgenden Verben im PPS:* almoçar, perguntar, fumar, esperar, responder, comer, ser, escrever, ter.

2. *Was bedeuten die folgenden Verbformen?* estudaram, choveu, conhecemos, casou, vivi, teve, comprou, demorou, fomos, trabalharam, escrevi, nadou, compreenderam, estive, gostámos, fechaste, encontrei, ofereci, estiveram, jantei, olhámos, tive.

3. *Übersetzen Sie:* Na quinta-feira passada fui a casa da tua sogra. Ontem ela esteve em casa do meu sobrinho. Em Fevereiro choveu muito. Quanto custaram as laranjas? Só tive duas semanas de férias. Já escreveste ao avô? Ontem esteve bom tempo e por isso passámos a tarde no parque.

4. *Übersetzen Sie:* Hast du die Fahrkarten schon gekauft? Am letzten Sonnabend gingen wir ins Theater. Hast du die Frage verstanden? Die Aufgabe war sehr schwierig. Wer hat die Rechnung bezahlt? Hattest du Schwierigkeiten? Die Fahrt hat lange gedauert.

5. *Setzen Sie in den Plural:* Mas essa senhora já esteve no Brasil? Aquele edifício tem doze andares. Este andar foi vendido ontem. Essa história é muito conhecida. Esse arquitecto já não é muito novo.

6. *Übersetzen Sie:* Aquele avião aterrou há uns cinco minutos. Aquela moça casou com o Paulo Costa. Não consigo perceber aquilo. Isto parece muito fácil. Aquilo foi uma sorte. Aqueles sapatos são bonitos. Aquele hotel é de facto bom mas muito caro. Aquela excursão foi fantástica.

7. Lektion

Está à espera de alguém?
Já esteve no Algarve?
A Senhora tem razão.
Parece-me que o Senhor está a exagerar.
A Graça vê todos os dias televisão?
A Sra. D. Manuela chegou a telefonar ao dr. Silva?
A Sra. Antónia já falou com a D. Rita?
O Sr. Dr. gostou da viagem?
Não acha que ela tem uns olhos muito bonitos?
O Sr. Pereira ainda vive em Setúbal?
O Sr. engenheiro esteve ontem na praia?
Porque é que o Pai emprestou o carro ao Raul?
A Tia não acha?
Dá explicações de matemática?
Já arranjou trabalho?

[⁽ᵊ⁾ʃ't‿a‿⁽ᵊ⁾ʃ'pɛrɐ d⁽ᵊ⁾‿al'gɐj]
[ʒa‿⁽ᵊ⁾ʃ'tev⁽ᵊ⁾ nu al'garv⁽ᵊ⁾]
[ɐ s⁽ᵊ⁾'ɲorɐ tɐj rɐ'zɐw̃]
[pɐ'rɛs⁽ᵊ⁾m⁽ᵊ⁾ ki‿u s⁽ᵊ⁾'ɲor ⁽ᵊ⁾ʃ'ta ɐ‿izɐʒ⁽ᵊ⁾'rar]
[ɐ 'grasɐ ve 'toduz‿oʒ 'diɐʃ t⁽ᵊ⁾l⁽ᵊ⁾vi'zɐw̃]
[ɐ s⁽ᵊ⁾'ɲorɐ 'donɐ mɐnu'ɛlɐ ʃ⁽ᵊ⁾'go ɐ t⁽ᵊ⁾l⁽ᵊ⁾fu'nar aw do'tor 'silvɐ]
[ɐ s⁽ᵊ⁾'ɲor‿ã'tɔniɐ ʒa fɐ'lo kõ ɐ 'donɐ 'ritɐ]
[u s⁽ᵊ⁾'ɲor do'tor guʃ'to dɐ vi'aʒɐj]
[nɐw̃ 'aʃɐ ki‿'ɛlɐ tɐj ũz‿'ɔʎuʒ 'mujtu bu'nituʃ]
[u s⁽ᵊ⁾'ɲor p⁽ᵊ⁾'rɐjrɐ ɐ'ĩdɐ 'viv⁽ᵊ⁾ ɐj s⁽ᵊ⁾'tubal]
[u s⁽ᵊ⁾'ɲor ẽʒ⁽ᵊ⁾'ɲɐjru ⁽ᵊ⁾ʃtev⁽ᵊ⁾‿'õtɐj nɐ 'prajɐ]
['purki‿ɛ ki‿u paj ẽpr⁽ᵊ⁾ʃ'to u 'karu aw rɐ'ul]
[ɐ 'tiɐ nɐw̃ 'aʃɐ]
[da ɐjʃplikɐ'sojʒ d⁽ᵊ⁾ mɐt⁽ᵊ⁾'matikɐ]
[ʒ‿arɐ̃'ʒo trɐ'baʎu]

Erläuterungen 7.2

1. **me** *mir:* s. 11.4.2.

2. **vê** *Sie sehen:* 3. Person Sg. Präsens Indikativ von **ver** (unregelmäßig): s. 12.4.1.

3. **todos os** dias: s. 9.4.2.

4. **chegar** *dazukommen* und **telefonar** *anrufen* treten in Verbindung mit der Präposition **a.**

5. **porque é que** *warum:* s. 12.4.4.

6. **Porque é que o Pai** (...): Im allgemeinen gilt, daß in allen Fragesätzen, die von einem Fragewort eingeleitet werden, das Subjekt dem Prädikat **nachgestellt** wird (s. 12.4.5). Wenn dem Fragewort aber der Ausdruck é que nachgestellt ist, wird das Subjekt in seiner Normalstellung vor dem Verb gelassen (s. 12.4.5).
Nach **porque** z. B. wird das Subjekt dem Verb nachgestellt (**porque emprestou o Pai** ...), nach **porque é que** aber in der Normalstellung gebraucht (**porque é que o Pai emprestou** ...).

7. **dá** *erteilen Sie:* 3. Person Sg. Präsens Indikativ von **dar** (unregelmäßig, bedeutet auch *geben*): s. 11.4.1.

8. **explicação, -ões:** s. 10.4.4.

Zur Aussprache:

9. olho, aber olhos: s. 27.4.3.

Vokabeln zum Text 7.3.1

alguém jemand
tem razão Sie haben recht
parece-me es scheint mir
exagerar übertreiben
vê? (< **ver**) sehen Sie?
a televisão der Fernsehapparat
ver televisão fernsehen
todos os dias jeden Tag
Sra. D. (Senhora Dona) Frau

chegou (a)? sind Sie dazugekommen?
telefonar (a) jn. anrufen
Dr. (Doutor) Dr.
Sra. (Senhora) Frau
Sr. (Senhor) Herr
acha? (< **achar**) meinen Sie?, finden Sie?
o olho das Auge
uns olhos Augen
a praia der Strand

porque é que warum
emprestou? (< **emprestar**) haben Sie verliehen?
dá (< **dar**) erteilen Sie
explicações (Sg. a explicação) Nachhilfeunterricht
a matemática die Mathematik
arranjou? (< **arranjar**) haben Sie gefunden?

Vokabeln zum Grammatikteil und zu den Übungen 7.3.2

acabar beenden
o autocarro der Bus
contente zufrieden
costumar pflegen, die Gewohnheit haben, gewöhnlich
de certeza bestimmt
Direito Jura
o fim das Ende
o fim de semana das Wochenende

fora auswärts
há muito tempo schon lange
há quanto tempo seit wann
ir de mit ... **fahren**
ir de avião fliegen
irónico ironisch
jogar em spielen
a minha meine
a modista die Schneiderin
a música die Musik

no fundo im Grunde
o jantar das Abendessen
o saldo der Schlußverkauf, der Ausverkauf
ter a certeza sicher sein
o totobola der Toto
todo o dia den ganzen Tag
o verão der Sommer
viajar reisen
a vida das Leben

Grammatik

Die Formen der Anrede   7.4

Anrede	Vorkommen
—	Sehr häufig ist die Anrede auf die durch die Verbform mitgeteilte Person und deren Numerus beschränkt.
o(s) Senhor(es) a(s) Senhora(s)	allgemein verwendbare, neutrale Anrede
você(s)	1. mehr und mehr verbreitet, besonders unter gesellschaftlich Gleichgestellten, gilt aber noch als neumodisch 2. (regional) gegenüber sozial Untergeordneten 3. (regional) in ländlichen Gegenden, unter einfachen Leuten
o Raul a Graça	Gute Bekannte und Freunde aller Altersstufen (d. h. auch im Kindesalter) sprechen sich häufig zwar mit dem Vornamen (mit Artikel!), aber in der 3. Person an.
o Sr. Rocha (Sr.: Senhor)	Anrede mit dem Nachnamen im Portugiesischen nur für Männer
a Sra. D. Alice a D. Alice (D.: Dona)	heute für Frauen aller Gesellschaftsschichten; die 1. Form ist etwas respektvoller als die zweite
o Sr. António	für Männer der unteren Gesellschaftsschichten; heute weniger gebräuchlich
a Sra. Manuela	für Frauen der unteren Gesellschaftsschichten; auch weniger gebräuchlich
o Sr. Doutor o Sr. Engenheiro o Sr. Presidente o Sr. Professor o Sr. Tenente a Sra. Doutora a Sra. Engenheira *usw.*	Ein durch Ausbildung oder Berufsstellung erworbener Titel ist für die höfliche Anrede — verbunden mit o Sr. bzw. a Sra. — jeder anderen Anrede vorzuziehen. (Der Titel Doutor — Dr. — ist in Portugal sehr verbreitet, da alle, die ein volles Universitätsstudium absolviert haben, ihn beanspruchen dürfen.)

Anrede	Vorkommen
o Colega a Colega a Mãe o Pai o Primo a Tia *usw.*	Unter Arbeitskollegen und Familienmitgliedern wird häufiger als im Deutschen das betreffende Verhältnis für die Anrede benutzt. Es ist besonders zu beachten, da auch häufig zwischen Eltern und Kindern die höfliche Anrede benutzt wird.
o(s) Menino(s) a(s) Menina(s)	1. häufig unter Kindern und Jugendlichen gebraucht 2. häufig von Erwachsenen gegenüber Kindern und Jugendlichen benutzt 3. die fem. Form allgemein gegenüber unverheirateten jungen Frauen
V. Exa. (Vossa Excelência)	als höflichste Anredeform, u. a. gegenüber sehr Hochgestellten und bei formellen Anlässen verwendet; ebenfalls im formellen Schriftverkehr

Beispiele:

Não acha?
Finden Sie nicht?

Os Senhores são italianos?
Sind Sie Italiener?

Você parece ainda muito novo.
Sie sehen noch sehr jung aus.

O Rui come muito pouco.
Sie essen sehr wenig.

O Sr. Silva conhece de certeza o meu filho.
Sie kennen meinen Sohn bestimmt.

A Sra. D. Rita fuma?
Rauchen Sie?

O Sr. Dr. já falou com o dr. Cunha?
Haben Sie schon mit Dr. Cunha gesprochen?

A Mãe telefona hoje à modista?
Rufst du heute die Schneiderin an?

Bemerkungen:

1. Im Gegensatz zum Deutschen wird im Portugiesischen die höfliche Anrede im Singular mit der **3. Person Singular** gebildet. Für die höfliche Anrede im Plural hingegen benutzt man wie im Deutschen die **3. Person Plural.**

2. Ganz allgemein werden im Portugiesischen Namen und Titel aller Art nicht nur bei der ersten Anrede, sondern auch im Verlauf des Gesprächs weitaus häufiger benutzt als im Deutschen, wo man — wann immer erlaubt — das einfache „Sie" bzw. „Du" benutzt.

3. Neben den oben aufgeführten Anredeformen existiert im Portugiesischen selbstverständlich auch die **Anrede in der 2. Person Singular,** im Unterschied zum Deutschen aber ohne das Personalpronomen „tu" *du* (s. 1.4.1). Die „Du"-Anrede benutzen Erwachsene gegenüber Kindern, Kinder und Jugendliche untereinander, Studenten untereinander, ebenso zum Teil Kollegen, Verwandte und Freunde.

Übungen 7.5

1. *Übersetzen Sie:* Dieses Mädchen hat sehr schöne Augen *(Mädchen abwesend)*. Hast du schon lange einen Fernsehapparat? Im Grunde bin ich unzufrieden mit meinem Leben. Gestern habe ich den ganzen Tag am Strand verbracht. Dieser Mann erteilt Nachhilfeunterricht in Musik *(der Mann, von dem du sprichst)*. Ich treffe fast jeden Tag deinen Onkel.

2. *Übersetzen Sie (alle Verben sind als Form der Anrede zu übersetzen).* Passaram o fim de semana na praia? O Sr. Engenheiro já foi operado há muito tempo? A Luisa está com medo? A que horas telefonou? O Tio já acabou esse trabalho? A D. Isabel é de Lisboa? Há quantos anos vivem neste país? O Senhor almoçou ontem com elas? Você já viajou muito! O Sr. Pereira tem um carro muito bom. As Senhoras costumam comprar em saldos?

3. *Übersetzen Sie:* Sind Sie (Pl.) geflogen oder mit dem Auto gefahren? Mit wem haben Sie gestern zu Abend gegessen? Sind Sie zufrieden? Warum sind Sie nicht mit dem Zug gefahren? Sind Sie (Pl.) sicher? Geht es Ihnen schon besser? Haben Sie Angst? Studieren Sie (Pl.) auch Jura? Haben Sie (Pl.) wieder den Bus verpaßt? Sprechen Sie Portugiesisch? Lernen Sie (Pl.) Spanisch? Trinken Sie (Pl.) immer Wein zum *(zu = a)* Abendessen?

4. *Setzen Sie in den Plural:* Há quanto tempo está à espera? Gosta de jantar fora? Já jogou alguma vez no totobola? Foi a Lisboa no verão? Está contente? Você é irónico... Não acredita? A Senhora não fuma muito. O que está a escrever?

8. Lektion

Achei o teu cunhado muito simpático.
Ela achava que eu não devia desistir do exame.
Gostámos muito do filme.
Gostava de ir amanhã ao teatro.
A rapariga que conheceste ontem é secretária.
Conhecias algum dos amigos da Manuela?
Soube ontem que elas estão a passar férias em Portugal.
Não sabia que já tinhas filhos nessa altura.
A minha tia não teve filhos.
O trânsito esteve interrompido por causa do desastre.
Às sete horas ainda não estava muita gente na paragem.
Já lá estavas quando eles chegaram?

[ɐˈʃɐj u tew kuˈɲadu ˈmujtu sĩˈpatiku]
[ˈɛl‿aˈʃavɐ ki‿ew nɐw̃ dⁱᵃⁱˈviɐ dⁱᵃⁱsⁱᵃⁱʃˈtir du iˈzɐmⁱᵃⁱ]
[guʃˈtamuʒ ˈmujtu du ˈfilmⁱᵃⁱ]
[guʃˈtavɐ dᵃⁱ‿ir amɐˈɲɐ̃ aw tiˈatru]
[ɐ rɐpɐˈrigɐ kⁱᵃⁱ kuɲⁱᵃⁱˈseʃtᵃⁱ‿ˈõtɐj ɛ sⁱᵃⁱkrⁱᵃⁱˈtariɐ]
[kuɲⁱᵃⁱˈsiɐz‿ˈalgũ duz‿ɐˈmiguʒ dɐ mɐnuˈɛlɐ]
[ˈsobᵃⁱ‿ˈõtɐj ki‿ˈɛlɐz‿iʃˈtɐw̃ ɐ pɐˈsar ˈfɛriɐz‿ɐj purtuˈgal]
[nɐw̃ sɐˈbiɐ kⁱᵃⁱ ʒa ˈtiɲɐʃ ˈfiʎuʒ ˈnɛs‿alˈturɐ]
[ɐ ˈmiɲa ˈtiɐ nɐw̃ ˈtevⁱᵃⁱ ˈfiʎuʃ]
[u ˈtrɛ̃zitu‿ᵃⁱʃˈtevᵃⁱ‿ĩtⁱᵃⁱ̃rõˈpidu pur ˈkawzɐ du dⁱᵃⁱˈzaʃtrⁱᵃⁱ]
[aʃ ˈsetᵃⁱ‿ˈɔrɐz‿ɐˈĩdɐ nɐw̃ ⁱᵃⁱʃˈtavɐ ˈmujtɐ ˈʒẽtⁱᵃⁱ nɐ pɐˈraʒɐj]
[ʒa la‿ᵃⁱʃˈtavɐʃ kuˈẽdu ˈelⁱᵃⁱ‿ʃⁱᵃⁱˈgarɐw̃]

Erläuterungen   8.2

1. desistir de: desistir tritt in Verbindung mit der Präposition de.

2. soube *ich erfuhr:* 1. Person Sg. PPS von saber (unregelmäßig): s. 10.4.3.

3. estão a passar: s. 5.4.3.

Vokabeln zum Text   8.3.1

devia ich sollte	**algum** einer	**interrompido** unterbrochen
desistir (de) aufgeben, verzichten (auf)	**saber** erfahren, wissen	**por causa de** wegen
	nessa altura damals	**muita gente** viele Leute
gostava ich möchte	**o trânsito** der Verkehr	**a paragem** die Haltestelle

agarrado gebunden
agora nun, jetzt
arruinado ruiniert
o bairro das Viertel
o barco das Boot, das Schiff
o barco à vela das Segelboot
Berlim Berlin
Bona Bonn
cheio voll
o cigarro die Zigarette
o dicionário das Wörterbuch
o dinheiro das Geld
enquanto während, solange

entre zwischen, unter
esperar erwarten
estar calor warm sein
ficar bleiben
guiar fahren
há seit
Hamburgo Hamburg
houve es gab
o inverno der Winter
mais difícil schwieriger
mas (sim) sondern
Munique München
nervoso nervös
nevar schneien
outra vez wieder
a palavra das Wort

perder verpassen
por volta de gegen
precisar brauchen
o problema das Problem
quase fast
sair ausgehen
se wenn, ob
o semáforo die Ampel
o sentido die Richtung
ser de gehören
suficiente ausreichend
ter de müssen
a tradição die Überlieferung, die Tradition
vez mal

Grammatik

Die Konjugation des Verbs   **8.4.1**

Imperfekt (Indikativ) der regelmäßigen Verben

auf **-ar**

ach **ar**	*meinen*
ach **ava**	*ich meinte*
ach **avas**	
ach **ava**	
ach **ávamos**	
(ach **áveis**)	
ach **avam**	

auf **-er**

conhec **er**	*kennen*
conhec **ia**	*ich kannte*
conhec **ias**	
conhec **ia**	
conhec **íamos**	
(conhec **íeis**)	
conhec **iam**	

Imperfekt (Indikativ) von ser, estar und ter

ser	*sein*	**estar**	*sein*	**ter**	*haben*
era	*ich war*	est **ava**	*ich war*	tinha	*ich hatte*
eras		est **avas**		tinhas	
era			*usw.*	tinha	
éramos				tínhamos	
(éreis)				(tínheis)	
eram				tinham	

I Das **Imperfekt** gebraucht man für

1. vergangene Handlungen, Zustände und Vorgänge, die gleichzeitig zu der (vergangenen) Zeit, auf die sich der Sprecher im Satz oder im Kontext bezieht, stattfanden bzw. herrschten;
   Beispiel:
   Na rua onde morávamos havia muitas árvores.
   In der Straße, in der wir wohnten, gab es viele Bäume.

2. regelmäßig sich wiederholende bzw. zur Gewohnheit gewordene Handlungen;
   Beispiel:
   Bebiam sempre a cerveja pela garrafa.
   Sie tranken das Bier immer aus der Flasche.

3. eine Handlung, die noch andauerte, als eine neue eintrat (vgl. auch I 1);
   Beispiel:
   Estava a chover quando eles saíram do cinema.
   Es regnete, als sie aus dem Kino kamen.

4. Behauptungen, Bitten, Forderungen oder Wünsche, um ihnen die Direktheit zu nehmen, die sie hätten, wenn man zu ihrem Ausdruck das Präsens Indikativ benutzte. (Die analoge Ersatzform für das Imperfekt Indikativ ist im Deutschen der Konjunktiv Imperfekt.)
   Beispiel:
   Gostava de comprar um barco à vela.
   Ich möchte gern ein Segelboot kaufen.

Bemerkung:

Das Imperfekt wird auch statt des Konditionals gebraucht (s. 13.4.2) und ersetzt in der indirekten Rede das Präsens (s. 25.4.2).

II Das **PPS** gebraucht man für

1. eine Handlung, die in der Vergangenheit stattfand und zu dem Zeitpunkt, auf den der Sprecher sich bezieht, bereits abgeschlossen ist;
   Beispiel:
   A semana passada fui três vezes ao cinema.
   In der letzten Woche ging ich dreimal ins Kino.

2. eine Handlung, die in der Vergangenheit eintrat, während eine andere noch andauerte.
   Beispiel:
   Ela não estava em casa quando telefonei.
   Sie war nicht zu Hause, als ich anrief.

Bei Länder-, Städte- und Dorfnamen

I 1. **Ländernamen** werden im Portugiesischen bis auf sehr wenige Ausnahmen **mit dem Artikel** gebraucht.

Beispiele: o Canadá   *Kanada*
o Brasil   *Brasilien*
a Alemanha   *Deutschland*
a Turquia   *die Türkei*
a Grécia   *Griechenland*

2. Ländernamen, die immer **ohne** Artikel benutzt werden, sind:
Andorra   *Andorra*
Marrocos   *Marokko*
Mónaco   *Monaco*
Portugal   *Portugal*
São Marino   *San Marino*

3. Ländernamen, die sowohl **mit** als auch **ohne** Artikel gebraucht werden, sind:
Espanha   *Spanien*
França   *Frankreich*
Inglaterra   *England*
Itália   *Italien*

Bemerkung:

Der Gebrauch dieser Ländernamen mit dem Artikel ist in der Umgangssprache verbreitet.

II 1. **Städte-, Orts-** und **Dorfnamen** benutzt man normalerweise **ohne Artikel.**

Beispiele:
Alcobaça
Aveiro
Cascais
Lisboa   *Lissabon*

2. Viele portugiesische Städte- und Dorfnamen sind aus Sachbezeichnungen hervorgegangen. So:
a Figueira da Foz   (= *Feigenbaum an der Mündung*)
a Nazaré   (= Mädchenname)
o Porto   (= *Hafen*)
a Praia das Maçãs   (= *Apfelstrand*)
a Praia da Rocha   (= *Felsenstrand*)
o Rio de Janeiro   (= *Januarfluß*)

Als Faustregel kann gelten, daß so entstandene Stadt- und Dorfnamen **mit Artikel** gebraucht werden (eben wie die ehemalige Sachbezeichnung). Es gibt aber schwer erklärbare Ausnahmen von dieser Regel, z. B. Espinho (= *Dorn*), Covas (= *Gruben*).

Die Benutzung ausländischer Städtenamen, die im betreffenden Land den Artikel im Namen enthalten, folgt der angegebenen Regel:

o Cairo	(= *Kairo*, arab. Misr al-Kahira)
a Haia	(= *Den Haag*)
o Havre	(= *Le Havre*)

Verschiedenes   8.4.4

„Länder und Leute"

deutsche Fassung	portugiesische Fassung	als Adjektiv und zur Bezeichnung der Einwohner
Deutschland	Alemanha *f*	alemão
Argentinien	Argentina *f*	argentino
Australien	Austrália *f*	australiano
Österreich	Áustria *f*	austríaco
Bolivien	Bolívia *f*	boliviano
Brasilien	Brasil *m*	brasileiro
Tschechoslowakei	Checoslováquia *f*	checoslovaco
Chile	Chile *m*	chileno
China	China *f*	chinês
Dänemark	Dinamarca *f*	dinamarquês
Ägypten	Egipto *m*	egípcio
Spanien	Espanha *f*	espanhol
Frankreich	França *f*	francês
Griechenland	Grécia *f*	grego
Holland	Holanda *f*	holandês
Ungarn	Hungria *f*	húngaro
Indien	Índia *f*	indiano
Indonesien	Indonésia *f*	indonésio
England	Inglaterra *f*	inglês
Italien	Itália *f*	italiano
Japan	Japão *m*	japonês
Jugoslawien	Jugoslávia *f*	jugoslavo
Marokko	Marrocos *m/pl.*	marroquino
Mexiko	México *m*	mexicano
Nigeria	Nigéria *f*	nigeriano
Norwegen	Noruega *f*	norueguês
Persien	Pérsia *f*	persa

Peru	Peru *m*	peruano
Polen	Polónia *f*	polaco
Portugal	Portugal *m*	português
Rhodesien	Rodésia *f*	rodesiano
Rumänien	Roménia *f*	romeno
Rußland	Rússia *f*	russo
Syrien	Síria *f*	sírio
Schweden	Suécia *j*	sueco
Schweiz	Suíça *f*	suíço
Türkei	Turquia *f*	turco
Venezuela	Venezuela *f*	venezuelano

Übungen 8.5

1. *Übersetzen Sie:* Mein Geschichtslehrer lebte 10 Jahre in Brasilien. In diesem Winter schneite es viel (*es ist von einem bestimmten, vergangenen Winter die Rede*). Das Restaurant war voll. Ich war so nervös, daß ich eine Zigarette rauchen mußte. Gestern blieb ich den ganzen Tag zu Hause. Um 20 Uhr gab es noch viele Karten. Wir hatten seit zwei Monaten keine Nachrichten von Pedro Marques. Gestern war es sehr warm. Als João anrief, waren wir nicht zu Hause. Es war fast 12 Uhr, als sie ankamen. Heute habe ich um 9 Uhr gefrühstückt. Sie wohnten in dem neuen Viertel. Als er mich aufsuchte, war ich nicht mehr in Griechenland, sondern schon in Spanien. Ich verbrachte 3 Monate in Portugal, aber damals sprach ich noch nicht Portugiesisch. Die Prüfung ist schwieriger, als ich erwartet habe. Diese Familie hat viel Geld gehabt, aber nun ist sie ruiniert. Wer hat angerufen?

2. *Übersetzen Sie:* Quando estive em Coimbra, ainda lá não havia semáforos. Na rua onde vivíamos só havia trânsito num sentido. Houve sempre problemas entre eles. No mês passado choveu quase todos os dias. Onde estiveste? Onde estava o livro? Perdeste outra vez o autocarro? Vivi três anos numa casa que era do dr. Ramos. Já lá estávamos desde as 2 horas. Estou admirado, hoje guiaste bastante bem. Ele telefonava sempre por volta das 9 horas. Estivemos lá três horas. Enquanto lá estive nunca fui ao cinema. Chovia todo o ano nesses países?

3. *Setzen Sie ins Imperfekt bzw. ins PPS:* Há muitas pessoas que vivem agarradas a tradições. Quando há saldos, as pessoas compram muitas vezes o que não precisam. Não encontro essa palavra no dicionário. Ela guia muito bem. O passageiro pergunta quanto custa o bilhete.

4. *Übersetzen Sie:* nach Jugoslawien (*nach* = a), nach Marokko, nach Deutschland, nach Norwegen, nach Polen, nach Bolivien, nach Portugal, nach England, nach Japan, nach Brasilien, nach Spanien, nach Indien.

81

5. *Übersetzen Sie:* in Cascais (*in* = em), in Figueira da Foz, in Praia da Rocha, in Coimbra, in Nazaré, in Porto, in Rio de Janeiro, in Hamburg, in Bonn, in Berlin, in München.

9. Lektion

9.1

(. . .)
— Oferece-me uma bebida?
— Ofereço.
(. . .)
— Está ă espera de alguém?
— Estou. Toda a gente está à espera de alguém ou de alguma coisa. A rapariga afasta-se. (. . .)
— De que está o senhor a rir?
— De si. Julgou que eu estava à espera duma mulher?
— E não está?
— Não. Não estou à espera de ninguém.
— Então porque disse que estava?
(. . .)
— Janta aqui?
— Janto.
(. . .)
— (. . .) O sr. tem filhos?
— Não. Não tenho.
— Mas é casado?
— Sou.
— Pois devia ter filhos. (. . .)

(*Aus* Luís de Sttau Monteiro, UM HOMEM NÃO CHORA, Ática, Lisboa 1960).

Erläuterungen 9.2

1. oferece, aber ofereço: s. A 6.

2. **De que está o senhor a rir?** In Fragesätzen, die von einem Interrogativpronomen eingeleitet werden, wird das Subjekt dem Prädikat nachgestellt (s. 12.4.5).

3. rir **de** (häufiger rir-**se** de): Dieses Verb tritt in Verbindung mit der Präposition **de** auf.

4. **de si** *über Sie:* s. 11.4.2.

5. **eu** estava: s. 4.4.4.

6. **disse** *Sie haben gesagt:* 3. Person Sg. PPS von **dizer** (unregelmäßig); s. 10.4.3.

7. **pois: pois** hat die verschiedensten Bedeutungen, z. B. auch *also, nun, aber, denn, natürlich.*

Vokabeln zum Text   **9.3.1**

a bebida das Getränk
toda a gente alle Leute
alguma coisa etwas
afastar-se sich entfernen
se sich

de que worüber
rir lachen
si Sie
julgar denken
então dann

disse Sie haben gesagt
casado verheiratet
pois dann

Vokabeln zum Grammatikteil und zu den Übungen   **9.3.2**

abrir öffnen
acreditar (em) glauben (etw., an etw.)
alterar ändern
o armário der Schrank
o autor der Autor
o chá der Tee
o concerto das Konzert
desejar wünschen
desse von diesem, dieses
dirigir führen, leiten
distinguir unterscheiden
a Europa Europa
faltar fehlen
o fato der Anzug
a gente die Leute
grande groß
infelizmente leider

isso é que . . . doch
já schon, ja
levantar-se aufstehen
longe weit
o maço das Päckchen
mas . . . doch
mudar de casa umziehen
o mundo die Welt
nada nichts
nenhum keiner
obrigar zwingen
outro ein anderer, noch eins
partir abfahren, zerbrechen
pelo menos mindestens
o plano der Plan
. . . pois doch

pois não natürlich nicht, oder
por dia am Tag, pro Tag
queres du willst
se faz favor bitte
sim ja
. . . sim doch
. . . sim senhor doch
só erst
sorrir lächeln
tanto so viel
o tempo die Zeit
tenho tenho doch
ter confiança (em) jm. trauen
todo ganz
todos alle
tudo alles

Grammatik

Die Konjugation des Verbs   **9.4.1**

Regelmäßige Verben auf -ir

    abr **ir** *öffnen*

Präsens (Indikativ)	PPS	Imperfekt (Indikativ)
abr **o**	abr **i**	abr **ia**
abr **es**	abr **iste**	abr **ias**
abr **e**	abr **iu**	abr **ia**
abr **imos**	abr **imos**	abr **íamos**
(abr **is**)	(abr **istes**)	(abr **íeis**)
abr **em**	abr **iram**	abr **iam**

Ebenso werden konjugiert:

conseguir	*können*
desistir	*verzichten, aufgeben*
dirigir	*führen, leiten*
distinguir	*unterscheiden*
partir	*zerbrechen, abfahren*
reunir	*versammeln*

Bemerkungen:

1. Zur Schreibweise der 1. Person Sg. Präsens Ind. der im Infinitiv auf **-gir** auslautenden Verben (dirijo, diriges) s. A 6.

2. Es gibt noch viele Verben auf **-ir** mehr, die meisten weisen aber im Unterschied zu den hier angegebenen kleine Unregelmäßigkeiten in der Konjugation auf. Ein Beispiel für solche Verben auf **-ir** mit kleinen Unregelmäßigkeiten ist:

rir *lachen*

Präsens (Ind.)	PPS	Imperfekt (Ind.)
rio	ri	ria
ris	riste	rias
ri	*usw.*	*usw.*
rimos		
(rides)		
riem		

Ebenso: sorrir *lächeln*

Beispiele mit anderen Unregelmäßigkeiten werden im Laufe der weiteren Lektionen eingeführt.

Das unbestimmte Pronomen **9.4.2**

Unflektiert   Flektiert

Unflektiert	Singular		Plural	
	Mask.	*Fem.*	*Mask.*	*Fem.*
alguém	algum	alguma	alguns	algumas
	muito	muita	muitos	muitas
ninguém	nenhum	nenhuma	nenhuns	nenhumas
	outro	outra	outros	outras
	pouco	pouca	poucos	poucas
	tanto	tanta	tantos	tantas
tudo	todo	toda	todos	todas
nada				

Beispiele:

(Unflektiert) Está à espera de **alguém?**
Warten Sie auf jemanden?
Não estou à espera de **ninguém.**
Ich warte auf niemanden.
É **tudo** muito caro.
Alles ist sehr teuer.
Não comprei **nada.**
Ich habe nichts gekauft.

(Flektiert) Conheço **algumas** pessoas.
Ich kenne einige Leute.
Tenho **muito** dinheiro.
Ich habe viel Geld.
Nenhuma de vocês fala espanhol?
Spricht keine von euch Spanisch?
Queres **outro** livro?
Willst du ein anderes Buch?
Outra cerveja, se faz favor!
Noch ein Bier, bitte.
Tenho **pouco** dinheiro.
Ich habe wenig Geld.
Tens **tantos** fatos!
Du hast so viele Anzüge!
Guiei **todo** o dia, estou cansado.
Ich bin den ganzen Tag gefahren, ich bin müde.
Já conhece **todos** os países da Europa?
Kennen Sie schon alle Länder Europas?

Bemerkungen zu einigen unbestimmten Pronomina:
I ninguém, nada und **nenhum (nenhuma, nenhuns, nenhumas)**

Gebrauch **A:**
Wenn eines dieser Pronomina in einem Satz dem Verb **nachgestellt** ist, so muß der Satz außer der Negation, die durch die Bedeutung von **ninguém, nada** oder **nenhum** schon gegeben ist, **noch ein weiteres Wort zum Ausdruck der Negation** enthalten.

Zum Beispiel: **Não** encontrei **ninguém.**
Nunca compro **nada** em saldos.
Ninguém perguntou **nada.**

(Hier entsteht also eine für Deutsche ungewohnte doppelte Negation. Für das Verständnis des Portugiesen hebt aber die eine Negation die andere nicht auf.)

Gebrauch **B:**
Wenn eines der oben angeführten Pronomina in einem Satz dem Verb **vorangestellt** ist, so darf der Satz **keinen weiteren Ausdruck der Negation** enthalten.

Zum Beispiel: **Ninguém** gosta de se levantar cedo.

Anmerkung:

1. a. Die angegebenen Pronomina sind dem Verb **nachgestellt**, wenn sie als **direktes Objekt** gebraucht werden.

   Beispiele: Não encontrei **ninguém**.
   Ich habe niemanden getroffen.
   Não bebe **nada**?
   Trinken Sie nichts?
   Não conheces **nenhum** livro desse autor?
   Kennst du kein Buch von diesem Autor?

   b. Sie sind dem Verb **vorangestellt**, wenn sie als **Subjekt** verwendet werden.

   Beispiele: **Ninguém** gosta de se levantar cedo.
   Niemand mag früh aufstehen.
   Nada me obriga a alterar os meus planos.
   Nichts zwingt mich, meine Pläne zu ändern.
   Nenhuma de vocês conhece o dr. Nogueira Sousa?
   Kennt keine von euch Dr. Nogueira Sousa?

2. a. In Sätzen mit **unpersönlichen oder unpersönlich gebrauchten Verben** werden die angegebenen Pronomina in der Regel dem Verb **nachgestellt**.

   Beispiele: Não falta **nada**.
   Es fehlt nichts.
   Não está **ninguém** em casa.
   Es ist niemand zu Hause.

   b. Eine **Voranstellung** ist aber auch möglich, z. B. aus Gründen der besonderen **Hervorhebung**.

   Beispiel: **Ninguém** está em casa.
   Niemand ist zu Hause.

II todo, toda, todos, todas

Dieses unbestimmte Pronomen entspricht einerseits dem deutschen *ganz* und andererseits dem deutschen *alle*.

Zwischen dieses Pronomen und das Substantiv, auf das es sich bezieht, tritt stets **der bestimmte Artikel**.

1. **todo, toda** — in der Bedeutung von „*ganz*"

   Beispiele:

todo o dia	*den ganzen Tag*
todo o tempo	*die ganze Zeit*
todo o ano	*das ganze Jahr*
todo o mundo	*die ganze Welt*
toda a vida	*das ganze Leben*
toda a viagem	*die ganze Reise*
toda a Inglaterra	*ganz England*

2. **todos, todas** — in der Bedeutung von „*alle*"

   Beispiele:

todos os países	*alle Länder*
todas as mulheres	*alle Frauen*
todas as pessoas	*alle Menschen*
toda a gente	*alle Leute* (gente ist Sammelsubstantiv!)
todos os dias	*jeden Tag* (= *alle Tage*)

1. Formen positiver Antwort

a. Wo im Deutschen als Antwort auf einen Fragesatz der Ausdruck *ja* verwendet wird, muß im Portugiesischen grundsätzlich das **Verb** des Fragesatzes in der Antwort **wiederholt** werden.

Beispiele: — Oferece-me uma bebida?
— Ofereço.
„*Laden Sie mich zu einem Getränk ein?*"
„*Ja.*"
— Está à espera de alguém?
— Estou.
„*Warten Sie auf jemanden?*"
„*Ja.*"

b. Eine Antwort wirkt besonders **höflich** bzw. sogar **förmlich**, wenn dem Antwort-Verb der Ausdruck **sim** nachgestellt wird.

Beispiele: — Está à espera de alguém?
— Estou, sim.

2. Die negative Antwort

Die negative Antwort kann im Portugiesischen entweder allein mit **não** oder mit einer Kombination aus **não** und **dem verneinten Verb** aus dem Fragesatz erteilt werden.

Ein nachweisbarer großer Unterschied der Bedeutung ist durch die Verwendung der einen oder der anderen Form nicht gegeben, wie bei den Formen positiver Antwort.

Beispiele: — O senhor tem filhos?
— Não. *oder:* — Não, não tenho.
„*Haben Sie Kinder?*"
„*Nein.*" oder: „*Nein, ich habe keine.*"
— Chegaste a ir ontem ao concerto?
— Não.
„*Bist du gestern dazu gekommen, ins Konzert zu gehen?*"
„*Nein.*"

3. a. Wenn im Fragesatz das Adverb **já** vorkommt, so ist dieses grundsätzlich auch im Antwortsatz enthalten, sofern die Antwort positiv ist.

Beispiel: — Já mudaste de casa?
— Já.
„*Bist du schon umgezogen?*"
„*Ja.*"

b. Ist die Antwort auf einen Fragesatz mit **já** negativ, so genügt als Antwortsatz **ainda não** oder **não, ainda não**.

Beispiel: — Já esteve no Algarve?
— Ainda não.
„*Sind Sie schon im Algarve gewesen?*"
„*Nein, noch nicht.*"

4. Im Deutschen kann einer negativen Behauptung der Ausdruck *doch* entgegengestellt werden. Im Portugiesischen gibt es kein Wort, das dem *doch* in diesem Gebrauch entspricht. Man hat statt dessen verschiedene Möglichkeiten:

Beispiel: — Não tens carro, pois não? „*Du hast kein Auto, oder?*"
— Tenho, **pois.** „*Doch.*"
Tenho, **sim.**
Tenho, **sim senhor.**
Mas tenho.
Isso é que tenho.
Tenho, tenho.

allgemein also: **Verb + pois**
Verb + sim
Verb + sim senhor
mas + Verb
isso é que + Verb
Verb + Verb

Übungen 9.5

1. *Übersetzen Sie und setzen Sie in den Plural:*
—Está à espera de alguém? — Não, não estou.
—Mas você não acredita? — Pois não.
—A senhora foi ontem à praia? —Fui.
—Fumas muito? —Fumo; pelo menos um maço por dia.
—Já tem o bilhete? —Já.
—Deseja alguma coisa? —Não, obrigado.
—Telefona hoje ao dr. Santos? —Não, só telefono amanhã.

2. *Übersetzen Sie:* Kennt niemand diesen Lehrer? Er fuhr um 10.30 ab. Jeden Tag frühstücke ich um 8.30. Wir haben auf die Reise verzichtet, weil wir wenig Geld hatten. Traut er niemandem? Er öffnete den Schrank und fand nichts. Alle Städte, die ich kenne, sind sehr interessant. Alles war sehr teuer. Haben Sie niemanden getroffen?

3. *Übersetzen Sie:* „Ist João de Sousa noch in Brasilien?" „Nein, jetzt ist er in Argentinien."
„Haben Sie das Auto schon verkauft?" „Nein, noch nicht."
„Wohnen Sie sehr weit von der Universität?" „Ja."

„Kennen Sie Japan?" „Nein, leider nicht."
„Er lebt aber nicht in Portugal!" „Doch."
„Haben Sie das Wochenende am Strand verbracht?" „Ja, aber es war nicht sehr warm."
„Sind Sie aus Lissabon?" „Ja."
„Wurde er schon operiert?" „Ja."

4. *Antworten Sie:* Já fala bem português? Gosta de nadar? Tem carro? Costuma beber chá ao pequeno almoço? Já esteve no Porto? Tem amigos no Brasil? Esteve bom tempo ontem? A casa onde vive é muito grande? Gosta de vinho? Está bom tempo hoje? Gosta de andar a pé?

10. Lektion

10.1

Quem tem medo dos métodos modernos?

(...)

— Ora, isso não é nada comparado com a reacção do meu sobrinho. Vocês sabem que, no método directo, o professor de línguas não pode comunicar com os alunos em português: tem de fazer-se entender exclusivamente na língua que ensina.

Pois, no início das aulas, o cachopo sentou-se à mesa e declarou orgulhoso à família: — Já sei dizer em francês: tenho uma gravata encarnada.

— Diz lá então — pediu o pai.

— "Je suis le professeur" — disse o garoto, muito convencido.

— Entendeste mal, não é nada disso — comentou o pai.

— É sim, senhor — confirmou o rapaz: o meu professor repetiu muitas vezes na aula: "Je suis le professeur", e apontava bem para o peito, para a gravata que era encarnada.

(*Aus der Tageszeitung* „O Comércio do Porto")

Erläuterungen   10.2

1. ter medo **de;** apontar **para: ter medo** tritt in Verbindung mit der Präposition **de** auf und **apontar** mit **para.**

2. **diz** *sag:* 2. Person Sg. Imperativ von **dizer:** s. 16.4.1.

3. pediu o pai, comentou o pai, disse o garoto, confirmou o rapaz: s. 25.4.1.

4. „Je suis le professeur": *Ich bin der Lehrer.*

Zur Aussprache:

5. directo: s. A 1 und A 4, 3.

Vokabeln zum Text · 10.3.1

o método die Methode
ora ach, na
comparar vergleichen
a reacção die Reaktion
directo direkt
poder können, dürfen
comunicar sprechen
ter de müssen
fazer-se entender sich verständlich machen
exclusivamente ausschließlich
pois nun

o início der Anfang
aulas der Unterricht
o cachopo der Knabe
sentar-se sich setzen
declarar erklären
orgulhoso stolz
a gravata die Krawatte
encarnado rot
diz lá sag (es) mal
pedir (a) bitten (jn.)
o garoto der Junge
convencer überzeugen
entender verstehen

mal falsch
não é nada disso das ist ganz falsch (es ist nichts davon)
comentar bemerken
confirmar bestätigen
repetir wiederholen
muitas vezes mehrmals (viele Male), oft
apontar (para) zeigen (auf)
bem deutlich
o peito die Brust

Vokabeln zum Grammatikteil und zu den Übungen · 10.3.2

aberto geöffnet
a aldeia das Dorf
alguma vez einmal
o balão der Ballon
a bênção der Segen
o botão der Knopf
a canção das Lied
o cão der Hund
o capitão der Kapitän
o catalão der Katalane
chamar-se heißen
o coração das Herz
o cristão der Christ
dito gesagt
a eleição die Wahl
escrito geschrieben
esquecer-se (de) vergessen

a estação der Bahnhof, die Jahreszeit
estrangeiro ausländisch
frequentar besuchen
gostaram muito es hat ihnen sehr gut gefallen
ir fahren
já não nicht mehr
o leão der Löwe
a mão die Hand
me mich
a medicina die Medizin
o melão die Melone
a nação die Nation
nos uns
a operação die Operation
a opinião die Meinung
o órfão der Waisenknabe

o órgão die Orgel
o pagão der Heide
o pão das Brot
a Páscoa Ostern
na Páscoa zu Ostern
pouco tempo kurze Zeit
próximo nächster
a questão das Problem, die Frage
o sótão der Dachboden
a sua seine
te dich
a união die Verbindung
a universidade die Universität
vos euch
o vulcão der Vulkan

Grammatik

Die Konjugation des Verbs · 10.4.1

Das Partizip Perfekt

Infinitiv	-ar	-er	-ir
Partizip Perfekt	-ado	-ido	

Beispiele:

alugado (alugar)	*vermietet*
arruinado (arruinar)	*ruiniert*
comparado (comparar)	*verglichen*
convencido (convencer)	*überzeugt*
interrompido (interromper)	*unterbrochen*
vendido (vender)	*verkauft*
dirigido (dirigir)	*geleitet*
partido (partir)	*zerbrochen*

Bemerkung:

Es gibt auch unregelmäßig gebildete Formen des Partizips Perfekt. Bei Gelegenheit werden Sie sie lernen. Hier nur drei Beispiele:

aberto (abrir)	*geöffnet*
dito (dizer)	*gesagt*
escrito (escrever)	*geschrieben*

Konjugation der reflexiven Verben 10.4.2

Präsens (Ind.)

sentar-se	*sich setzen*
sento-**me**	*ich setze mich*
sentas-**te**	*du setzt dich*
senta-**se**	*er setzt sich*
sentamo-**nos**	*wir setzen uns*
(sentais-**vos**)	*ihr setzt euch*
sentam-**se**	*sie setzen sich*

Regel:

In der 1. Person Pl. der Verben aller Konjugationen verschwindet das **s** vor dem Reflexivpronomen **nos**: sentamo-nos, sentámo-nos, sentávamo-nos, esquecemo-nos, esquecíamo-nos.

Unregelmäßige Verben 10.4.3

Präsens (Ind.)	PPS	Imperfekt (Ind.)

dizer *sagen*

digo	**disse**	dizia
dizes	**disseste**	dizias
diz	**disse**	*usw.*
dizemos	**dissemos**	
(dizeis)	**(dissestes)**	
dizem	**disseram**	

pedir *bitten*

peço	pedi	pedia
pedes	pediste	pedias
pede	pediu	*usw.*
pedimos	pedimos	
(pedis)	(pedis)	
pedem	pediram	

poder *können*

posso	**pude**	podia
podes	**pudeste**	podias
pode	**pôde**	*usw.*
podemos	**pudemos**	
(podeis)	**(pudestes)**	
podem	**puderam**	

saber *wissen*

sei	**soube**	sabia
sabes	**soubeste**	sabias
sabe	**soube**	*usw.*
sabemos	**soubemos**	
(sabeis)	**(soubestes)**	
sabem	**souberam**	

Das Substantiv   10.4.4

Plural der auf -ão auslautenden Substantive

1. Die meisten auf **-ão** auslautenden Substantive enden im Plural auf **-ões**.

Beispiele:	balão	*Ballon*
	botão	*Knopf*
	canção	*Lied*
	coração	*Herz*
	eleição	*Wahl*
	estação	*Bahnhof, Jahreszeit*
	leão	*Löwe*
	melão	*Melone*

nação	Nation
operação	Operation
opinião	Meinung
questão	Frage, Problem
reacção	Reaktion
união	Verbindung
vulcão	Vulkan

2. Einige auf **-ão** auslautende Substantive haben als Pluralendung aber **-ães.**

Beispiele:

alemão	Deutscher
cão	Hund
capitão	Kapitän
catalão	Katalane
pão	Brot

3. Alle auf **-ão** auslautenden Substantive, die auf **der zweitletzten Silbe** betont werden, haben als Pluralendung **-ãos.**

Beispiele:

bênção	Segen
órfão	Waisenknabe
órgão	Orgel
sótão	Dachboden

und einige andere:

cristão	Christ
irmão	Bruder
mão	Hand
pagão	Heide

Verschmelzung der Präpositionen de, em und a mit dem unbestimmten Artikel und einigen Pronomina 10.4.5

Sie kennen bereits die Formen, die aus der Verschmelzung von **de, em, a** und **por** mit dem bestimmten Artikel hervorgehen (s. 3.4.3).
Hier nun die Formen, die aus der Verschmelzung von **de, em** und **a** mit dem unbestimmten Artikel bzw. mit Pronomina entstehen.
(**por** wird mit dem unbestimmten Artikel oder mit Pronomina **nicht** verschmolzen.)

	de +	em +	a +
um *usw.*	dum	num	
ele *usw.*	dele	nele	
isto	disto	nisto	
este *usw.*	deste	neste	
isso	disso	nisso	
esse *usw.*	desse	nesse	
aquilo	daquilo	naquilo	àquilo
aquele *usw.*	daquele	naquele	àquele

Beispiele:

Ontem estive em casa dum brasileiro.
Gestern bin ich bei einem Brasilianer gewesen.
Elas vivem numa aldeia.
Sie wohnen in einem Dorf.
Essa casa também é dele?
Gehört ihm auch dieses Haus?
Não percebo nada disto.
Ich verstehe nichts davon.
Julgo que eles ainda vivem nessa rua.
Ich denke, daß sie noch in dieser Straße wohnen.
Já estiveste alguma vez naquele restaurante?
Warst du schon einmal in diesem Restaurant?
Porque escreveu àquela senhora?
Warum haben Sie dieser Dame geschrieben?

Übungen 10.5

1. *Antworten Sie:* Que língua fala o professor de línguas no método directo? O sobrinho do autor compreendeu bem o que o professor disse? Porque estava orgulhoso? Sabia dizer em francês "tenho uma gravata encarnada"? E porque disse à família que sabia? O professor apontava de facto para a gravata encarnada?

2. *Übersetzen Sie:* Mein Neffe lernt gerade Französisch. Er ist 10 Jahre alt und hat zwei Schwestern. Eine heißt Manuela; sie ist 19 Jahre alt und besucht die Universität; sie studiert Medizin. Im letzten Jahr war sie mit zwei Freundinnen in Griechenland; es hat ihnen sehr gut gefallen. Im nächsten Jahr (= no próximo ano) möchte Manuela nach England fahren. Ich habe vor kurzer Zeit den Lehrer meines Neffen kennengelernt. Er ist nicht

mehr sehr jung; er spricht sehr gut Französisch, weil seine Mutter Französin war, und er hat viele Jahre in Frankreich gelebt. Mein Großvater war Schwede, aber ich spreche nicht Schwedisch.

3. *Setzen Sie in den Plural:* operação, nação, melão, alemão, pão, órfão, mão, irmão, estação, botão.

4. *Bilden Sie das Partizip Perfekt von folgenden Verben:* comprar, compreender, reunir, operar, escrever, sentar, aprender, oferecer, abrir, saber.

5. *Konjugieren Sie im PPS:* esquecer-se, levantar-se.

6. *Übersetzen Sie:* pudeste, digo, soubemos, pôde, sabe, pode, dizemos, sabíamos, pudemos, disseram, sei, podemos, souberam, diz, podias.

7. *Übersetzen Sie:* Magst du ihn? Hat er schon auf den Brief dieses Herrn geantwortet (*dieser* = esse)? In den Ferien habe ich in einem Büro gearbeitet. Denkt er noch daran? Gehört das Haus auch diesem Ingenieur, den ich zu Ostern kennengelernt habe (*dieser* = aquele)? Das Auto gehört ihm. In diesem Haus wohnen mindestens zwanzig Familien (*dieses* = aquela). Er hat drei Jahre an einer ausländischen Universität studiert.

11. Lektion

11.1

— Que mês esse! (. . .) Inesquecível! Chegaste lá com um rancho fantástico de rapazes e raparigas de Lisboa, convidado pelo senhor Madeira, o dono da Quinta da Ninfa, e tudo se transformou... Não te recordas? Até escreveste uma peça... Uma revista que representámos no celeiro. A aldeia ficou deslumbrada. Fomos obrigados a dar outra récita. Não te lembras?
(. . .)
— Foi durante os ensaios da peça que arranjei namoro com a Elisa — a minha mulher de hoje. Lembras-te da Lisa? Engordou imenso e manda-te saudades. E a Augusta também. Pobre Augusta! Andava maluquinha por ti. E com os versos que publicavas no *Modas e Bordados*. Durante anos e anos esperou por uma carta que lhe prometeste. Claro que a carta nunca chegou. Preferias a Odete ... Não me digas que não te recordas da Odete. (. . .) Até lhe fizeste uma valsa. (. . .) Nesse tempo compunhas valsas muito bonitas. E tangos! E marchas! Não me digas que já não escreves música. Tinhas tanta habilidade!

(*Aus* José Gomes Ferreira, O IRREAL QUOTIDIANO, Portugália Editora, Lisboa 1971)

1. lembras-**te** da Lisa?, manda-**te** saudades: Personalpronomina, die nicht als Subjekt gebraucht sind, sind dem Verb grundsätzlich unmittelbar **nachgestellt**.
Diese Regel wird unter bestimmten Bedingungen außer Kraft gesetzt. Nach den Wörtern **tudo, não, que** und **até** z. B. müssen die Pronomina dem Verb **vorangestellt** werden (tudo **se** transformou, não **te** recordas, não **te** lembras, que **lhe** prometeste, não **me** digas, até **lhe** fizeste). (s. außerdem 15.4.3.)

2. **ficar** (hier) *sein*: s. 13.4.5.

3. **pobre** Augusta: s. 17.4.1.

4. **maluquinha**: Verkleinerungsform von **maluco**: s. 23.4.1.

5. **não me digas** *sag nicht*: s. 16.4.1.

Vokabeln zum Text **11.3.1**

que mês esse was für ein Monat
inesquecível unvergeßlich
o rancho die Gruppe
convidar einladen
a quinta das Gut
a ninfa die Nymphe
Quinta da Ninfa Gut Nymphe
transformar-se sich verwandeln
te dich, dir
recordar-se sich erinnern
até sogar
a peça das Stück
a revista die Revue
representar aufführen
o celeiro die Scheune
ficar sein
deslumbrado begeistert
dar geben

a récita die Vorstellung, die Aufführung
lembrar-se (de) sich erinnern (an)
durante während
o ensaio die Probe
arranjar namoro (com) sich befreunden (mit)
Lisa Koseform für Elisa
engordar dick werden
imenso sehr
as saudades die Grüße
também auch
andar sein
maluco, maluquinho (por) verrückt (nach)
o verso der Vers
publicar veröffentlichen
Modas e Bordados (Zeitschrift)
a moda die Mode

o bordado die Stickerei
anos e anos, durante anos e anos Jahr für Jahr
lhe ihr
prometer versprechen
claro klar
claro que natürlich
preferir vorziehen
não me digas sag nicht
fazer machen, hier: komponieren
a valsa der Walzer
nesse tempo damals
compor komponieren
o tango der Tango
a marcha der Marsch
escrever música komponieren
a habilidade das Talent

Vokabeln zum Grammatikteil und zu den Übungen **11.3.2**

a sie, Sie
a aposta die Wette
apostar (em) setzen (auf)
as sie, Sie
barato billig
a bossa-nova der Bossa Nova
brincar spielen
a chave der Schlüssel

comigo mit mir
connosco mit uns
conseguir erreichen, bekommen
consigo mit Ihnen, mit sich
contigo mit dir
contra gegen
convosco mit euch
despir ausziehen

em vez de statt
emprestar leihen
enganar betrügen
engraçado lustig
estar zangado (com) auf jn. böse sein
ferir verletzen
lhe ihm, ihr, Ihnen
lhes ihnen, Ihnen

mais de mehr als
mentir lügen
mim mir, mich (nach Präp.)
o es, ihn, Sie
os sie, Sie
pelos anos zum Geburtstag
perder verlieren
perguntar (+ Ind. Obj.) jn. fragen
perseguir verfolgen
pertencer (a) gehören

perto de neben
por causa de wegen
o postal die Karte
o primeiro der erste
procurar suchen
a recompensa die Belohnung
o rádio das Radio
referir erwähnen
a rosa die Rose
seguir (+ Dir. Obj.) jm. folgen

sentir fühlen
servir dienen, sich eignen, passen, nützen
si Sie, Ihnen (nach Präp.)
sonhar (com) träumen (von)
te dir, dich
ti dir, dich (nach Präp.)
vestir anziehen
visitar besuchen
vocês ihr, Ihnen, Sie

Grammatik

Die Konjugation des Verbs   11.4.1

Unregelmäßige Verben

Präsens (Ind.)	PPS	Imperfekt (Ind.)

dar *geben*

dou	dei	dava
dás	deste	davas
dá	deu	*usw.*
damos	demos	
(dais)	(destes)	
dão	deram	

fazer *machen*

faço	fiz	fazia
fazes	fizeste	fazias
faz	fez	*usw.*
fazemos	fizemos	
(fazeis)	(fizestes)	
fazem	fizeram	

perder *verlieren*

perco	perdi	perdia
perdes	perdeste	perdias
perde	perdeu	*usw.*
perdemos	perdemos	
(perdeis)	(perdestes)	
perdem	perderam	

97

preferir *vorziehen*

prefiro	preferi	preferia
preferes	preferiste	preferias
prefere	*usw.*	*usw.*
preferimos		
(preferis)		
preferem		

Ebenso:
conseguir (*Präsens:* consigo, consegues *usw.*);
despir (*Pr.:* dispo, despes *usw.*);
ferir (*Pr.:* firo, feres *usw.*);
mentir (*Pr.:* minto, mentes *usw.*);
perseguir (*Pr.:* persigo, persegues *usw.*);
referir (*Pr :* refiro, referes *usw.*);
repetir (*Pr.:* repito, repetes *usw.*);
seguir (*Pr.:* sigo, segues *usw.*);
servir (*Pr.:* sirvo, serves *usw.*);
vestir (*Pr.:* visto, vestes *usw.*).

Personalpronomina   11.4.2

Nominativ	I	II	
	Sujeito *Subjekt*	*nach Präpositionen*	*je nach Präposition Dativ, Akkusativ od. Genitiv*
ich	**eu**	**mim**	*mir, mich, meiner*
du	**tu**	**ti**	*dir, dich, deiner*
er, es	**ele**	**ele**	*ihm, ihn, es, seiner*
sie	**ela**	**ela**	*ihr, sie, ihrer*
wir	**nós**	**nós**	*uns, uns, unser*
ihr	**(vós)**	**(vós)**	*euch, euch, euer*
sie	**eles**	**eles**	*ihnen, sie, ihrer*
sie	**elas**	**elas**	*ihnen, sie, ihrer*

Bemerkungen zu I:

1. Diese als Subjekt gebrauchten Personalpronomina kennen Sie schon. Man gebraucht sie nur, wenn es für die Eindeutigkeit der Aussage unbedingt notwendig ist oder wenn man das Subjekt besonders hervorheben möchte. (s. hierzu 1.4.1)
2. **Vós** ist veraltet und wird nur noch gehoben rhetorisch gebraucht. Statt dessen wird in der Umgangssprache **vocês** gebraucht. Dabei steht das zugeordnete Verb dann in der 3. Person Pl. und nicht in der 2. Person Pl. (s. 7.4.1).

Bemerkungen zu II:

1. Diese Pronomina werden in Kombination mit Präpositionen gebraucht. Es gibt — wie offensichtlich — nur für die 1. und 2. Person Sg. eine besondere Form, nämlich: **mim** und **ti**. Die übrigen stimmen als Form mit den als Subjekt gebrauchten Pronomina überein.

Beispiele:	para mim	*für mich*
	em vez de ti	*stätt deiner*
	por causa dela	*ihretwegen*
	perto de nós	*neben uns*
	contra vocês	*gegen euch*
	por eles	*von ihnen*

2. Auch nach Präpositionen gebraucht man statt vós **vocês** (s. oben).

Beispiel: contra vocês   *gegen euch*
(gehobene Sprache: contra vós)

3. Durch Verschmelzung der Präposition **com** mit Personalpronomina sind für die 1. und 2. Person Sg. und Pl. Sonderformen entstanden. Sie sind:

com +	— *1. Person*		— *2. Person*	
	Sg.	*Pl.*	*Sg.*	*Pl.*
	comigo *mit mir*	**connosco** *mit uns*	**contigo** *mit dir*	**convosco** *mit euch*

(Unverschmolzen hingegen: com ele, com ela, com eles, com elas — *mit ihm, mit ihr, mit ihnen, mit ihnen!*)

4. Wie Sie schon wissen, werden die Formen **ele(s)** und **ela(s)** mit **de** und **em** verschmolzen (s. 10.4.5).

Akkusativ	III Comp. Directo *Direktes Objekt*	IV Comp. Indirecto *Indirektes Objekt*	*Dativ*
mich	**me**	**me**	*mir*
dich	**te**	**te**	*dir*
ihn, sie, es	**o, a**	**lhe**	*ihm, ihr, ihm*
uns	**nos**	**nos**	*uns*
euch	**vos**	**vos**	*euch*
sie	**os, as**	**lhes**	*ihnen*

Beispiele:

III	ela visitou-me	*sie besuchte mich*
	ele visitou-te	*er besuchte dich*
	visitei-o	*ich besuchte ihn*
	visitaste-a	*du besuchtest sie*
	ela visitou-nos	*sie besuchte uns*
	eles visitaram-vos	*sie besuchten euch*
	visitei-os	*ich besuchte sie* (Mask.)
	visitei-as	*ich besuchte sie* (Fem.)

IV   ele diz-me   *er sagt mir*
            ele diz-te   *er sagt dir*
            digo-lhe   *ich sage ihm, ich sage ihr*
            eles dizem-nos   *sie sagen uns*
            ele diz-vos   *er sagt euch*
            dizemos-lhes   *wir sagen ihnen*

Bemerkung:

Grundsätzlich **folgen** diese Pronomina unmittelbar **dem Verb,** wobei zwischen Verb und Pronomen ein Bindestrich steht (s. 15.4.3).

Gebrauch der Pronomina in der höflichen Anrede

1. Sie wissen, daß die höfliche Anrede im Portugiesischen mit der 3. Person Sg. bzw. Pl. gebildet wird. (s. 7.4.1)

2. Entsprechend gebraucht man von den Pronomina der Gruppe III und IV, wenn sie als höfliche Anrede benutzt werden sollen, die 3. Person Sg. bzw. Pl.,

    also: ele visitou-**a**?   *hat er Sie besucht?* (*Sie* = Fem.)

         ela disse-**lhe** isso?   *hat sie Ihnen das gesagt?*

Bei der Kombination Präposition + Pronomen (Gruppe II) gibt es für die höfliche Anrede — allerdings nur für die **Singular-Anrede** — ein besonderes Pronomen, nämlich **si.**

Beispiel: Isto é para si.   *Das ist für Sie.*

Bei der Kombination mit der Präposition **com** ist durch Verschmelzung die Sonderform **consigo** entstanden.

Beispiel:

    Sonhei consigo.   *Ich habe von Ihnen geträumt.*

3. Für die entsprechende höfliche Pluralanrede gibt es keine Pronominalform. Man benutzt eine der höflichen Nominalanredeformen.

Beispiele:

    para os senhores   *für Sie* (Mask. Pl.)
    para vocês   *für Sie* (Mask. Pl. od. Fem. Pl.)
    para as senhoras   *für Sie* (Fem. Pl.)

Übungen   11.5

1. *Antworten Sie:* De onde eram os rapazes e as raparigas que o senhor Madeira convidou? Quem era o senhor Madeira? Onde foi representada a revista? Porque foram obrigados a dar outra récita? A Elisa engordou muito? Onde eram publicados os versos? Por que esperava a Augusta? O que prefere, tango ou bossa-nova?

2. *Übersetzen Sie:* demos, fizemos, faz, fazias, fiz, damos, fez, dei, deram.

3. *Übersetzen Sie:* Er denkt immer an mich. Er zeigte auf euch. Ich habe
auf ihn gesetzt, aber er war nicht der erste, und ich verlor die Wette. Wurde
sie auch von Ihnen operiert? Er mag dich. Er schaute auf sie (*Mask. Pl.*).
Im letzten Jahr fuhr er mit uns nach Portugal. Das Buch ist für Sie. Gestern
habe ich mit ihm zu Abend gegessen. Er hat mehr als zwei Stunden auf uns
gewartet. Sie spielt gerne mit euch. Ich erinnere mich noch an Sie (*Fem.
Sg.*). Hat er schon mit dir gesprochen?
4. *Übersetzen Sie:* Hat er Sie (*Mask. Sg.*) gestern besucht? Er hat es billig
verkauft. Er hat es gesagt. Ich habe sie (*Fem. Sg.*) heute getroffen. Ich gebe
sie (*Mask. Pl.*) dem Jungen. Er traf uns gestern im Café. Ich habe sie (*Fem.
Sg.*) gestern kennengelernt. Er kennt Sie (*Fem. Sg.*) bestimmt. Er hat mich
besucht. Ich kaufe es. Hat sie dich betrogen? Hat sie euch besucht? Ich
kenne sie (*Mask. Pl.*).
5. *Ändern Sie alle Sätze von Übung 4 so, daß aus den positiven Aussagen
negative werden.* (*Beispiel:* Ele não o visitou ontem?)
6. *Übersetzen Sie:* Hat er dir dieses Buch versprochen? Er schenkt ihr
immer Rosen. Sie schickte ihm eine lustige Karte zum Geburtstag. Er hat
mir das Auto geliehen. Das Auto gehört uns. Er fragte ihn: ,,Haben Sie
schon geheiratet?" Hat er euch den Schlüssel gegeben?
7. *Übersetzen Sie und setzen Sie in den Plural:* Prometi-lhe uma recompensa.
Ele procurou-me ontem todo o dia. Penso em ti. Não o conheces? Telefo-
nas-me amanhã? Penso muito nela. Falaste com ele? Ofereci-lhe um rádio.
Ela visitou-te ontem? Ela está zangada comigo. Não a conhece? Ela já te
deu o dinheiro? Ainda me conheces? Não se lembra de mim?

12. Lektion

12.1

— Eu quero ser marinheiro.
— E porquê, Chico?
— Gosto do mar. Quando é que o pai me leva outra vez consigo? ...
Amanhã?
— Qualquer dia.
— Já me esqueci do nome daqueles pardais do rio.
— São gaivotas.
— Anh!
— E tu Felicidade o que queres ser?
— Mainheio.
O Chico achou graça à irmã e quis explicar-lhe; mas ela não se
convenceu com os seus argumentos.

— As mulheres não podem ser marinheiros.
— Eu não sou mulher.
— Mas não podes. Não é, pai?
— Diz que sim, Chico. Qualquer dia vamos os três ver o mar. E a Felicidade também há-de ter o seu barco.
— Com vela encarnada?
— Pois então!
— E eu?
— Tu também.

(*Aus* Alves Redol, REINEGROS, Publicações Europa-América Lda., Lisboa 1972)

Erläuterungen 12.2

1. **quando ... me leva, já me esqueci:** Auch nach **quando** und nach **já** müssen diese Pronomina dem Verb vorangestellt werden (s. 15.4.3).

2. **mainheio:** Kleinkindersprache für **marinheiro**.

3. **vamos ver** *wir werden sehen:* s. 21.4.1.

4. **há-de ter** *sie wird haben:* s. 21.4.1.

Vokabeln zum Text 12.3:1

querer wollen
ser werden
o marinheiro der Matrose
porquê warum
Chico Koseform für Francisco
o mar das Meer
quando wann
quando é que wann
levar nehmen
qualquer irgendwelcher

qualquer dia irgendwann
o nome der Name
o pardal der Spatz
o rio der Fluß
a gaivota die Möwe
anh ach so
achar graça (a) jn. niedlich finden
a graça die Anmut
explicar erklären

o argumento das Argument
não é nicht wahr
diz que sim sag, daß sie kann
vamos ver wir werden sehen
os três wir drei
haver werden
a vela das Segel
pois então sicher

Vokabeln zum Grammatikteil und zu den Übungen 12.3.2

acontecer passieren
a(s) ... dela(s) ihr (ihre)
a(s) ... dele(s) sein (ihre)
azul blau
o barril das Faß
o cão der Hund
a carteira die Handtasche
o colega der Kollege
começar anfangen
o cônsul der Konsul
convidar (para) einladen (zu)

a festa das Fest
o gira-discos der Plattenspieler
a idade das Alter
da mesma idade gleich alt
o jornal die Zeitung
o mal das Übel
a marca die Marke
a(s) nossa(s) unsere (unsere)
o(s) nosso(s) unser (unsere)
o(s) ... dela(s) ihr (ihre)

o(s) ... dele(s) sein (seine, ihre)
o papel das Papier
prever voraussehen
o relógio die Uhr
rever durchsehen
o(s) seu(s) sein, ihr, Ihr (seine, ihre, Ihre)
a(s) sua(s) seine, ihre, Ihre (seine, ihre, Ihre)

Grammatik

Unregelmäßige Verben

Präsens (Ind.)	PPS	Imperfekt (Ind.)
haver *werden*		
hei	houve	havia
hás	houveste	havias
há	houve	*usw.*
havemos	houvemos	
(haveis)	(houvestes)	
hão	houveram	

Bemerkung:
In der Bedeutung von *sollen, werden, müssen* tritt **haver** immer zusammen mit der Präposition **de** auf. Außerdem muß im Präsens (Ind.) bei allen Singularformen und im Plural bei der 3. Person ein Bindestrich stehen (hei-de . . ., hás-de . . . ., há-de . . ., havemos de . . ., haveis de . . ., hão-de . . .).

ir *gehen*		
vou	fui	ia
vais	foste	ias
vai	foi	*usw.*
vamos	fomos	
(ides)	(fostes)	
vão	foram	

querer *wollen*		
quero	quis	queria
queres	quiseste	querias
quer	quis	*usw.*
queremos	quisemos	
(quereis)	(quisestes)	
querem	quiseram	

ver *sehen*		
vejo	vi	via
vês	viste	vias
vê	viu	*usw.*
vemos	vimos	
(vedes)	(vistes)	
vêem	viram	

Ebenso: prever *voraussehen*
rever *durchsehen*

Das Substantiv und das Adjektiv   **12.4.2**

Plural der auf -l auslautenden Substantive und Adjektive

1. Die Substantive und die Adjektive, die auf **-al, -ol** oder **-ul** auslauten, enden im Plural auf **-ais, -óis** bzw. **-uis.**

Singular	Plural
o pard**al** *der Spatz*	os pard**ais** *die Spatzen*
espanh**ol** *spanisch*	espanh**óis** *spanisch*
az**ul** *blau*	az**uis** *blau*

Ausnahmen: o mal   os males
           das Übel   *die Übel*
           o cônsul   os cônsules
           der Konsul   *die Konsuln*

2. a. Die Substantive und die Adjektive, die auf **-el** auslauten und den Hauptton **auf der letzten Silbe** tragen, enden im Plural auf **-éis.**

Singular	Plural
o pap**el** *das Papier*	os pap**éis** *die Papiere*

   b. Die Substantive und die Adjektive, die auf **-el** auslauten und den Hauptton **nicht auf der letzten Silbe** tragen, enden im Plural auf **-eis.**

Singular	Plural
inesquec**ível** *unvergeßlich*	inesquec**íveis** *unvergeßlich*

3. a. Die Substantive und die Adjektive, die auf **-il** auslauten und den Hauptton **auf der letzten Silbe** tragen, enden im Plural auf **-is.**

Singular	Plural
o barril *das Faß*	os barris *die Fässer*

b. Die Substantive und die Adjektive, die auf -il auslauten und den Hauptton **nicht auf der letzten Silbe** tragen, enden im Plural auf **-eis**.

Singular	Plural
difícil *schwierig*	difíceis *schwierig*

Das Possessivpronomen 12.4.3

	Singular		Plural	
	Mask.	*Fem.*	*Mask.*	*Fem.*
1. Pers. Sg.	meu	minha	meus	minhas
2. Pers. Sg.	teu	tua	teus	tuas
3. Pers. Sg.	seu	sua	seus	suas
1. Pers. Pl.	nosso	nossa	nossos	nossas
2. Pers. Pl.	vosso	vossa	vossos	vossas
3. Pers. Pl.	seu	sua	seus	suas

Bemerkungen:

1. Das Possessivpronomen muß in Geschlecht und Zahl mit dem Substantiv übereinstimmen, auf das es sich bezieht.
Wird das Possessivpronomen adjektivisch gebraucht (z. B. ,,*mein Bruder*''), so wird es wie im Deutschen unmittelbar **vor das Substantiv** gestellt.
Anders als im Deutschen wird außerdem auch bei einem Substantiv mit adjektivischem Possessivpronomen davor in der Regel **der bestimmte Artikel** nicht weggelassen. Die Übersetzung für ,,*mein Bruder*'' wäre also ,,**o meu irmão**''.

Beispiele:

1. Pers. Sg.	**o meu** amigo	*mein Freund*
	a minha mãe	*meine Mutter*
	os meus professores	*meine Lehrer*
	as minhas viagens	*meine Reisen*
2. Pers. Sg.	**o teu** primo	*dein Cousin*
	a tua amiga	*deine Freundin*
	os teus livros	*deine Bücher*
	as tuas filhas	*deine Töchter*
3. Pers. Sg.	**o seu** cão	*sein / ihr / Ihr Hund*
	a sua tia	*seine / ihre / Ihre Tante*
	os seus sapatos	*seine / ihre / Ihre Schuhe*
	as suas casas	*seine / ihre / Ihre Häuser*

1. Pers. Pl.	o **nosso** genro	*unser Schwiegersohn*
	a **nossa** nora	*unsere Schwiegertochter*
	os **nossos** genros	*unsere Schwiegersöhne*
	as **nossas** noras	*unsere Schwiegertöchter*
2. Pers. Pl.	o **vosso** carro	*euer Auto*
	a **vossa** irmã	*eure Schwester*
	os **vossos** pais	*eure Eltern*
	as **vossas** amigas	*eure Freundinnen*
3. Pers. Pl.	o **seu** tio	*ihr	Ihr Onkel*
	a **sua** casa	*ihr	Ihr Haus*
	os **seus** filhos	*ihre	Ihre Kinder*
	as **suas** malas	*ihre	Ihre Koffer*

2. Einen Formunterschied zwischen adjektivisch und substantivisch gebrauchten Possessivpronomina wie im Deutschen (*mein — der meine* bzw. *der meinige* bzw. *meiner*) gibt es im Portugiesischen nicht. Die Übersetzung für die Formen *der meine* bzw. *der meinige* bzw. *meiner* ist also in jedem Fall o **meu.**

Beispiele: o **meu** irmão e o **teu** são colegas
mein Bruder und deiner sind Kollegen

o **nosso** carro é da marca do **vosso**
unser Auto ist die gleiche Marke wie eures

3. a. Beim Gebrauch von o **seu,** a **sua,** os **seus,** as **suas** können leicht Mißverständnisse darüber entstehen, wer als Besitzer gemeint ist. Ein Satz wie **encontrei** o **seu** irmão kann z. B. als *ich traf seinen Bruder* oder *ich traf ihren Bruder* (Fem. Sg.) oder *ich traf ihren Bruder* (Pl.) oder *ich traf Ihren Bruder* verstanden werden. Man gebraucht daher normalerweise statt der Formen o **seu,** a **sua,** os **seus,** as **suas** die Verschmelzungsform aus dem entsprechenden **Personalpronomen der 3. Pers. Sg. bzw. Pl. und der davorgestellten Präposition de.**

Also statt:

o seu colega —	o colega **dele**	*sein Kollege (wörtlich: der Kol-*
	o colega **dela**	*ihr Kollege lege von ihm)*
	o colega **deles**	*ihr Kollege*
	o colega **delas**	*ihr Kollege*
a sua casa —	a casa **dele**	*sein Haus*
	a casa **dela**	*ihr Haus*
	a casa **deles**	*ihr Haus*
	a casa **delas**	*ihr Haus*
os seus filhos —	os filhos **dele**	*seine Kinder*
	os filhos **dela**	*ihre Kinder*
	os filhos **deles**	*ihre Kinder*
	os filhos **delas**	*ihre Kinder*
as suas amigas —	as amigas **dele**	*seine Freundinnen*
	as amigas **dela**	*ihre Freundinnen*
	as amigas **deles**	*ihre Freundinnen*
	as amigas **delas**	*ihre Freundinnen*

Die Ersatzformen für das Possessivpronomen der 3. Pers. werden auch dann benutzt, wenn das Possessivpronomen **substantivisch** gebraucht wird.

Statt: o teu carro é da marca do **seu**
also: o teu carro é da marca do **dele** (do **dela,** do **deles,** do **delas**).

b. Wegen des häufigen Gebrauchs der Ersatzformen o ... **dele,** a ... **dela** usw. wird das Possessivpronomen der 3. Person Sg. und Pl. selbst — wenn nicht Kontext oder Sprechsituation es verbieten — als höfliche Anrede verstanden.

Als besonders höfliche Ausdrucksweise hat sich daneben aber (in Analogie zu den oben beschriebenen Ersatzformen für uneindeutige Possessivpronomina) eine Kombination aus der Präposition **de** und einer adäquaten höflichen Nominalanredeform eingebürgert.

Beispiel: o seu carro *oder* o´carro da Senhora
                                     do Senhor
                                     do Sr. Engenheiro
                                     da Paula
                                     u. a.

4. Grundsätzlich werden Possessivpronomina oder deren Ersatzformen im Portugiesischen **viel seltener gebraucht** als im Deutschen! Wenn durch Kontext, Sprechsituation oder auch nur durch die Bedeutung des Satzes ohnehin klar ist, welche Besitz- bzw. Zugehörigkeitsverhältnisse bestehen, läßt der Portugiese das Possessivpronomen meistens aus.

Beispiel: O João telefonou ontem **aos** pais.
            João rief gestern seine Eltern an.

é que   **12.4.4**

Dem Fragewort den Ausdruck **é que** hinzuzufügen, ist ein Merkmal der Umgangssprache.

Beispiele:

Porque não respondes?	Porque **é que** não respondes?
A quem telefonaste?	A quem **é que** telefonaste?
Quem convidou para a festa?	Quem **é que** convidou para a festa?
Quantos países conheces?	Quantos países **é que** conheces?

Die Stellung des Subjekts   **12.4.5**

1. Normalerweise steht das Subjekt **vor** dem Verb:

A rapariga afasta-se.
O senhor tem filhos?
Vocês sabem que, no método directo, **o professor de línguas** não pode comunicar com os alunos em português.

2. a. In Fragesätzen aber, die von einem Fragewort eingeleitet werden, wird das Subjekt dem Prädikat **nachgestellt:**

De que está o senhor a rir?
A quem telefonou você?
Onde estava o senhor?

   b. Wenn dem Fragewort der Ausdruck **é que** nachgestellt ist, wird das Subjekt wie üblich dem Prädikat **vorangestellt:**

A quem é que a Teresa telefonou?
Onde é que **eles** compraram o gira-discos?
Quem é que a Joana convidou para a festa?

Bemerkung:
Das unter 2a und 2b Bemerkte gilt auch für indirekte Fragesätze (s. 1.2,5).

1. *Antworten Sie:* O que quer ser o Chico? Porquê? Quem é a Felicidade? O que é que o Chico tentou explicar à Felicidade?

2. *Übersetzen Sie:* A minha irmã e a tua são da mesma idade. O senhor gostava de viver numa casa como a deles? De que cor é o seu carro? A mãe dela vai muitas vezes ao teatro. Os meus exames não foram muito fáceis. O nosso irmão está doente. Não me convencem com os vossos argumentos. Já sabes o que aconteceu ao professor deles?

3. *Übersetzen Sie:* Deine Schwester kennt zwei Spanier, die in meiner Straße wohnen. Ich habe sehr angenehme Ferien mit meinen Cousinen verbracht. Sein Neffe hat angefangen, Chinesisch zu studieren. Er hat das Auto Ihres Freundes gekauft. Ich habe eure deutschen Freunde im portugiesischen Restaurant getroffen. Wo leben deine Eltern jetzt? Spricht ihre Tochter gut deutsch? Ich warte auf ihren Bruder; er ist noch nicht angekommen. Unser Auto ist schon alt.

4. *Übersetzen Sie jeden Satz einmal mit und einmal ohne „é que":* Wo ist die Zeitung? Warum hast du sie nicht besucht? Wie viele Länder kennt Manuela? Warum sagt ihr das? Um wieviel Uhr fängt der Film an? Wen hat Pedro zum Fest eingeladen? Warum bist du so unzufrieden?

5. *Konjugieren Sie für alle Personen die folgenden Verbformen mit den Sätzen, in denen sie gebraucht sind:* Hei-de comprar um barco. Quero ser professor. Não quis ir de avião. Não vejo bem sem óculos. Amanhã vou ao teatro. Ontem fui ao cinema.

6. *Übersetzen Sie* (vgl. 12.4.3, Bemerkung 4): Ela perdeu a carteira. A Maria da Graça não disse nada à mãe. Eles vivem com os avós. O Pedro Rodrigues quer vender a casa. A Helena ofereceu um relógio ao marido.

13. Lektion

13.1

Vila Nova, 14 de Julho — Às vezes ponho-me a pensar se a aceitação calma da morte no homem da terra não será o resultado desta íntima comunhão com o ritmo da natureza. No inverno, árvores despidas; na primavera, folhas e flores; no verão, frutos. No inverno seguinte, árvores despidas; na primavera, folhas e flores; no verão, frutos. No inverno a seguir... Eu bem sei que o homem da cidade tem por sua vez mil maneiras de notar este retorno de vida e morte.

Parece-me é que ali a coisa não tem esta nitidez, esta evidência, esta fatalidade.
(*Aus* Miguel Torga, DIÁRIO I, Coimbra Editora, Coimbra, 4. Aufl. 1957)

Arrábida, 27 de Março — Quando a serra e o mar se juntam, não há nada a fazer nem a dizer. Com fragas e ondas, a vida fica tão perfeita, que seria uma estupidez intervir.
(*Aus* Miguel Torga, DIÁRIO IV, Coimbra Editora, Coimbra, 2. Aufl. 1953)

Coimbra, 23 de Maio — A Queima das Fitas. Todos os anos a assistir a este espectáculo da janela do consultório, onde vivo enclausurado desde que as queimei também. A mocidade que vai passando, bêbada de entusiasmo e de sonho, nem por sombras faz ideia da amargura que a espera. Felizmente que para quase todos estes novos doutores o espectáculo do envelhecer não será tão pungente como o meu. A maior parte deles não ficará certamente numa cidade de jovens, a vê-los sempre iguais com olhos sempre diferentes.
(*Aus* Miguel Torga, DIÁRIO V, Coimbra Editora, Coimbra, 2. Aufl. 1955)

Erläuterungen 13.2

1. se ... **será** *ob sie wohl* ... *ist*: s. 25.2,5.
2. **íntima** comunhão: s. 17.4.1.
3. parece-me é que: é (von **ser**) ist nicht wörtlich zu übersetzen (s. 16.4.5).
4. **Arrábida:** Das Arrábida-Gebirge befindet sich etwa 40 km südlich von Lissabon und tritt in seiner ganzen Länge steil abfallend unmittelbar an den Atlantik.
5. **não** há **nada:** s. 9.4.2.
6. a assistir = assistindo (s. 5.4.2): hier übersetzbar als *ich sehe ... zu*
7. **vai** passando: s. 21.4.1.
8. **felizmente** *glücklicherweise*. **Felizmente que** ...: **que** dient hier der Hervorhebung von **felizmente**; frei übersetzbar als: *ein Glück, daß* ... (s. 16.4.5).
9. **novos** doutores: s. 17.4.1.
10. **novos doutores:** Die Studenten, die das reguläre Studium abgeschlossen haben und vor der Vorbereitung auf die Schlußexamina stehen.

11. **cidade de jovens:** Coimbra, Universitätsstadt. Der Charakter der Stadt wird von der im Verhältnis zur Bevölkerung sehr zahlreichen Studentenschaft bestimmt.

Zur Aussprache:

12. olho, *aber:* olhos; novo, *aber:* novos: s. 27.4.3.

Vokabeln zum Text 13.3.1

às vezes manchmal
pôr-se a anfangen
a aceitação das Annehmen
calmo ruhig
a morte der Tod
o homem der Mann, der Mensch
a terra das Land, die Erde
o homem da terra der Mensch vom Land (im Gegensatz zur Stadtbevölkerung)
íntimo intim
a comunhão die Verbundenheit
o ritmo der Rhythmus
a natureza die Natur
despido kahl
a primavera der Frühling
a folha das Blatt
a flor die Blüte
o fruto die Frucht
seguinte folgend, kommend
a seguir folgend, kommend
eu bem sei ich weiß wohl
o homem da cidade der Stadtmensch
por sua vez seinerseits
a maneira die Weise, die Art
notar bemerken

o retorno die Wiederkehr
parece-me é que mir scheint, daß
ali dort
a coisa die Sache
a nitidez die Deutlichkeit
a evidência die Offensichtlichkeit
a fatalidade die Schicksalhaftigkeit
quando wenn
a serra das Gebirge
juntar-se zusammenkommen
nem . . . nem weder . . . noch (im Port. auch nur mit dem letzten „nem" gebräuchlich)
a fraga der Felsen
a onda die Welle
ficar sein
perfeito vollkommen
a estupidez die Dummheit
intervir dazwischenkommen
a Queima das Fitas die Bänderverbrennung (Studienabschlußfest)
queimar verbrennen
a fita das Band
assistir (a) zusehen
o espectáculo das Schauspiel, das Ereignis

o consultório die Arztpraxis
enclausurado eingesperrt
desde que seit
a mocidade die Jugend
vai passando sie kommt (geht) vorbei
passar vorbeigehen, vorbeikommen
bêbado trunken
o entusiasmo der Enthusiasmus
o sonho der Traum
nem por sombras nicht im geringsten
fazer ideia (de) (etwas) ahnen
a amargura die Erbitterung
felizmente que ein Glück, daß
felizmente glücklicherweise
o envelhecer das Altern
pungente schmerzhaft, quälend
a maior parte die meisten, der größte Teil
a parte der Teil
ficar bleiben
certamente sicher
o jovem der junge Mensch
a vê-los (ver + os) sie sehend
igual gleich
diferente anders

Vokabeln zum Grammatikteil und zu den Übungen 13.3.2

antepor voranstellen
atrás de hinter
a Câmara Municipal das Rathaus
contrapor entgegenstellen
convir sich gehören, passen
o correio das Postamt
dispor anordnen, verfügen

entusiasmado begeistert
intervir eingreifen, vermitteln
mais (gostar mais) lieber
mesmo unmittelbar, dicht
no meio de inmitten
pôr stellen, legen
qual welcher

referir-se (a) erwähnen
ser preciso nötig sein
sobrepor legen, stellen auf
a torre der Turm
trazer bringen
triste traurig
a uva die Traube
vir kommen

Grammatik

Die Konjugation des Verbs
Das Futur (Indikativ) der regelmäßigen Verben

-ar

pensar	*denken*
pensar **ei**	*ich werde denken*
pensar **ás**	*du wirst denken*
pensar **á**	*er, sie, es wird denken*
pensar **emos**	*wir werden denken*
(pensar **eis**)	*ihr werdet denken*
pensar **ão**	*sie werden denken*

-er

beber	*trinken*
beber **ei**	*ich werde trinken*
beber **ás**	*du wirst trinken*
beber **á**	*er, sie, es wird trinken*
beber **emos**	*wir werden trinken*
(beber **eis**)	*ihr werdet trinken*
beber **ão**	*sie werden trinken*

-ir

abrir	*öffnen*
abrir **ei**	*ich werde öffnen*
abrir **ás**	*du wirst öffnen*
abrir **á**	*er, sie, es wird öffnen*
abrir **emos**	*wir werden öffnen*
(abrir **eis**)	*ihr werdet öffnen*
abrir **ão**	*sie werden öffnen*

Bemerkung:

Das Futur der regelmäßigen Verben auf **-ar**, **-er** und **-ir** wird gebildet, indem **an die Infinitivform** des Verbs die oben angegebenen Endungen gefügt werden. Im Unterschied zu den Präsensendungen etwa sind die Futurendungen aber in der **-ar**, **-er** und **-ir**-Konjugation völlig **gleich**.
Meistens benutzt man aber nicht diese Futurformen, sondern — ähnlich wie im

111

Deutschen — die entsprechende Präsensform in futurischer Bedeutung. (Über die Verwendung der periphrastischen Kombination von **ir** mit dem Infinitiv des entsprechenden Verbs als Futur s. 21.4.1.)

Der Konditional der regelmäßigen Verben 13.4.2

-ar

pensar	*denken*
pensar **ía**	*ich würde denken*
pensar **ías**	*du würdest denken*
pensar **ía**	*er, sie, es würde denken*
pensar **íamos**	*wir würden denken*
(pensar **íeis**)	*ihr würdet denken*
pensar **íam**	*sie würden denken*

-er

beber	*trinken*
beber **ía**	*ich würde trinken*
beber **ías**	*du würdest trinken*
beber **ía**	*er, sie, es würde trinken*
beber **íamos**	*wir würden trinken*
(beber **íeis**)	*ihr würdet trinken*
beber **íam**	*sie würden trinken*

-ir

abrir	*öffnen*
abrir **ía**	*ich würde öffnen*
abrir **ías**	*du würdest öffnen*
abrir **ía**	*er, sie, es würde öffnen*
abrir **íamos**	*wir würden öffnen*
(abrir **íeis**)	*ihr würdet öffnen*
abrir **íam**	*sie würden öffnen*

Bemerkung:
Der Konditional der regelmäßigen Verben auf **-ar, -er** und **-ir** wird gebildet, indem **an die Infinitivform** des Verbs die in allen drei Konjugationen **gleichen** Konditionalendungen angefügt werden.
Häufig werden als Ersatz für diese Konditionalformen die Formen des **Imperfekts (Indikativ)** gebraucht (s. 8.4.2).
Also statt: compraría — compraba

Präsens (Ind.) PPS Imperfekt (Ind.)

pôr *legen*

ponho	pus	punha
pões	puseste	punhas
põe	pôs	punha
pomos	pusemos	púnhamos
(pondes)	(pusestes)	(púnheis)
põem	puseram	punham

Ebenso: alle Komposita, u. a.:

antepor	*voranstellen*
contrapor	*entgegenstellen*
dispor	*anordnen, verfügen*
sobrepor	*legen, stellen auf*

trazer *bringen*

trago	trouxe	trazia
trazes	trouxeste	trazias
traz	trouxe	*usw.*
trazemos	trouxemos	
(trazeis)	(trouxestes)	
trazem	trouxeram	

vir *kommen*

venho	vim	vinha
vens	vieste	vinhas
vem	veio	vinha
vimos	viemos	vínhamos
(vindes)	(viestes)	(vínheis)
vêm	vieram	vinham

Ebenso, doch mit dem Akut in der 2. und 3. Person Sg. (-éns, -ém):

convir	*sich gehören, passen*
intervir	*eingreifen, vermitteln*

Das Futur und der Konditional der unregelmäßigen Verben **13.4.4**

Bis auf drei Ausnahmen werden das Futur und der Konditional der unregelmäßigen Verben **genau wie bei den regelmäßigen** gebildet.

Die drei Ausnahmen sind **dizer, fazer** und **trazer**. Bei diesen Verben läßt man aus der Infinitivform die Buchstaben **-ze-** aus und fügt an die so verkürzte Infinitivform die Futur- bzw. Konditionalendungen an.

dizer	**fazer**	**trazer**
	Futur	

direi	**fa**rei	**tra**rei
dirás	**fa**rás	**tra**rás
dirá	**fa**rá	**tra**rá
usw.	*usw.*	*usw.*

Konditional

diria	**fa**ria	**tra**ria
dirias	**fa**rias	**tra**rias
diria	**fa**ria	**tra**ria
usw.	*usw.*	*usw.*

Ficar 13.4.5

Ficar kann *sein, bleiben* oder *werden* bedeuten.

1. a. In der Bedeutung von *sein* wird **ficar** zur Bezeichnung des **Ortes** einer Sache gebraucht, die ihren Ort nie ändert (wie z. B. einer Straße, einer Anlage, eines Gebäudes) — in Fällen also, in denen das Deutsche neben Formen von *sein* auch solche von *liegen, stehen, sich befinden* verwendet.

Nach den Anwendungsregeln von **ser** und **estar** (s. 5.4.3) wäre in solchen Fällen **ser** zu benutzen, da es sich ja um einen Dauerzustand, nicht hingegen um ein vorübergehendes Sichbefinden handelt.

Tatsächlich verwendet man für die beschriebenen Ortsangaben im Portugiesischen nach freier Wahl entweder eine Form von **ficar** oder eine von **ser**.

> *Beispiele:*
> O correio **fica** na Praça da República.
> O correio **é** na Praça da República.
> *Das Postamt ist an der Praça da República.*
>
> A casa deles não **fica** longe da nossa.
> A casa deles não **é** longe da nossa.
> *Ihre Wohnung ist von unserer nicht weit entfernt.*

b. In Verbindung mit bestimmten **Adjektiven** kann **ficar** auch *sein* im Sinne des Gebrauchs des portugiesischen **estar** bedeuten:

ficar admirado   *erstaunt sein*
ficar contente   *zufrieden sein*
ficar entusiasmado   *begeistert sein*
ficar triste   *traurig sein*
u. a.

In Kombination mit **ficar** bedeuten diese Adjektive im Unterschied zu ihrer Verbindung mit **estar** eher das **Eintreten eines Zustands** als ihn selbst.

Beispiel:
Ficou triste porque perdeu a aposta.
Er war traurig, weil er gerade die Wette verlor.

2. **Ficar** in der Bedeutung von *bleiben:*
Ainda **ficaste** muito tempo no café?
Bist du noch lange im Café geblieben?

3. **Ficar** in der Bedeutung von *werden:*
ficar ferido   *verletzt werden*
ficar pobre   *arm werden*
ficar rico   *reich werden*

Die Personalpronomina   13.4.6

1. Wie Sie wissen, folgen die Personalpronomina der Gruppe III (s. 11.4b) dem Verb unmittelbar und sind in der Schrift durch einen Bindestrich mit dem Verb verbunden.

Nun beginnen die Personalpronomina der 3. Pers. Sg. und Pl. in der Gruppe III vokalisch: **o, a** und **os, as.** Dieser Umstand hat Konsequenzen, wenn das davorstehende Verb auf **-r, -s** oder **-z** endet: Diese Endungen **verschwinden** dann, und statt ihrer tritt vor das Personalpronomen ein **l-:**

Aus -r + -o(s), -a(s)   *wird also* ~r + **-lo(s), -la(s)**
     -s + -o(s), -a(s)   ~s + **-lo(s), -la(s)**
     -z + -o(s), -a(s)   ~z + **-lo(s), -la(s)**

Für die Verben, die auf **-r** und **-z** enden, tritt aus Gründen der richtigen Betonung eine weitere Konsequenz hinzu. Die einschlägige Betonungsregel stellt fest, daß Wörter, die auf **-r** oder **-z** enden, auf der letzten Silbe betont werden (s. B 1.2). Da aber das auslautende **-r** bzw. **-z** wegfällt, verwendet man als Ersatz-Betonungszeichen **Akzente**, die man auf die nun zum Auslaut gewordenen Vokale setzt, und zwar bei **-a** einen **acento agudo (-á)** und bei **-e** einen **acento circunflexo (-ê).**

115

Aus -ar + -o(s), -a(s)	*wird also*	-á + **-lo(s), -la(s)**	
-az + -o(s), -a(s)		-á + **-lo(s), -la(s)**	
Aus -er + -o(s), -a(s)	*wird also*	-ê + **-lo(s), -la(s)**	
-ez + -o(s), -a(s)		-ê + **-lo(s), -la(s)**	

Beispiele:

zu **-r**

convidar + o	= convid**á-lo**	*ihn einladen*
beber + a	= beb**ê-la**	*sie trinken*
ver + os	= v**ê-los**	*sie sehen*
preferir + as	= preferi**-los**	*sie vorziehen*

zu **-s**

fazes + o	= faze**-lo**	*du tust es*
encontrámos + a	= encontrámo**-la**	*wir trafen sie*
vendemos + os	= vendemo**-los**	*wir verkaufen sie*
levas + as	= leva**-las**	*du nimmst sie*

zu **-z**

diz + o	= di**-lo**	*er sagt es*
fiz + a	= fi**-la**	*ich habe sie gemacht*
traz + os	= trá**-los**	*er bringt sie*
fez + as	= fê**-las**	*er hat sie gemacht*

2. Folgt ein vokalisch anlautendes Personalpronomen einer Verbform, die auf **-m** endet, so bleibt das **-m** erhalten, aber vor das Personalpronomen tritt ein **n-**.

Aus **-m** + -o(s), -a(s) *wird also* **-m** + **-no(s), -na(s)**

Beispiele:

convidam + o	= convidam**-no**	*sie laden ihn ein*
vendem + a	= vendem**-na**	*sie verkaufen sie*
encontraram + os	= encontraram**-nos**	*sie trafen sie*
partiram + as	= partiram**-nas**	*sie haben sie zerbrochen*

Übungen 13.5

1. *Antworten Sie:* Porque é que, na opinião de Miguel Torga, o homem da terra aceita a morte com calma? Quais são as estações do ano? Quantas são as estações do ano? De qual gosta mais? Porquê? O que é a Queima das Fitas? De onde é que o autor assiste à Queima das Fitas? Quem são os novos doutores a que Miguel Torga se refere? Porque é, para o autor, tão pungente o espectáculo do envelhecer?

2. *Setzen Sie ins Futur:* Hoje não chove. Eles não gostam disso. Também convidas o primo delas para a festa? Hoje almoço cedo. Ela chega às três e um quarto. Fazemos uma viagem no verão. Eles não dizem a verdade.

116

Elas não têm medo. Não é preciso comprar nada. O pai empresta o carro ao filho. Ela telefona ao irmão dele. Estás lá às sete horas? Passo o fim de semana na praia. O trânsito esteve interrompido até às nove e meia.

3. *Konjugieren Sie im Konditional:* partir, dizer, encontrar, conhecer, telefonar, querer, trabalhar, trazer, beber, abrir.

4. *Verbinden Sie die folgenden Wortpaare den gelernten Regeln gemäß:* comprar -as, abrir -o, convencer -as, perseguir -os, visitar -o, convidar -as, ver -o, partir -o, conhecer -os, encontrar -a, vender -os, perceber -o, sentir -o.

5. *Übersetzen Sie:* Sie haben ihn eingeladen. Sie laden sie ein. Sie haben sie überzeugt. Sie verfolgen ihn. Sie haben es gekauft. Du kennst sie. Du kaufst es. Wir haben sie kennengelernt. Du verstehst ihn. Du nimmst es an. Wir haben ihn getroffen. Du besuchst sie. Er sagt es. Er hat es gemacht. Er bringt sie.

6. *Übersetzen Sie:* Der Stadtpark befindet sich neben dem Rathaus. Wir haben sie zum Abendessen eingeladen. Deine Wohnung ist nicht weit von meiner entfernt. Sie kennen sie. Der Fernsehturm steht inmitten der Stadt. Sie haben ihn gestern getroffen. Besuchst du sie heute oder morgen? Das Büro, in dem ich arbeite, ist auch in dieser Straße. Wie viele Prüfungen hast du schon gemacht? Diese Trauben sind sehr gut. Das Postamt befindet sich unmittelbar hinter dem Bahnhof. Wir haben es sehr billig gekauft. Sie haben ihn den ganzen Tag gesucht. Wir kennen sie gut. Er legte es auf den Tisch. Wir haben ihn in der letzten Woche besucht. Er kam um 13 Uhr 20. Die Stadt liegt am Fluß.

14. Lektion

Saldos   14.1

Quer faça sol ou chuva, a verdade é que os saldos são como o futebol. Não há estádio vazio, seja qual for o tempo, desde que haja encontro.

Ora o mesmo acontece com as lojas que saldam os seus artigos em "fim de estação". Anunciados os saldos, há muita gente pela certa.

Pois o "saldo" agora é rei. E do grande armazém à pequena loja, compra-se, muitas vezes, não o que faz falta, mas o que é mais barato.

À porta dum estabelecimento, no centro de Lisboa, um comprador dizia-nos: — É a primeira vez que compro em saldos. Mas tive pouca sorte. Agora é que reparei que levo duas camisas que não me servem... Não as visto, mas como foram baratas... Talvez as ofereça a alguém... E sorriu, satisfeito, porque tinha comprado mais barato.

Em pleno Rossio, na "Can-Can", a casa pequena era pequena demais para tanta gente. Foi com extrema dificuldade que conseguimos falar, de longe, com a gerente da casa.—Isto é sempre assim. Nem a chuva nem o vento fazem diminuir o interesse dos saldos. Às 9 horas, quando abrimos a loja, já a bicha vai até à pastelaria Suissa. O que acontece é que toda a gente quer aproveitar esta ocasião para comprar mais barato...

Numa sapataria já se tinham feito ontem onze mil escudos. — Venho muito aos saldos, sempre que posso, disse-nos uma compradora enquanto ia escolhendo sapatos. Hoje, entre outras coisas, já comprei três pares e dois fatos. Gosto muito dos saldos, compra-se tudo mais barato e é muito divertido. Hoje já gastei mais de mil escudos, mas vale a pena, isto é uma festa!...

A verdade é que os saldos dão vida nova à velha cidade. Muita gente, tal como os comerciantes, não prescinde deles, mas também algumas pessoas nunca dizem que compraram em "saldo".

(*Aus der Tageszeitung „Época", gek. und adapt.*)

Erläuterungen 14.2

1. **quer faça sol ou chuva** *ob die Sonne scheint oder ob es regnet*, **seja qual for o tempo** *was für ein Wetter es auch immer sein mag* (s. 18.4.1 und 26.4.2).

2. a verdade **é que** ...; **é** a primeira vez **que** compro ...; agora **é que** reparei ...; **foi** com extrema dificuldade **que** conseguimos ...; o que acontece **é que** ...: s. 16.4.5.

3. desde que **haja** ..., talvez ... **ofereça**: s. 18.4.1.

4. **anunciados os saldos** *wenn die Schlußverkäufe angekündigt werden:* Das Partizip Perfekt wird hier am besten mit einem Nebensatz wiedergegeben.

5. **grande** armazém, **pequena** loja, **extrema** dificuldade: s. 17.4.1.

6. um comprador **dizia**-nos *ein Käufer sagte uns:* Hier verwendet der Reporter die Imperfektform an einer Stelle, an der nach den Regeln das PPS am Platz wäre. Da die Imperfektform normalerweise Handlungen anzeigt, die noch andauern, kann sie dem Reporter hier dazu dienen, das Berichtete für den Leser stärker zu vergegenwärtigen.

7. **primeira vez:** s. 17.4.2.

8. **tinha comprado** *er hatte gekauft;* já se **tinham feito** *man hatte schon gemacht:* s. 19.4.2.

9. **Rossio:** bekannter Platz in Lissabon.

10. **Can-Can:** Name eines Ladens in Lissabon.

11. **pequena demais: demais** wird dem Wort, auf das es sich bezieht, immer nachgestellt.

12. **isto é** sempre assim; **esta** ocasião; **isto** é uma festa: s. 6.4.3.

13. **Suissa:** heute **Suíça.** Name einer alten Konditorei in Lissabon (deswegen noch mit der alten Schreibung).

14. **ia escolhendo:** s. 21.4.

Vokabeln zum Text 14.3.1

quer ob
faz sol (está, há sol) die Sonne scheint
faz chuva (chove) es regnet
quer faça sol ou chuva ob die Sonne scheint oder ob es regnet
a chuva der Regen
a verdade die Tatsache
o futebol das Fußballspiel
o estádio das Stadion
vazio leer
seja qual for o tempo was für ein Wetter es auch immer sein mag
desde que sofern . . . nur, vorausgesetzt daß
desde que haja sofern es nur . . . gibt
o encontro die Begegnung, das Spiel
ora nun
o mesmo dasselbe
a loja der Laden
saldar verkaufen
o artigo der Artikel, die Ware
o "fim de estação" der Sommer- bzw. Winterschlußverkauf
anunciar ankündigen, anzeigen

pela certa bestimmt, mit Sicherheit
ser rei hier: herrschen
o rei der König
o armazém das Warenhaus
compra-se man kauft
o que das, was
fazer falta fehlen, nötig sein
mas sondern
mais barato billiger
o estabelecimento das Geschäft
o centro das Zentrum
o comprador der Käufer
ter pouca sorte Pech haben
reparar merken
a camisa das Hemd
não me servem ich kann sie nicht gebrauchen
como weil, da
talvez . . . ofereça vielleicht schenke ich . . .
satisfeito zufrieden
em pleno Rossio direkt am Rossio (mitten im Rossio)
para für
extremo äußerst
de longe von weitem
o gerente der Geschäftsführer

assim so
o vento der Wind
fazer diminuir verringern
o interesse der Reiz
a bicha die Schlange
a pastelaria die Konditorei
aproveitar ausnützen
a ocasião die Gelegenheit
a sapataria das Schuhgeschäft
fazer machen, tun, hier: einnehmen
o escudo der Escudo (portugiesische Währung)
muito hier: häufig
ia escolhendo (sie) wählte aus
escolher auswählen
outro ander
o par das Paar
o fato das Kostüm
divertido unterhaltsam, lustig
gastar ausgeben
mais (de) über, mehr als
valer a pena sich lohnen
velho alt
tal como so wie
o comerciante der Händler
prescindir (de) verzichten (auf)

Vokabeln zum Grammatikteil und zu den Übungen 14.3.2

afinal schließlich
amarelo gelb
amável nett
antigo alt
bom gut
branco weiß
o escritor der Schriftsteller
o fato das Kleid
fiel treu
fresco frisch
o liceu das Gymnasium
maior größer
mais . . . -er, mehr

mandar schicken, senden
mau schlecht, böse
máximo höchst
em que medida inwiefern
a medida das Maß
menor kleiner, minderjährig
menos weniger
mínimo minimal, geringst
a obra das Werk
ouvir hören
óptimo ausgezeichnet, vortrefflich

perigoso gefährlich
péssimo sehr schlecht, miserabel
pior schlechter
o quadro das Bild
querer dizer heißen
roubar stehlen
se man
o telegrama das Telegramm
usar tragen
útil nützlich

Präsens Konjunktiv

Die Formen des **Präsens Konjunktiv** lassen sich bei allen regelmäßigen Verben sowie — bis auf wenige Ausnahmen — auch bei den unregelmäßigen Verben dadurch ableiten, daß man die um den letzten Buchstaben verkürzte Form der **1. Pers. Sg.** des **Präsens Indikativ** mit den im folgenden angegebenen Konjunktivendungen versieht.

Die erwähnte Ausnahme gilt für die Verben: **dar, estar, haver, ir, querer, saber** und **ser**.

Präsens Konjunktiv der regelmäßigen Verben

auf **-ar**

comprar	kaufen
compr **e**	ich kaufe
compr **es**	du kaufest
compr **e**	er kaufe
compr **emos**	wir kaufen
(compr **eis**)	ihr kaufet
compr **em**	sie kaufen

auf **-er**   und   auf **-ir**

oferecer	schenken	abrir	öffnen
ofereç **a**	ich schenke	abr **a**	ich öffne
ofereç **as**	du schenkest	abr **as**	du öffnest
ofereç **a**	er schenke	abr **a**	er öffne
ofereç **amos**	wir schenken	abr **amos**	wir öffnen
(ofereç **ais**)	ihr schenket	(abr **ais**)	ihr öffnet
ofereç **am**	sie schenken	abr **am**	sie öffnen

Präsens Konjunktiv von

dizer: diga, digas, diga, digamos, (digais), digam;
fazer: faça, faças, faça, façamos, (façais), façam;
poder: possa, possas usw.;
ter: tenha, tenhas usw.;
ver: veja, vejas usw.;
preferir: prefira, prefiras usw.;

120

rir:	ria, rias usw.;
vir:	venha, venhas usw.;
pôr:	ponha, ponhas usw.

Präsens Konjunktiv von

dar	estar	haver	ir	querer	saber	ser
dê	esteja	haja	vá	queira	saiba	seja
dês	estejas	hajas	vás	queiras	saibas	sejas
dê	esteja	haja	vá	queira	saiba	seja
dêmos	estejamos	hajamos	vamos	queiramos	saibamos	sejamos
(deis)	(estejais)	(hajais)	(vades)	(queirais)	(saibais)	(sejais)
dêem	estejam	hajam	vão	queiram	saibam	sejam

Bemerkung:
Einzelheiten über den Gebrauch des Präsens Konjunktiv sollen an späterer Stelle mitgeteilt werden (s. 18.4.1).
Hier nur soviel: nach **talvez** *vielleicht* und nach **desde que** *sofern . . . nur* muß der Konjunktiv verwendet werden.

Das Adjektiv 14.4.2

Die Steigerung der Adjektive

I Regelmäßige Steigerung (mit mais und menos)

	Positiv	Komparativ	Relativer Superlativ
mit **mais**	nervoso (-a) *nervös*	**mais** nervoso (-a) *nervöser*	o . . . **mais** nervoso a . . . **mais** nervosa *der (die) nervöseste*
mit **menos**		**menos** nervoso (-a) *weniger nervös*	o . . . **menos** nervoso a . . . **menos** nervosa *der (die) am wenigsten nervöse*

Bemerkung:
menos nervoso gilt in der portugiesischen Grammatik ebenso als Steigerung wie **mais nervoso**. Sie unterscheidet einfach **comparativo** oder **superlativo relativo de superioridade** und **comparativo** oder **superlativo relativo de inferioridade**.
Daneben gibt es noch den **comparativo de igualdade,** gebildet durch Verbindung mit **tão** und **como:**

> **tão** nervoso **como**
> *so nervös wie*

121

Im Vergleichssatz mit einem **comparativo de superioridade** bzw. **comparativo de inferioridade** wird der Komparativform **que** bzw. **do que** nachgestellt:
also: **mais** nervoso **que** oder **mais** nervoso **do que.**
Beispiele:
A Luisa é mais nervosa (do) que tu.
Luisa ist nervöser als du.
A Luisa é menos nervosa (do) que a Paula.
Luisa ist weniger nervös als Paula.
A Maria Elisa é a rapariga mais interessante que eu conheço.
Maria Elisa ist das interessanteste Mädchen, das ich kenne.
A Maria Elisa é uma das raparigas menos interessantes que eu conheço.
Maria Elisa ist eines der am wenigsten interessanten Mädchen, die ich kenne.
És tão rico como o João.
Du bist so reich wie João.

II Absoluter Superlativ

Den absoluten Superlativ bildet man im Portugiesischen entweder *analytisch* oder *synthetisch.*

analytisch	*synthetisch*
muito nervoso	nervos**íssimo**
sehr nervös	*sehr nervös*

Bemerkungen:

Der *analytisch* gebildete absolute Superlativ entspricht dem deutschen mit *sehr* gebildeten absoluten Superlativ.

Der *synthetisch* gebildete absolute Superlativ des Portugiesischen bedeutet eine stärkere Steigerung, die bei der Übersetzung ins Deutsche womöglich zu berücksichtigen ist: z. B. wäre **óptimo** (s. unten) statt mit *sehr gut* mit *ausgezeichnet* bzw. *phantastisch* oder dergleichen zu übersetzen.

Die *analytische* Form wird gebildet, indem man der Positivform einfach **muito** voranstellt.

Die *synthetische* Form entsteht grundsätzlich durch Anhängen der Endung **-íssimo** an das Adjektiv. Im einzelnen richtet sich die Bildung der Superlativform **nach der Endung des Adjektivs.** Endet das Adjektiv

a. auf **Vokal,** so fällt der Vokal weg und es wird **-íssimo** angehängt:

novo   novíssimo

b. auf **-co** oder **-go,** so fällt nicht nur der Endvokal weg, sondern wegen des nun folgenden Vokals **-i** wird aus c **qu** und aus g **gu** (s. A 3):

branco   branquíssimo
largo   larguíssimo

c. auf **Konsonant,** so wird grundsätzlich einfach **-íssimo** angehängt:

útil   utilíssimo

Handelt es sich bei dem Konsonanten am Ende des Adjektivs um **-z,** so wird aus diesem **-c:**

feliz   felicíssimo

d. auf die Silbe **-vel,** so wird aus dieser Silbe vor **-íssimo -bil:**

amável amabilíssimo

Sonderformen des synthetisch gebildeten Superlativs sind:

amigo	amicíssimo
antigo	antiquíssimo
célebre	celebérrimo
difícil	dificílimo
doce	dulcíssimo
fácil	facílimo
fiel	fidelíssimo
simples	simplicíssimo

III Unregelmäßige Steigerung (ohne mais)

Positiv	Komparativ	Relativer Superlativ	Absoluter Superlativ (*synthetisch*)
bom (boa) *gut*	melhor	o melhor	óptimo
mau (má) *schlecht*	pior	o pior	péssimo
grande *groß*	maior	o maior	máximo
pequeno *klein*	menor	o menor	mínimo

Bemerkungen:

1. Die Formen des Komparativs sowie des relativen Superlativs verändern sich nur nach *Singular* oder *Plural*, nicht aber nach dem Geschlecht.
Außerdem werden die Formen des relativen Superlativs vorzugsweise **dem Substantiv**, auf das sie sich beziehen, **vorangestellt**.
Beispiele:

o melhor médico	os melhores médicos
der beste Arzt	*die besten Ärzte*
a melhor médica	as melhores médicas
die beste Ärztin	*die besten Ärztinnen*

2. In der Bedeutung von *böse* wird **mau** auch regelmäßig gesteigert: **mais mau** usw.

3. Für **pequeno** gibt es eine regelmäßige Steigerungsform: **mais pequeno, o ... mais pequeno, pequeníssimo.** Sie wird in Portugal normalerweise sogar vorgezogen; anders in Brasilien, wo man meistens die unregelmäßige Steigerung von **pequeno** gebraucht.

Das unbestimmte Pronomen „man"   14.4.3

In der Funktion des unbestimmten Pronomens *man* verwendet das Portugiesische entweder mit *se* reflexiv konstruierte Verben oder die **3. Person Plural** eines Verbs.

A. Steht *man* im deutschen Satz in der Bedeutung von „*jede beliebige Person*" bzw. „*jede durchschnittliche Person*", so verwendet der entsprechende portugiesische Satz das **reflexiv konstruierte Verb.**

B. Steht *man* im deutschen Satz in der Bedeutung von „*bestimmte, aber unbekannte Personen*", so verwendet man im portugiesischen Satz **die 3. Person Pl.** (immer ohne Pronomen!).

Zu A:

Der Satz „*Dieses Jahr trägt man kürzere Kleider als im letzten Jahr*" wäre im Portugiesischen wiederzugeben mit:

> Este ano **usam-se** os fatos mais curtos do que no ano passado.

(wörtlich: *dieses Jahr tragen sich die Kleider kürzer*)

Für den Deutschen ist dabei folgendes zu beachten: Das Objekt des deutschen Satzes wird bei der Reflexivkonstruktion des portugiesischen Satzes **zum Subjekt, das als solches die Verbform des Prädikats bestimmt.** Diese kann sich also — wie im angegebenen Fall — von der Verbform im deutschen Satz unterscheiden.

> *Weitere Beispiele:*
> *Das tut man nicht.*
> Isso não **se faz.**
> *Man soll nicht alles glauben, was man hört.*
> Não se deve acreditar em tudo o que **se ouve.**

Zu B:

> *Beispiel:*
> *Man hat ihm alles gestohlen.*
> **Roubaram**-lhe tudo.

Übungen 14.5

1. *Antworten Sie:* Porque é que os saldos são como o futebol? O que quer dizer a frase "o saldo agora é rei"? Quem compra em saldos compra sempre o que precisa? Porque é que muitas pessoas gostam de comprar em saldos? O senhor que tinha comprado duas camisas costumava comprar em saldos? Porque é que diz que teve pouca sorte? O que é que ele quer fazer com as camisas que comprou? A que horas abre a "Can-Can"? A senhora que estava na sapataria já tinha feito muitas compras? O que tinha comprado? Porque é que ela gosta de saldos? Em que medida é que os saldos dão vida nova a Lisboa?

2. *Konjugieren Sie im Präsens Konjunktiv, im PPS und im Futur (Ind.):* oferecer, estar, ver, anunciar, escolher, vestir, querer, comprar, pôr, encontrar, servir, ter, vir, aproveitar, dizer, saber, falar.

3. *Lassen Sie die folgenden Sätze mit* talvez *anfangen:* Ela quer ser médica. Passamos as férias com uns amigos. O carro dele é velho. Ele oferece um relógio à Maria de Lurdes. Ela é operada amanhã. Ele pensa nela. Oferecemos as rosas amarelas à Isabel. Não sabem falar português. Respondo amanhã à carta dela. Ela desiste do exame. Eles não gostam de se levantar cedo. Vou ao teatro. Mandamos um telegrama. Ainda não são sete e meia. Ela está doente.

4. *Übersetzen Sie:* Hoje está mais calor do que ontem. Tenho menos dinheiro que tu. Afinal foi mais barato do que eu pensava. A Maria da Graça é uma das raparigas mais inteligentes do liceu. Foi o pior resultado até agora. Isso é dificílimo.

5. *Übersetzen Sie:* Es geht ihm schon besser. Lissabon ist größer als Porto. Ich will dieses Bier; es ist kühler als das andere. Für mich ist das das schönste Bild der Ausstellung. Es ist äußerst gefährlich. Das Wetter ist sehr schlecht (miserabel). Das ist spottbillig. In diesem Jahr waren die Prüfungen viel schwieriger als im letzten Jahr. Es ist das schlechteste Werk dieses Schriftstellers. Diese Arbeit ist außerordentlich leicht. Dieser Kaffee ist ausgezeichnet.

15. Lektion

15.1

— Meu pai dizia-me que da janela da repartição onde trabalhava se via o mar...
— Que fazia teu pai?
— Que fazia meu pai? Não fazia nada, era oficial da marinha. Entrava na repartição às 10 e saía às 6... Lá o que ele fazia na repartição não sei... Preenchia papelada ou sonhava com navios... sei lá ... talvez olhasse para o mar através da janela... Quando chegava a casa lia o jornal, fazia as palavras cruzadas e ia para a cama. Era oficial da marinha, digo-te eu...

O criado aproximou-se e pôs uma garrafa de vinho sobre a mesa, ao lado de três já vazias. O filho do oficial da marinha encheu os dois copos, bebeu o dele e encostou-se outra vez à mesa, apoiando a cabeça numa das mãos. (...)
— Minha mãe, coitada, que não era oficial da marinha, era a lutadora da família!
O amigo sorriu.
— Lutadora?
— Sim, lutadora. Julgas que é fácil ser-se mulher de um oficial da marinha que não tem navios para se fazer ao mar? Julgas que é fácil

ser-se mulher de um oficial da marinha que sonha com Índias e com Vasco da Gama e que passa as noites a fazer as palavras cruzadas do jornal? Não é nada fácil, amigo Gonçalo, mesmo nada fácil ...

(...)

De pé, (...) olhando de frente para o amigo, tirou do bolso um maço de *Paris* e acendeu um cigarro com a mão direita. Inspirou o fumo profundamente e passou o isqueiro para a mão esquerda. (...)

Voltou a sentar-se à mesa e, dum trago, despejou o copo que o amigo reenchera. Pegou na garrafa, mas voltou a pô-la sobre a mesa. (...)

Olharam-se de frente e ambos desviaram os olhos. Beberam o resto da garrafa em silêncio e chamaram o criado para que trouxesse a conta.

(*Aus* Luís de Sttau Monteiro, ANGÚSTIA PARA O JANTAR, Ática, Lisboa, 6. Aufl. 1970)

Erläuterungen 15.2

1. Vergleichen Sie den ersten Teil des Textes mit dem zweiten: Im ersten wird das **Imperfekt** (Form für regelmäßig sich wiederholende bzw. zur Gewohnheit gewordene Handlungen) gebraucht und im zweiten das **PPS** (Form für Handlungen, die in der Vergangenheit stattfanden und abgeschlossen sind). Verben im ersten Teil: **dizia-me, trabalhava, via, fazia, entrava, saía, preenchia, sonhava, chegava, lia, ia, era.** Verben im zweiten Teil: **aproximou- -se, pôs, encheu, bebeu, encostou-se, sorriu, tirou, acendeu, inspirou, passou, voltou, despejou, pegou, olharam-se, desviaram, beberam, chamaram.**

2. meu pai **dizia**-me ... que se **via** o mar: s. 25.4.2.

3. **meu** pai, **teu** pai, **minha** mãe: Normalerweise steht vor dem Possessivpronomen der bestimmte Artikel. Wenn man bei **Verwandtschaftsnamen** den bestimmten Artikel wegläßt, wirkt es etwas respektvoller.

4. **lá o que ele fazia.** . . *nun, was er machte.* . . .: **lá** — Füllwort der Umgangssprache: s. 16.4.5.

5. digo-te **eu**: s. 11.4.2 und 25.4.1.

6. bebeu **o dele**: s. 12.4.3.

7. **apoiando** a cabeça *wobei er seinen Kopf stützte*: Das Partizip Präsens wird im Deutschen in den meisten Fällen am besten mit einem Nebensatz wiedergegeben (s. 18.4.2).

8. apoiando a cabeça, olhando ... para o amigo: s. 12.4.3, Bem. 4.

9. **Vasco da Gama**: Portugiese, der den Seeweg nach Indien entdeckte.

10. ... que é fácil **ser-se mulher**...... *daß es leicht ist, die Frau ... zu sein*; eigentlich: *daß es leicht ist, daß man die Frau ... ist:* Im Portugiesischen gebraucht man u. a. nach unpersönlichen Ausdrücken wie **ser fácil** eine konjugierte Form des Infinitivs, **persönlicher Infinitiv** genannt, für die es im Deutschen keine Entsprechung gibt (s. 16.4.2).

11. **de um**: Meistens begegnet **de um** im Portugiesischen in der zusammengezogenen Form **dum**. Aus stilistischen Gründen wird teilweise auch **de um** verwendet. Anders bei dem aus **de** und **o** zusammengezogenen **do,** das nur in der Ein-Wort-Form gebraucht wird.

12. **para que trouxesse** *damit er brachte:* Auch nach **para que** *damit* gebraucht man, wie nach **talvez** *vielleicht* und **desde que** *sofern ... nur,* im Portugiesischen den **Konjunktiv** (s. 18.4.1).

Vokabeln zum Text   15.3.1

a **repartição** die Dienststelle
o **oficial da marinha** der Marineoffizier
entrar (em) betreten
preencher ausfüllen
a **papelada** die Papiere
o **navio** das Schiff
sei lá (idiomatisch) was weiß ich
através de durch
fazer hier: lösen
as **palavras cruzadas** das Kreuzworträtsel
para in
a **cama** das Bett
o **criado** der Kellner
aproximar-se sich nähern
sobre auf
ao lado de neben
encher füllen
os **dois** die beiden
o **copo** das Glas

encostar-se (a) sich lehnen (an)
apoiar (em) stützen (auf)
a **cabeça** der Kopf
coitado arm
o **lutador** der Kämpfer
para um zu
fazer-se ao mar in See stechen
a **noite** die Nacht, der Abend
não é nada fácil es ist gar nicht leicht
mesmo nada fácil ganz und gar nicht leicht
de pé stehend, im Stehen
de frente direkt, in die Augen
tirar nehmen
o **bolso** die Tasche
acender anzünden
direito recht
inspirar inhalieren, einatmen

passar hier: nehmen
o **isqueiro** das Feuerzeug
esquerdo link
passou ... para a mão esquerda (er) nahm ... in die linke Hand
voltar a ... wieder ...
dum trago in einem Zug
despejar leeren
reencher wieder füllen
pegar (em) nehmen
olharam-se de frente sie blickten einander in die Augen
ambos beide
desviar abwenden
desviar os olhos wegschauen
o **resto** der Rest
em silêncio schweigend
o **silêncio** das Schweigen
chamar rufen
para que so daß

Vokabeln zum Grammatikteil und zu den Übungen   15.3.2

cair hinfallen
o **casamento** die Hochzeit
despedir-se (de) sich verabschieden (von)

ir buscar holen
ir-se embora weggehen
logo à noite heute abend
primeiro zuerst

só nur
trair verraten

Grammatik

Imperfekt Konjunktiv

Imperfekt Konjunktiv aller regelmäßigen und unregelmäßigen Verben

Die Formen des **Imperfekts Konjunktiv** lassen sich bei allen Verben dadurch ableiten, daß man die um die letzten drei Buchstaben verkürzte Form der **2. Person Sg.** des **PPS** mit den im folgenden angegebenen Endungen versieht.

olhar *schauen*	**beber** *trinken*	**partir** *weggehen*
olha **sse** *ich schaute*	bebe **sse** *ich tränke*	parti **sse** *ich ginge weg*
olha **sses**	bebe **sses**	parti **sses**
olha **sse**	bebe **sse**	parti **sse**
olhá **ssemos**	bebê **ssemos**	partí **ssemos**
(olhá **sseis**)	(bebê **sseis**)	(partí **sseis**)
olha **ssem**	bebe **ssem**	parti **ssem**

Ebenso auch u. a.:

dar: desse, desses, desse *usw.*;
dizer: dissesse, dissesses, dissesse *usw.*;
ir: fosse, fosses, fosse *usw.*;
querer: quisesse, quisesses, quisesse *usw.*;
saber: soubesse, soubesses, soubesse *usw.*;
vir: viesse, viesses, viesse *usw.*

Unregelmäßige Verben

sair *ausgehen*

Präsens (Ind.)	PPS	Imperfekt (Ind.)
saio	saí	saía
sais	saíste	saías
sai	saiu	saía
saímos	saímos	*usw.*
(**saís**)	(saístes)	
saem	sairam	

Ebenso:
cair   *hinfallen*
trair   *verraten*

Die Formen III und IV der Personalpronomina (s. 11.4.2) folgen im Satz grundsätzlich unmittelbar auf das Verb, wobei zwischen Verb und Pronomen ein Bindestrich steht.

Unter bestimmten Bedingungen tritt diese Regel außer Kraft, so daß das Pronomen dann unmittelbar **vor dem Verb** steht — nun **ohne Bindestrich** zwischen Pronomen und Verb.

Die Bedingungen, die diesen Fall schaffen, sind:

1. Das Pronomen steht im **Nebensatz.**
   Beispiele:
   Durante anos e anos esperou por uma carta **que lhe** prometeste.
   Quando a serra e o mar **se** juntam, não há nada a fazer.
   . . . onde vivo **desde que as** queimei. . .

2. Dem Pronomen geht **ein verneinendes Wort** voran.
   Beispiele:
   Não te lembras?
   Ninguém te perguntou nada.

3. Dem Pronomen gehen bestimmte **Adverbien** voran, wie: **ainda** *noch*, **até** *sogar*, **já** *schon*, **quase** *fast*, **só** *nur*, **talvez** *vielleicht*, **também** *auch*.
   Beispiele:
   Até lhe fizeste uma valsa.
   Já lhe deste o livro?
   O Jorge **também te** convidou?

4. Dem Pronomen geht **ein unbestimmtes Pronomen** voran.
   Beispiele:
   . . . e **tudo se** transformou.
   Alguém os conhece?

5. Dem Pronomen geht **ein Interrogativpronomen** voraus.
   Beispiele:
   Quando é que **lhe** telefonaste?
   Quando é que o pai **me** leva outra vez consigo?
   E **o que lhe** respondeste?

6. Dem Pronomen geht **eine Präposition** (außer **a**) voraus.
   Beispiele:
   Ela foi-se embora **sem se** despedir de ti.
   Sie ging weg, ohne sich von dir zu verabschieden.
   Ele disse **para** eu ir buscar as garrafas e **as** pôr na mesa. (*zu dieser Konstruktion* s. 20.4.I.1)
   Er sagte, daß ich die Flaschen holen und sie auf den Tisch stellen solle.

1. *Antworten Sie:* A que horas é que o oficial da marinha começava a trabalhar? E a que horas acabava? O que fazia quando chegava a casa? Onde é que os dois amigos estão? O que estão a beber? Já beberam muito?

2. *Konjugieren Sie bei den folgenden Sätzen das Prädikat und nehmen Sie dabei alle Änderungen am Beispielsatz vor, die durch die Veränderung von Numerus und Person des Prädikats notwendig werden.* (*Muster:* ele encostou--se à mesa *wäre:* encostei-me à mesa, encostaste-te à mesa, encostámo-nos à mesa, encostaram-se à mesa): Quando (ele) chegava a casa lia o jornal. (Ele) aproximou-se e pôs uma garrafa de vinho sobre a mesa. (Ele) encheu os dois copos, bebeu o dele e encostou-se outra vez à mesa. Tirou do bolso um maço de *Paris* e acendeu um cigarro. Voltou a sentar-se à mesa. Pegou na garrafa.

3. *Lassen Sie die folgenden Sätze mit* talvez *anfangen:* Preenchia papelada ou sonhava com navios. Lia o jornal e ia para a cama. Não tem navios para se fazer ao mar. Passa as noites a fazer as palavras cruzadas do jornal. Não é nada fácil. Beberam o resto da garrafa em silêncio.

4. *Konjugieren Sie im Präsens Indikativ, PPS, Präsens Konjunktiv und Imperfekt Konjunktiv:* dizer, ver, fazer, entrar, saber, preencher, ser, sorrir, tirar, pôr, chamar, trazer.

5. *Übersetzen Sie:* Warum hast du sie nicht besucht? Ich kenne ihn nicht. Wann rufst du ihn an? Haben Sie dir das Geld schon gegeben? Vielleicht gehört ihm das Restaurant. Hat er es noch, oder hat er es schon verkauft? Warum hast du ihm Zigaretten geschenkt, er soll nicht rauchen. Ich kenne den Mann nicht, der Ihnen das Boot verkauft hat. Vielleicht war die Prüfung nicht leicht. Vielleicht will er zuerst die Zeitung lesen.

6. *Übersetzen Sie und setzen Sie in den Plural:* Ele não me prometeu isso. Já lhe ofereceste alguma coisa? Quando é que ela o visitou? Ainda não o procurei. Também o conheces? Talvez a convide para o casamento. Não sabes como me chamo? Ela já se foi embora. Talvez lhe telefone logo à noite.

16. Lektion

(Fortsetzung)

(...)

Durante uns segundos ficaram em silêncio, com os olhos nos criados que, ao fundo da sala, conversavam encostados ao balcão. O filho do oficial da marinha chegou-se para a frente na cadeira e chamou o amigo.

— Gonçalo!

O amigo fez um gesto com a cabeça, indicando que estava a prestar atenção.

— És capaz de responder sinceramente a uma pergunta minha?

— Depende da pergunta, mas julgo que sim.

— Para que diabo vens tu jantar comigo todos os meses e conservas esta farsa que é a nossa amizade? Eu não posso interessar-te de forma alguma. (...) Não conheço, sequer, as pessoas que tu conheces ... Responde: para que vens tu jantar comigo todos os meses?

(...)

— Anda! Diz lá para que manténs esta tradição que nada te interessa ... vá ... anda...

— Responde tu por mim. Porque julgas que venho?

— Não sei, e tenho pensado muito nisso. Tu e eu sabemos que os nossos mundos são diferentes e que se não misturam. Tu e eu sabemos que a amizade só é possível dentro de cada mundo. (...) Há mais de trinta anos que jantamos juntos uma vez por mês e tu nem sequer sabias que o meu pai era oficial da marinha ... (...) Não conhecemos as mesmas pessoas, não lemos os mesmos livros, não temos os mesmos interesses. (...)

(...)

— Eras capaz de me convidar para jantar num restaurante onde soubesses que irias encontrar amigos teus?

— Estás a fazer perguntas idiotas, que não levam a nada.

— Responde: eras capaz?

(...)

— Não tenho o mais pequeno desejo de te mentir e, já que tanto insistes, respondo-te sinceramente: era capaz de jantar contigo num restaurante onde estivessem amigos meus.

— A tua resposta, Gonçalo, é mais do que elucidativa. Já agora, diz-me: porque manténs estes nossos jantares mensais?

— Tinha-te pedido que respondesses tu.

— Então, continuo. Virás aqui para depois, em casa, pensares contigo mesmo que continuas fiel às tuas amizades do liceu e que és um tipo superior ao teu mundo? (. . .) Vens jantar comigo para poderes dizer a ti próprio que és um gajo porreiro. Acertei?

— Não.

— Então, porque é?

(. . .)

— Pois bem: aqui vai a resposta sincera que me pediste: não me interessas nada, absolutamente nada. Venho jantar contigo por uma questão de hábito e mais nada. Criou-se o hábito e olha … continua…

(. . .)

Levantaram-se e chamaram o criado. Dividiram a conta ao meio e saíram. Cá fora chovia.

— Até ao dia 15.

— Até ao dia 15.

(*Aus* Luís de Sttau Monteiro, ANGÚSTIA PARA O JANTAR, Ática, Lisboa, 6. Aufl. 1970)

Erläuterungen 16.2

1. . . . **indicando** que estava a prestar atenção . . . *und zeigte dabei, daß er zuhörte:* s. 18.4.2.

2. para que diabo **vens tu** . . .: s. 12.4.5.

3. para que diabo vens **tu** . . ., ... as pessoas que **tu** conheces, **tu** nem sequer sabias . . .: s. 25.4.1.

4. **manter** wird wie **ter** konjugiert.

5. que **nada** te interessa *statt* que **não** te interessa **nada**, já que **tanto** insistes *statt* já que insistes **tanto:** Die Voranstellung von **nada** bzw. **tanto** bewirkt eine Hervorhebung des Wortes.

6. **tenho pensado** *ich denke:* s. 24.4.1.

7. (. . .) onde **soubesses** que irias encontrar amigos teus? (. . .) num restaurante onde **estivessem** amigos meus: s. 24.4.2.

8. tinha-te pedido *ich hatte dich darum gebeten:* s. 19.4.2.

9. tinha-te pedido que **respondesses** tu: s. 18.4.1.

10. **para** . . . **pensares** *damit du* . . . *denkst,* **para poderes dizer** . . . *damit du* . . . *sagen kannst:* s. 20.4.1.

11. **vens jantar** comigo *du ißt mit mir zu Abend*, **venho jantar** contigo *ich esse mit dir zu Abend:* s. 21.4.

12. aqui **vai** a resposta *hier ist die Antwort.*

Vokabeln zum Text

uns einige
o segundo die Sekunde
ficar em silêncio schweigen
ao fundo am Ende
a sala der Raum
conversar sich unterhalten
o balcão die Theke
chegar-se para hier: rükken nach
para a frente nach vorne
a cadeira der Stuhl
chamar hier: ansprechen
o gesto die Geste
indicar zeigen
prestar atenção zuhören
ser capaz können
sinceramente ehrlich
depender (de) abhängen (von)
julgo que sim ich denke schon
para que wozu
o diabo der Teufel
para que diabo wozu zum Teufel
conservar beibehalten
a farsa die Farce
a amizade die Freundschaft
interessar (+ Ind. Obj.) jn. interessieren, interessant sein für
de forma alguma auf keinen Fall
sequer nicht einmal
anda (< **andar**) sag schon
manter aufrechterhalten
não . . . nada überhaupt nichts
vá (< **ir**) los

por mim statt meiner, an meiner Stelle
tenho pensado ich denke
pensar denken; auch: nachdenken
diferente verschieden
misturar mischen
possível möglich
dentro de in, innerhalb von
cada jeder
juntos zusammen
por mês im Monat
nem sequer nicht einmal
os mesmos die gleichen
o interesse das Interesse
amigos teus Freunde von dir
fazer perguntas Fragen stellen
idiota idiotisch
levar führen
a nada zu nichts
o mais pequeno der geringste
o desejo hier: die Absicht; sonst: der Wunsch
mentir lügen, belügen
já que weil, da
insistir (em) auf etwas bestehen
elucidativo aufschlußreich
já agora jetzt ist es schon gleich
estes nossos jantares diese Abendessen mit mir
mensal monatlich
continuar fortfahren
virás ob du . . . kommst
aqui hierher

para damit
depois hinterher
para . . . pensares damit du . . . denkst
mesmo selbst
continuar fiel (a) treu (zu) . . . stehen
a amizade do liceu die Schulfreundschaft
o tipo (Argot) der Kerl
superior ao teu mundo der sich über seine Welt hinwegsetzt
ser superior a auch: übertreffen
para poderes damit du kannst
o gajo (Argot) der Kerl
porreiro (Argot) toll
acertei ich habe es getroffen
pois bem na gut
vai hier: es ist
a resposta die Antwort
absolutamente nada ganz und gar nicht
por uma questão de hábito aus Gewohnheit
o hábito die Gewohnheit
mais nada nichts mehr
criar-se entstehen
olha sieh
continuar fortbestehen
dividir ao meio teilen
dividiram a conta ao meio sie teilten sich die Rechnung
cá fora draußen
até ao dia 15 bis zum 15.

Vokabeln zum Grammatikteil und zu den Übungen   16.3.2

anda lá mach schnell, komm schon
concordar (com) einverstanden sein (mit)
conduzir fahren
continuar a weiter . . .

a despesa die Ausgabe
ele lá sabe er weiß schon
estar calado schweigen
se faz favor bitte
hoje à noite heute abend
lá pensar, penso das schon

nessa altura damals
sabe-se lá wer weiß
o telefone das Telefon
ter pressa es eilig haben
traduzir übersetzen

133

Grammatik

Die Konjugation des Verbs
Der Imperativ der regelmäßigen Verben

falar *sprechen*	beber *trinken*	abrir *öffnen*
fala *sprich*	bebe *trink*	abre *öffne*
fale	beba	abra
sprechen Sie	*trinken Sie*	*öffnen Sie*
falemos	bebamos	abramos
laßt uns sprechen	*laßt uns trinken*	*laßt uns öffnen*
(falai) *sprecht*	(bebei) *trinkt*	(abri) *öffnet*
falem	bebam	abram
sprechen Sie	*trinken Sie*	*öffnen Sie*

Bemerkungen:

1. Im Portugiesischen existieren für den Imperativ nur zwei besondere Formen, nämlich für die **2. Pers. Sg.** und für die **2. Pers. Pl.**; sie lassen sich dadurch ableiten, daß man von der Form der 2. Pers. Sg. bzw. der 2. Pers. Pl. des **Indikativs Präsens** das auslautende **s** wegläßt.
Alle übrigen Formen des Imperativs stimmen formal mit denen des **Konjunktivs Präsens** überein.
Da die 2. Pers. Pl. im Portugiesischen ganz allgemein nicht mehr verwendet wird, wendet man statt der besonderen Imperativform für die 2. Pers. Pl. heute die Form der **3. Pers. Pl.** Konjunktiv Präsens als Imperativ an.

2. Bei **negativen Befehlen** verwendet man für sämtliche Personen, d. h. auch bei der 2. Pers. Sg. und 2. Pers. Pl., die Formen des Konjunktivs Präsens:

falar	beber	abrir
não fales	não bebas	não abras
não fale	não beba	não abra
não falemos	não bebamos	não abramos
(não faleis)	(não bebais)	(não abrais)
não falem	não bebam	não abram

Der Imperativ der unregelmäßigen Verben

Die Bildung der Imperativformen bei den unregelmäßigen Verben stimmt bis auf wenige Ausnahmen mit der der regelmäßigen Verben überein.
Die **Ausnahmen** sind die folgenden:

> **dizer** *sagen:* diz *sag;*
> **fazer** *machen:* faz *mach;*
> **trazer** *bringen:* traz *bringe;*
> **ser** *sein:* sê *sei,* (sede) *seid;*
> und alle Verben auf **-uzir: conduzir** *fahren:* conduz *fahre,* **traduzir** *übersetzen:* traduz *übersetze.*

Ganz allgemein ist beim Imperativ zu beachten, daß das Subjekt, falls man ein solches aus Gründen der Hervorhebung im Zusammenhang des Imperativs gebraucht, im Gegensatz zu den üblichen Regeln (s. 25.4.1) immer **nachgestellt** werden muß.

Der persönliche Infinitiv der regelmäßigen und der unregelmäßigen Verben   16.4.2

falar	beber	abrir
falar	beber	abrir
falar **es**	beber **es**	abrir **es**
falar	beber	abrir
falar **mos**	beber **mos**	abrir **mos**
(falar **des**)	(beber **des**)	(abrir **des**)
falar **em**	beber **em**	abrir **em**

Bemerkungen:

Bei allen regelmäßigen und unregelmäßigen Verben bildet man den persönlichen Infinitiv, indem man die obengenannten Endungen an die **Infinitivform** anhängt. Wie schon erwähnt (s. 15.2), hat diese Form im Deutschen keine Entsprechung; es wird an späterer Stelle ausführlich erklärt, in welchen Fällen sie anzuwenden ist (s. 20.4.1). Nur soviel schon hier: Sie wird u. a. **nach Präpositionen** gebraucht.

Virás aqui **para pensares** que continuas fiel às tuas amizades do liceu. (*Aus Lekt. 16*)
Vens jantar comigo **para poderes dizer** a ti próprio que és um gajo porreiro. (*Aus Lekt. 16*)

Die unregelmäßigen Verben   16.4.3

Präsens	PPS	Imperfekt

conduzir *fahren*

Präsens	PPS	Imperfekt
conduzo	conduzi	conduzia
conduzes	conduziste	conduzias
conduz	conduziu	*usw.*
conduzimos	conduzimos	
(conduzis)	(conduzistes)	
conduzem	conduziram	

Ebenso:
traduzir *übersetzen*

ler *lesen*

leio	li	lia
lês	leste	lias
lê	leu	*usw.*
lemos	lemos	
(ledes)	(lestes)	
lêem	leram	

ouvir *hören*

ouço (oiço)	ouvi	ouvia
ouves	ouviste	ouvias
ouve	ouviu	*usw.*
ouvimos	ouvimos	
(ouvis)	(ouvistes)	
ouvem	ouviram	

Cá / Lá 16.4.4

cá *hier, hierher*

lá *da, dort, dorthin*

cá: bezeichnet räumliche Nähe zum Sprechenden oder eine auf ihn zu gerichtete Bewegung.
Im übertragenen Sinne bedeutet **cá** auch eine Hervorhebung der Person des Sprechenden oder von Sachen (z. B. Haus, Stadt, Landschaft) bzw. Personenkreisen (z. B. Familie, Freunde, Bekannte), die vom Sprecher als zu ihm gehörig aufgefaßt werden.

lá: bezeichnet räumliche Trennung vom Sprechenden oder eine von ihm wegführende Bewegung.

Beispiele:
cá fora *draußen* — **cá** . . . wenn der Sprecher selber draußen ist.
lá fora *draußen* — **lá** . . . wenn der Sprecher selber im Hause ist.

Die sog. Füllwörter im Portugiesischen 16.4.5

Portugiesische Sätze enthalten oft Wörter, die im Grunde zwar überflüssig sind, aber den Satz lebendiger wirken lassen.
Gemeint sind Wörter wie:

cá — lá — é que (foi que, era que) — que

136

1. **cá**
   Cá em casa nunca se vê televisão.
   Bei uns zu Hause sieht man nie fern.
   Eu cá nunca bebo cerveja.
   Ich trinke nie Bier.
   Nós cá não concordamos.
   Wir sind nicht einverstanden.

2. **lá**
   Diz **lá**!
   Sag mal!
   Anda **lá**!
   Mach schnell! Komm schon!
   Sabe-se **lá**.
   Was weiß man.
   Ele **lá** sabe.
   Er weiß schon.
   Hoje não está **lá** muito bom tempo.
   Heute ist (eigentlich) kein schönes Wetter.
   Não acredito **lá** muito nisso.
   Ich glaube nicht (so recht) daran.
   Lá nisso não acredito eu.
   Das glaube ich aber nicht.
   Ainda pensas nela? — **Lá pensar, penso,** mas ...
   Denkst du noch an sie? — Das schon, aber ...
   Tem bastante dinheiro? — **Lá ter, tem,** mas tem também muitas despesas.
   Hat er genug Geld? — Das schon, aber er hat auch viele Ausgaben.

3. **é que, foi que, era que**

   é que (oder **foi que, era que**) kann, wie Sie schon wissen, allen **Interrogativ-pronomina** nachgestellt werden (s. 12.4.4).
   Die gleiche Wirkung hat **é que (foi que, era que),** wenn es **Adverbien, Substantiven, Pronomina** oder **ganzen Sätzen** nachgestellt wird.

   Beispiele:
   Quando é que o pai me leva outra vez consigo? (*Aus Lekt. 12*)
   Quem é que ela convidou para a festa?
   Wen hat sie zum Fest eingeladen?
   Em quantos países é que já viveste?
   In wieviel Ländern hast du schon gelebt?
   Onde é que eles compraram o gira-discos?
   Wo haben sie den Plattenspieler gekauft?
   Agora é que reparei que levo duas camisas que não me servem.
   (*Aus Lekt. 14*)

Só **ontem é que** soubeste?
Hast du es erst gestern erfahren?

Aqui é que estou bem.
Hier geht es mir gut.

A verdade é que os saldos são como o futebol. (*Aus Lekt. 14*)

A mãe da Joana é que me ofereceu este livro.
Joanas Mutter hat mir dieses Buch geschenkt.

Tu é que tens de responder.
Du mußt antworten.

Ela é que fez a pergunta.
Sie hat die Frage gestellt.

Isso é que eu ainda não compreendi.
Das habe ich noch nicht verstanden.

Eu cá é que não vou a pé. (*Beachte:* **cá** *und* **é que** *in einem Satz verwendet!*)
Ich (jedenfalls) gehe nicht zu Fuß.

O que acontece é que toda a gente quer aproveitar esta ocasião para comprar mais barato. (*Aus Lekt. 14*)

O que eu queria era que estivesses calado.
Ich möchte, daß du schweigst.

auch:
É a primeira vez **que** compro em saldos. (*Aus Lekt. 14*)
Foi com extrema dificuldade **que** conseguimos falar com a gerente da casa. (*Aus Lekt. 14*)

4. **que**
Desde ontem que não o vejo.
Ich habe ihn seit gestern nicht gesehen.

Há mais de trinta anos que jantamos juntos. (*Aus Lekt. 16*)

Claro que ainda não veio.
Natürlich ist er noch nicht gekommen.

Übungen 16.5

1. *Geben Sie folgende Sätze in eigener Formulierung (d. h. mit anderen Worten bzw. Ausdrücken) auf Portugiesisch wieder:* Durante uns segundos ficaram em silêncio. Com os olhos nos criados. Indicando que estava a prestar atenção. Julgo que sim. Não conhecemos as mesmas pessoas. Não tenho o mais pequeno desejo de te mentir. Já que tanto insistes. Porque manténs estes nossos jantares mensais. Acertei? Dividiram a conta ao meio.

2. *Konjugieren Sie im persönlichen Infinitiv:* pensar, conversar, responder, vir, dizer, julgar, ler, insistir, estar, pedir.

3. *Übersetzen Sie:* Antworte auf meine Frage! Bringen Sie mir die Rechnung, bitte. Lies dieses Buch, es lohnt sich. Raucht nicht soviel! Geben Sie die Prüfung nicht auf! Komm, ich habe es eilig! Sprich weiter! Ruft ihn heute abend nicht an! Kommt schnell! Steh früher auf! Sagen Sie mir, warum Sie gestern nicht angerufen haben! Gib mir dieses Buch! Kommt hierher!

4. *Setzen Sie in den Singular:* Talvez quisessem falar contigo. Talvez estivéssemos a ver televisão e por isso não ouvíssemos o telefone. Talvez ainda não recebessem a carta. Talvez já tivessem mais de oitenta anos. Talvez ainda tivéssemos tempo. Talvez elas não concordassem com tudo. Talvez não tivessem a certeza. Talvez ainda não soubessem o que se passou. Talvez tivessem pressa. Talvez já falassem português nessa altura.

17. Lektion

17.1

"Não podemos levar vida de ricos ..." — diz a senhora três vezes milionária graças ao totobola.
— Quer dizer: não percebo nada; aquilo foi ao calhar.
D. Maria Rosa da Silva, que tem vinte anos, não percebe nada de futebol, mas ganhou no último concurso do Totobola 3.578.499 escudos. Ficou três vezes milionária mas fala do caso com desprendimento.
— Está feliz?
— Estou. Com tanto dinheiro...
Nem excitada nem nervosa. Apenas embaraçada com as perguntas e as fotografias.
— Quer dizer, eu penso — quanto menos publicidade melhor...
— Que vai fazer ao dinheiro?
Resposta com simplicidade: — Pô-lo no banco, talvez... Comprar um automovelzinho e um andarzinho. Talvez em Paço de Arcos, por ser ao pé da praia.
O "talvez" e o "quer dizer" de introdução aparecem constantemente na conversa.
Soube pela televisão que era a única totalista. Não diz qual foi a primeira reacção. Responde apenas: "Saí logo de casa. Era para não sair nessa noite. Assim fui jantar fora e fui ao cinema".
Com tanta calma, parece imersa num sonho, muito longe da Terra e dos seus três mil contos.

O boletim foi preenchido na terça-feira e entregue na agência da Rua da Glória. Costumava jogar pouco e com pouco dinheiro — quatro escudos. Desta vez gastou quarenta. E, como se sabe, ganhou três mil contos.

(*Aus der Tageszeitung „Época", gek. und adapt.*)

Erläuterungen 17.2

1. Está feliz? *Sind Sie glücklich?* Hier wird **estar** benutzt, weil gemeint ist: *„Fühlen Sie sich in diesem Moment glücklich, weil Sie von Ihrem Gewinn erfahren haben?"* (s. 5.4.3). "**É feliz?**" würde heißen: *„Sind Sie im allgemeinen glücklich?"* (s. 5.4.3).

2. **automovelzinho** *kleines Auto*, **andarzinho** *kleine Etagenwohnung:* s. 23.4.1.

3. **por ser** . . . *weil es* . . . *ist*: s. 20.4.1.

4. Que **vai** fazer ao dinheiro?; **fui** jantar fora: s. 21.4.1.

5. Rua **da** Glória: s. 28.4.1.

Vokabeln zum Text 17.3.1

o **rico** der Reiche
três vezes dreifach
o **milionário** der Millionär
graças a dank
quer dizer das heißt
ser ao calhar sich so treffen
ganhar bekommen, gewinnen
último letzt
o **concurso** die Ausspielung
o **caso** der Fall, die Sache
o **desprendimento** die Gleichgültigkeit
excitado aufgeregt
apenas nur
embaraçado (com) verlegen (wegen)
a **fotografia** die Photographie

quanto menos . . . melhor je weniger . . . desto besser
a **publicidade** die Publizität
a **simplicidade** die Einfachheit
o **banco** die Bank
o **automóvel** das Auto
o **automovelzinho** das kleine Auto
o **andarzinho** die kleine Etagenwohnung
por ser weil es ist
ao pé de neben
a **introdução** die Einleitung
constantemente ständig
a **conversa** das Gespräch
por durch
a **televisão** das Fernsehen

único einzig
o **totalista** der Gesamtgewinner
logo gleich
era para não sair ursprünglich, eigentlich wollte ich nicht ausgehen
a **calma** die Ruhe
imerso gesunken
um conto 1000 Escudos
o **boletim** der Totoschein
entregue (< entregar) abgegeben
a **agência** die Agentur, die Annahmestelle
a **rua da Glória** die Straße Glória
desta vez diesmal

Vokabeln zum Grammatikteil und zu den Übungen 17.3.2

acabar zu Ende sein
antes de vor
Abril April
Agosto August
o **centavo** 0,01 Esc.
Dezembro Dezember
à esquerda links
ele faz 20 anos er wird 20 Jahre alt
Fevereiro Februar

finalmente schließlich
grave schwer
Janeiro Januar
Julho Juli
Junho Juni
má schlecht
Maio Mai
Março März
mil réis 1 Esc.
nascer geboren sein

a **neve** der Schnee
Novembro November
Outubro Oktober
o **Papa** der Papst
quantos são hoje? den wievielten haben wir heute?
o **risco** das Risiko
Setembro September
a **solução** die Lösung

Grammatik

Zur Stellung des Adjektivs 17.4.1

1. Adjektive können im Portugiesischen dem Substantiv, auf das sie sich beziehen, sowohl **vorangestellt** als auch **nachgestellt** werden. Eindeutige Regeln dafür, wann voranzustellen und wann nachzustellen ist, lassen sich kaum finden. Allerdings wird das Adjektiv im Portugiesischen so überwiegend viel häufiger **nachgestellt** als vorangestellt, daß man geneigt ist, die Nachstellung geradezu als die „normale" Stellung des Adjektivs zu bezeichnen.

Beispiele:

a senhora brasileira	*die brasilianische Dame*
o restaurante chinês	*das chinesische Restaurant*
um barco grande	*ein großes Schiff*
o vinho tinto	*der Rotwein*
uma cidade pequena	*eine kleine Stadt*
a esferográfica preta	*der schwarze Kugelschreiber*

2. Andererseits ist zu beachten, daß die Bedeutung des Adjektivs je nach Voranstellung oder Nachstellung in vielen Fällen erkennbar differiert.

Dafür einige Beispiele:

Im Satz **É um homem grande** *Er ist ein großer Mann* behält **grande** seine direkte, eigenständige Bedeutung. Der Mann ist groß, wie auch ein Baum, ein See und dgl. groß sein können. Im Satz **É um grande homem** tritt **grande** in einen wesentlich engeren Bedeutungszusammenhang zu **homem** und bekommt dadurch eine übertragene (figurative), besondere Bedeutung. Der Mann ist groß in dem Sinne, in dem eine Persönlichkeit oder dgl. groß bzw. hervorragend sein können.

In den beiden Ausdrücken **um amigo velho** *ein alter Freund* und **um velho amigo** bezieht sich **velho** im zuerst genannten Ausdruck auf das Lebensalter des Freundes, im zweiten hingegen auf das Alter der Freundschaft. In dem Ausdruck **uma mulher pobre** *eine arme Frau* ist die Frau im wörtlichen Sinne des Adjektivs arm, d. h. arm an Gütern bzw. Geld. Ist das Adjektiv hingegen vorangestellt wie in dem Ausdruck **uma pobre mulher,** ist die Frau arm im übertragenen Sinne des Wortes, nämlich unglücklich bzw. leidgeprüft.

Ist das Adjektiv **vorangestellt**, so ist es also in seiner Bedeutung **stärker durch das Substantiv, auf das es sich bezieht, bedingt** als in der Nachstellung.

3. Drückt ein Adjektiv eine **subjektive Bewertung** dessen aus, was mit dem zugeordneten Substantiv bezeichnet wird, so wird es eher **vorangestellt** als eines, das eine objektiv gegebene, unterscheidende Eigenschaft

angibt. Gerade wenn die Bewertung, die ein Adjektiv ausdrückt, durch emotionale Reaktion hervorgerufen wurde, wird dieses Adjektiv zumeist vorangestellt.

Beispiel:
Um grave desastre   *Ein schwerer Unfall*
Man drückt also durch die Voranstellung von **grave** Mitleid, Mitgefühl und Teilnahme aus, während man im Ausdruck **um desastre grave** das Unglück nach objektiven Kriterien, d. h. unpersönlich, teilnahmslos einstuft.

4. Da einstufende Adjektive wie **melhor, pior, maior, menor; bom** und **mau** häufig zum Ausdruck der Bewertung einer Sache gebraucht werden, werden sie weitaus häufiger vorangestellt als nachgestellt, und das auch in Fällen, in denen sie nicht bewertend, sondern urteilend verwendet werden.

Beispiele:
A melhor solução   *Die beste Lösung*
O menor risco   *Das kleinste Risiko*
Está bom tempo   *Es ist schönes Wetter*
Não foi má ideia   *Das war keine schlechte Idee*

aber auch:
O pior resultado   *Das schlechteste Ergebnis*
A maior cidade   *Die größte Stadt*

5. Die Adjektive **último** und **único** werden immer vorangestellt und das Adjektiv **próximo** meistens.

Beispiele:
É a última garrafa de vinho.
Es ist die letzte Weinflasche.

É o único restaurante italiano que há nesta cidade.
Das ist das einzige italienische Restaurant, das es in der Stadt gibt.

As férias começam na próxima semana.
Die Ferien beginnen in der nächsten Woche.

Eine Ausnahme hiervon bildet nur der verkehrstechnische Ausdruck **rua de sentido único** *Einbahnstraße*.

Beispiele aus den vorangegangenen Lektionen:
Hoje está **bom** tempo. (*Aus Lekt. 5*)
Pobre Augusta! (*Aus Lekt. 11*)
... o resultado desta **íntima** comunhão... (*Aus Lekt. 13*)
... para quase todos estes **novos** doutores... (*Id.*)
E do **grande** armazém à **pequena** loja... (*Aus Lekt. 14*)
Foi com **extrema** dificuldade... (*Id.*)
... que era a **única** totalista. (*Aus Lekt. 17*)

1. primeiro -a	21. vigésimo -a primeiro -a
2. segundo -a	30. trigésimo -a
3. terceiro -a	40. quadragésimo -a
4. quarto -a	50. quinquagésimo -a
5. quinto -a	60. sexagésimo -a
6. sexto -a	67. sexagésimo -a sétimo -a
7. sétimo -a	70. septuagésimo -a
8. oitavo -a	80. octogésimo -a
9. nono -a	90. nonagésimo -a
10. décimo -a	100. centésimo -a
11. décimo -a primeiro -a	200. ducentésimo -a
12. décimo -a segundo -a	300. tricentésimo -a
13. décimo -a terceiro -a	400. quadringentésimo -a
14. décimo -a quarto -a	500. quingentésimo -a
15. décimo -a quinto -a	600. seiscentésimo -a
16. décimo -a sexto -a	700. septingentésimo -a
17. décimo -a sétimo -a	800. octingentésimo -a
18. décimo -a oitavo -a	900. nongentésimo -a
19. décimo -a nono -a	1 000. milésimo -a
20. vigésimo -a	1 000 000. milionésimo -a

Bemerkungen:

1. Die Ordinalzahlen richten sich in Geschlecht und Zahl wie alle Adjektive nach dem Substantiv, auf das sie sich beziehen. Grundsätzlich werden sie diesem Substantiv **vorangestellt**.
Beispiele:

Vivo no **terceiro** andar.   *Ich wohne im dritten Stock.*
A **primeira** rua à esquerda.   *Die erste Straße links.*

2. Anders ist es bei Ordinalzahlen im Zusammenhang von **Herrschernamen, Papstnamen und Jahrhunderten:** diese werden **nachgestellt**. Zur Numerierung der Herrscher, Päpste und Jahrhunderte werden allerdings nur die Ordinalzahlen bis zu **10** gebraucht; **ab 11** werden statt dessen die **Kardinalzahlen** verwendet, die man ebenfalls nachstellt.
Beispiele:

D. Afonso II, *sprich* Dom Afonso Segundo
Papa Pio XII, *sprich* Papa Pio Doze (Im Unterschied zum Deutschen wird die Ordinalzahl **ohne Artikel** gelesen.)
No século V (quinto)   *Im 5. Jahrhundert*
No século XX (vinte)   *Im 20. Jahrhundert*

3. Schreibt man die Ordinalzahlen in Zifferschrift, so erhalten sie im Portugiesischen nicht nur wie im Deutschen einen Punkt nachgestellt, sondern werden über dem Punkt je nach Geschlecht mit einem hochgestellten kleinen **o** bzw. **a** versehen.
Beispiel:
Für primeiro *bzw.* primeira: 1.º *bzw.* 1.ª

Diese Regelung gilt nicht für die Ordinalzahlen im Zusammenhang mit Herrscher- und Papstnamen sowie Jahrhunderten. Hier steht einfach die entsprechende römische Ziffer (s. 2., Beispiele).

Verschiedenes

Das Datum 17.4.3

Zur Angabe eines Datums gibt es im Portugiesischen drei Ausdrücke:

no dia	(*am Tag*)
a	(*zu*)
em	(*in*)

Bei allen drei Ausdrücken wird das Datum im Unterschied zum Deutschen durch die **Kardinalzahl** angegeben.

Beispiele:
Nasci **no dia** 20 de Dezembro de 1943.
oder:
Nasci **a** 20 de Dezembro de 1943.
oder:
Nasci **em** 20 de Dezembro de 1943.
Ich bin am 20. Dezember 1943 geboren.

Weitere Ausdrücke zur Angabe von Daten:
Antes do dia 15 de Outubro.
oder:
Antes de 15 de Outubro.
Vor dem 15. Oktober.

Em Portugal, o dia 10 de Junho é feriado.
In Portugal ist der 10. Juni Feiertag.

Hoje são 2 de Agosto.
Heute haben wir den 2. August.

Angabe des Datums im Briefkopf:
Coimbra, 1 de Fevereiro de 1965.   (1-2-1965)
Coimbra, den 1. Februar 1965.   (1.2.1965)

Bemerkung:

Wird der erste Tag eines Monats mit dem Hinweis auf seine besondere Bedeutung als **Festtag** oder **Gedenktag** oder dgl. genannt, so kann man ausnahmsweise die **Ordinalzahl** verwenden.

Beispiel:
O dia 1 (um) de Janeiro.
oder
O **primeiro** de Janeiro.
Der erste Januar.

Janeiro	*Januar*
Fevereiro	*Februar*
Março	*März*
Abril	*April*
Maio	*Mai*
Junho	*Juni*
Julho	*Juli*
Agosto	*August*
Setembro	*September*
Outubro	*Oktober*
Novembro	*November*
Dezembro	*Dezember*

Merke:
em Março
oder:
no mês de Março
im März

Anmerkung:
Die beiden eben genannten Ausdrücke lassen sich ebenso bei der Jahresangabe verwenden.
Beispiel:
em 1970
oder:
no ano de 1970
1970, im Jahre 1970

Die portugiesische Währung **17.4.5**

Offizielle Bezeichnungen der portugiesischen Währung sind:
1. **escudo** (abgekürzt $; 1$00 = 0,12 DM, Kurs 1974)
2. **centavo** (1 centavo = 0,01 escudo)
   1 escudo und 40 centavos *z. B. schreibt man:* 1$40
Daneben werden aber in Portugal für Währungseinheiten allgemein gebraucht:
   tostão (vgl. im Deutschen „*Groschen*"), **real** und **conto**

1 tostão (*Pl.* tostões)	= 0,10 escudo	
1 real (*Pl.* réis)	= 0,001 escudo	(*volkstümlich*)
1 conto	= 1000 escudos	

An **Münzen** gibt es in Portugal entsprechend deutschen Münzeinheiten 0,1; 0,5; 1,0 und 5,0 Escudo-Stücke, darüber hinaus aber noch 0,2; 2,5 und 10 Escudo-Stücke.
An **Banknoten** gibt es 20, 50, 100, 500 und 1000 Escudo-Scheine, aber keine 5 und 10 Escudo-Scheine.

Schema

	cent.	tost.	escudo(s)	mil réis	contos (de réis)
$10	10	1			
$50	50	5			
$90	90	9			
1$00		10	1 esc.		
1$20		12	1 esc. e 20 (cent.)		
1$50		15	1 esc. e 50		
2$00			2 esc.	2 mil réis	
2$50		25	2 esc. e 50	2 (mil) e 500	
2$90		29	2 esc. e 90	2 (mil) e 900	
3$10			3 esc. e 10	3 (mil) e 100	
4$00			4 esc.	4 mil réis	
5$00			5 esc.	5 mil réis	
7$50			7 esc. e 50	7 (mil) e 500	
10$00			10 esc.	10 mil réis	
20$00			20 esc.	20 mil réis	
23$50			23 esc. e 50	23 (mil) e 500	
50$00			50 esc.	50 mil réis	
97$30			97 esc. e 30	97 (mil) e 300	
100$00			100 esc.	100 mil réis	
500$00			500 esc.	500 mil réis	
1 000$00			1 000 esc.		1 conto (de réis)
15 000$00			15 000 esc.		15 contos (de réis)

1. *Antworten Sie:* Quantos anos tem a senhora D. Maria Rosa? Quanto ganhou no totobola? Percebia muito de futebol? Já sabe o que vai comprar com o dinheiro que ganhou? Como soube que era a única totalista? E o que fez quando soube? Em que dia preencheu o boletim do totobola? Quais são os outros dias da semana?

2. *Schreiben Sie das Gegenteil von:* rico; nada; último; feliz; pergunta; menor; melhor; comprar; primeiro; responder; sair; jantar; ir; longe; pouco; ganhar.

3. *Geben Sie folgende Sätze in eigener Formulierung auf Portugiesisch wieder:* Não podemos levar vida de ricos. Fala do caso com desprendimento. Quanto menos publicidade melhor. Por ser ao pé da praia. Soube pela televisão que era a única totalista. Era para não sair nessa noite. Parece imersa num sonho.

4. *Übersetzen Sie:* Das war das erste Auto, das ich gekauft habe. Ich will eine Woche im Mai in Porto verbringen. Er ist am 14. November 1944 geboren. Am vierten Tag kamen wir schließlich in Lissabon an. Ich kann erst 1978 ein Haus kaufen. Die Minute ist der sechzigste Teil der Stunde. Die Sommerferien sind am 4. September zu Ende. Den wievielten haben wir heute? Ich wohne im fünften Stock. Das war das schlechteste Ergebnis seit 1970. Im Jahre 1968 sah ich zum ersten Mal Schnee; ich war schon 22 Jahre alt. Luís de Camões lebte im 16. Jahrhundert. August ist der achte Monat des Jahres. Sie sind die einzigen Leute, die ich kenne. Er kommt nächste Woche. Die Stunde ist der vierundzwanzigste Teil des Tages. Heute haben wir schönes Wetter. Meine Prüfung findet noch vor dem 14. März statt. Fernando ist am 14. Juli 1916 geboren; er wurde 1966 50 Jahre alt. Meine Mutter wird im August 53 Jahre alt. Sie kamen am 26. März.

18. Lektion

— Sou português — dizia um rapaz moreno, cabelo encaracolado, olhos azuis e aspecto simpático — e chamo-me João Francisco da Cunha Maia!

— É médico? — perguntou-lhe a rapariga loura.

— Não! Sou licenciado em Ciências Económicas e Financeiras. Porquê?

— É que vimos na lista dos passageiros que era doutor!

— Ah! Sim! Em Portugal somos todos doutores ... os licenciados, claro!

— Nós gostámos imenso de Lisboa! — disse a morena.

(...)

— É de facto uma cidade encantadora!

Calaram-se, sem saber mais o que dizer.

(...)

— Eu sou argentina! — disse a loura, passado um pouco.

— Eu sou brasileira! — disse a morena.

— Chamo-me Carmen! — disse a argentina.

— Chamo-me Maria Luísa! — disse a brasileira, perguntando logo em seguida: — E você para onde vai?

— Para o Rio! — respondeu o rapaz.

(. . .)

— Ali está ele, ali está ele outra vez! — exclamou de repente a morena, a Maria Luísa, apontando com a cabeça o poeta.

(. . .)

— É um tipo curioso! — disse a Maria Luísa.

— Mas quem é ele? — perguntou João Francisco.

— Sei que é argentino como eu e nada mais! — explicou Carmen.

— Gostaria de falar com ele! — disse Maria Luísa, olhando de novo o poeta.

— Isso arranja-se! — exclamou João Francisco, antevendo já a possibilidade de conseguir companhia para Maria Luísa, de modo a ficar sozinho com Carmen. — Isso arranja-se e já, vou trazê-lo para aqui, e depois vou ao bar pedir aperitivos!

— Não! Não! — gritou a Maria Luísa (. . . .).

— O quê? Não quer os aperitivos?

— Não é isso! Que ficará ele a pensar de nós, se você o for buscar assim sem mais nem menos?

— Qual! É o elemento que nos falta para o grupo, talvez saiba jogar a canasta!

(*Aus* Beckert d'Assumpção, LONGE, É PARA LÁ DO OCEANO, Editorial Verbo, Lisboa 1959)

Erläuterungen 18.2

1. **dizia** um rapaz moreno: s. 8.4.2.

2. dizia um rapaz moreno; perguntou-lhe a rapariga loura; disse a morena; disse a loura; disse a argentina; disse a brasileira; respondeu o rapaz; exclamou de repente a morena; perguntou João Francisco; gritou a Maria Luísa: s. 25.4.1.

3. **licenciado:** Akademischer Titel, den man bekommt, wenn man ein volles Universitätsstudium absolviert hat. Inhaber dieses Titels haben in Portugal Anspruch darauf, mit **dr.** bzw. **dra.** angesprochen zu werden (s. 7.4.1).

4. **sem saber** mais o que dizer: s. 20.4.1.

5. ali está **ele; que** ficará **ele** a pensar de nós: s. 4.4.4 und 25.4.1.

6. apontando (...) o poeta: Häufiger wird **apontar** allerdings zusammen mit **para** verwendet.

olhando (...) o poeta: In dieser Weise transitiv verwendet, hat **olhar** am ehesten die Bedeutung von *beobachten.* Häufiger wird **olhar** intransitiv mit **para** in der Bedeutung von *ansehen* verwendet.

7. mas **quem** é ele; **que** ficará **ele** a pensar de nós: s. 12.4.5.

8. **isso** arranja-se: s. 6.4.3.

9. antevendo: **antever** wird wie **ver** konjugiert (s. 12.4.1).

10. **de modo a ficar** sozinho com Carmen: s. 20.4.1.

11. **vou** trazê-lo para aqui: s. 21.4.1.

12. vou **trazê-lo** para aqui: s. 13.4.6.

13. que **ficará** ele **a pensar** de nós *was wird er (nur) von uns denken:* s. 21.4.1.

14. se você o for buscar *wenn Sie ihn holen:* **for** = Konjunktiv Futur von **ser** (s. 26.4.1).

Vokabeln zum Text   **18.3.1**

moreno brünett
o cabelo das Haar
encaracolado lockig
o aspecto das Aussehen
louro blond
licenciado (akademischer Titel)
Ciências Económicas e Fi-nanceiras Volkswirtschaft
é que nämlich
a lista die Liste
encantador reizvoll
calar-se schweigen
passado um pouco kurz danach
um pouco ein wenig
logo em seguida unmittelbar danach, gleich darauf

para onde wohin
exclamar sagen
de repente plötzlich
o poeta der Dichter
curioso merkwürdig
isso arranja-se das kommt schon in Ordnung, das wird sich ergeben
já sofort
antever voraussehen, sich auf etwas freuen
a possibilidade die Möglichkeit
a companhia die Gesellschaft
de modo a so daß
sozinho allein
o bar die Bar

o aperitivo der Aperitif
gritar rufen
ficar a pensar denken
ir buscar holen
se você o for buscar wenn Sie ihn holen
sem mais nem menos einfach, mir nichts, dir nichts
qual ach was
o elemento das Element
o grupo die Gruppe
a canasta das Canasta

Vokabeln zum Grammatikteil und zu den Übungen   **18.3.2**

a fim de que damit
a não ser que es sei denn, daß
aconselhar raten
admirar-se sich wundern
agradecer dankbar sein
ainda que wenn ... auch

antes vorher, lieber
antes que bevor
até que bis
o apelido der Nachname
arranjar reparieren
o assunto die Sache
baŝtar genügen

caso (que) falls
a cena die Szene
como se als ob
consentir erlauben
contanto que vorausgesetzt daß, falls
contar erzählen

149

convém (< convir) man soll, man muß
a cor die Farbe
ter cuidado vorsichtig sein
deitar-se ins Bett gehen
embora obgleich, obwohl
esforçar-se sich anstrengen
estranhar seltsam finden
estranho seltsam
evitar vermeiden
exigir verlangen
é favor bitte
impedir verhindern
importar-se jm. etwas ausmachen
impossível unmöglich

ir para a cama ins Bett gehen
a língua die Sprache
a língua estrangeira die Fremdsprache
lógico logisch
de maneira que so daß
mesmo que wenn ... auch
modesto bescheiden
de modo que so daß
a nacionalidade die Nationalität
é natural es ist anzunehmen
necessário nötig
ordenar befehlen
oxalá (que) hoffentlich

passar-se sich abspielen, stattfinden
pena᾿ schade
permitir erlauben
por mais que so sehr auch
é preciso es ist nötig
proibir verbieten
propor vorschlagen
quer ... (quer) ob ... oder
recear fürchten
ter receio sich fürchten
recomendar empfehlen
reparar reparieren
se bem que obgleich
sem que ohne daß

Grammatik

Zum Gebrauch des Konjunktivs 18.4.1

In früheren Lektionen (14 und 15) sind bereits die Formen des Konjunktivs Präsens und des Konjunktivs Imperfekt vorgestellt worden. Hier sollen nun einige allgemeine Bemerkungen zum Konjunktiv im Portugiesischen gemacht und ein Teil der Bedingungen für seine Verwendung genannt werden.

Ob Konjunktiv oder Indikativ zu verwenden ist, hängt im Portugiesischen grundsätzlich davon ab, **wie der Sprecher zu dem steht, was sein Satz aussagt.**

Will er etwas mitteilen, dessen Wirklichkeit nach seiner Ansicht unabhängig von seinen eigenen Wünschen, Meinungen und Reaktionen **objektiv** feststeht, so verwendet er den **Indikativ.** Anders ist es dagegen bei einer Aussage über etwas, wovon der Sprecher nur weiß, daß es **möglich, wahrscheinlich, zweifelhaft oder von ihm gewollt, angenommen, eingeräumt, erhofft, befürchtet** oder dgl. ist. In diesem Fall wird er den **Konjunktiv** verwenden und so den subjektiven Charakter seiner Aussagen anzeigen.

Während aber ein Sprecher im Deutschen grundsätzlich unabhängig von äußeren Satzformen, besonderen Verben oder Konjunktionen bestimmen kann, ob er seiner Aussage durch die Verwendung des Konjunktivs subjektiven Charakter geben oder ihr durch den Indikativ objektiveres Ansehen verleihen will, besteht diese Freiheit für das Portugiesische in den meisten Fällen nicht. Hier bedingen bestimmte Verben, Adverbien, Konjunktionen und Ausdrücke zwangsweise den Gebrauch des Konjunktivs.

Sie auswendig zu lernen wird für den Anfänger ein wichtiger Schritt auf dem Weg zum richtigen Gebrauch des Konjunktivs im Portugiesischen sein. Dazu seien hier zunächst 2 Adverbien, 18 Konjunktionen, 26 Verben und 16 unpersönliche Ausdrücke aufgeführt, die den Gebrauch des Konjunktivs erzwingen:

1. **Die Adverbien:**
   a. **talvez** *vielleicht* (sofern das Verb nicht vor dem Adverb steht);
   b. **oxalá (que)** *hoffentlich*

   > *Beispiele:*
   > a. Talvez ela já saiba falar alemão.
   > *Vielleicht kann sie schon Deutsch.*
   > b. Oxalá (que) não chova hoje.
   > *Hoffentlich regnet es heute nicht.*

2. **Die Konjunktionen:**

a fim de que	*damit*
a não ser que	*es sei denn, daß*
ainda que	*wenn . . . auch*
antes que	*bevor*
até que	*bis*
caso (que)	*falls*
como se	*als ob*
contanto que	*vorausgesetzt daß, falls*
de maneira que	*so daß*
de modo que	*so daß*
desde que	*vorausgesetzt daß, falls, sofern*
embora	*obgleich*
mesmo que	*wenn . . . auch*
para que	*damit*
por mais que	*so . . . es auch sein mag, so sehr auch*
quer . . . (quer)	*ob . . . oder*
se bem que	*obgleich*
sem que	*ohne daß*

   Beispiele:
   Telefona-lhe antes que seja tarde demais.
   Ruf ihn an, bevor es zu spät ist.

   Falava como se percebesse muito do assunto.
   Er sprach, als ob er viel von der Sache verstünde.

   Vou de certeza, mesmo que chova.
   Ich gehe bestimmt, wenn es auch regnet.

3. **Die Verben:**

aconselhar	*raten*
admirar-se	*sich wundern*
agradecer	*dankbar sein*
conseguir	*erreichen*
consentir	*erlauben*
contar	*rechnen*

desejar	*wünschen*
esperar	*hoffen*
estranhar	*seltsam finden*
evitar	*vermeiden*
exigir	*verlangen*
gostar	*mögen, jm. gefallen*
impedir	*verhindern*
importar-se	*jm. etwas ausmachen*
ordenar	*befehlen*
pedir	*bitten*
permitir	*erlauben*
preferir	*vorziehen*
proibir	*verbieten*
propor	*vorschlagen*
querer	*wollen*
recear	*fürchten*
recomendar	*empfehlen*
resolver	*beschließen*
ter medo	*Angst haben*
ter receio	*sich fürchten*

Beispiele:

Gostava que viesses mais cedo.
Ich möchte, daß du früher kommst.

Lamento muito que não me compreendas.
Ich bedaure sehr, daß du mich nicht verstehst.

Proíbo-te que voltes a fazer isso.
Ich verbiete dir, das noch einmal zu tun.

Quero que me respondas.
Ich will, daß du mir antwortest.

Ela receava que eles não quisessem.
Sie fürchtete, daß sie nicht wollten.

4. Die unpersönlichen Ausdrücke:

basta	*es genügt*
convém (<convir)	*man soll, man muß*
é bom	*es ist gut*
é conveniente	*es empfiehlt sich*
é estranho	*es ist seltsam*
é favor	*bitte*
é impossível	*es ist unmöglich*
é lógico	*es ist logisch*
é mau	*es ist schlecht*
é melhor	*es ist besser*

é natural	*es ist anzunehmen*
é necessário	*es ist nötig*
é pena	*es ist schade*
é possível	*es ist möglich*
é preciso	*es ist nötig*
é uma vergonha	*es ist eine Schande*

Beispiele:

Basta que telefones.

Es genügt, wenn du anrufst.

É natural que essa casa já esteja vendida.

Es ist anzunehmen, daß dieses Haus schon verkauft ist.

É possível que elas não queiram.

Es ist möglich, daß sie es nicht wollen.

Bemerkungen:

1. In Einzelfällen lassen Konjunktionen keinen Zusammenhang zu den grundsätzlichen Überlegungen, wie wir sie zum Konjunktiv angestellt haben, erkennen. Beispiele dafür sind **antes que, embora** und **sem que.** Trotzdem müssen sie unbedingt mit dem Konjunktiv gebraucht werden.

2. Selbstverständlich erfordern alle aufgeführten Verben und unpersönlichen Ausdrücke dann den Konjunktiv, wenn von ihnen ein **Nebensatz** abhängt.

3. Die Verwendung der aufgeführten Konjunktionen, Verben und unpersönlichen Ausdrücke zusammen mit einem von ihnen abhängigen Nebensatz mit Konjunktiv ist stets korrekt. Daneben begegnet man im Portugiesischen vielfach auch ihrer Verwendung zusammen mit dem im Deutschen unbekannten **persönlichen Infinitiv** (s. 16.4.2).

Zum Gebrauch des Gerundiums   18.4.2

Die Form des Gerundiums ist bereits in Lektion 5 (s. 5.4.2) durch die Bemerkung erklärt worden, daß bei ihr die Infinitivendung **-r** eines Verbs durch die Endung **-ndo** ersetzt ist (z. B. **cantar – cantando**).

Der in Brasilien und in einzelnen Gegenden Portugals verbreitete Gebrauch des Gerundiums in Kombination mit Formen von **estar** wurde an gleicher Stelle bereits erläutert (s. 5.4.3).

Der einfache Gebrauch des Gerundiums ohne eine Form von **estar** ist hingegen, was die Schriftsprache anbelangt, allgemein verbreitet. Das Gerundium kann in diesem Gebrauch zusammen mit den ihm unmittelbar zugeordneten Satzteilen einen dem Hauptsatz beigeordneten Satz oder einen ihm untergeordneten Nebensatz vertreten, sofern ·diese **dasselbe Subjekt** haben wie der Hauptsatz, dem sie zugeordnet sind.

Das Gerundium bringt in dieser Funktion besonders zum Ausdruck, daß die von ihm bezeichnete Handlung **gleichzeitig** zu der des Hauptsatzes abläuft oder ihr **unmittelbar vorangeht** bzw. **folgt.**

Da eine solche Verwendung des Gerundiums im Deutschen nicht gebräuchlich ist, muß man es bei der Übersetzung durch einen beigeordneten Hauptsatz bzw. durch einen Nebensatz ersetzen und die zeitlichen Verhältnisse gegebenenfalls durch besondere Konjunktionen oder Adverbien zum Ausdruck bringen.

Beispiele:

(. . .) encostou-se outra vez à mesa, **apoiando** a cabeça numa das mãos. (*Aus Lekt. 15*)

(. . .) er lehnte sich wieder auf den Tisch, wobei er den Kopf in eine Hand stützte.

(. . .) **olhando** de frente para o amigo, tirou do bolso um maço de Paris (. . .). (*Id.*)

(. . .) während er dem Freund in die Augen sah, nahm er eine Schachtel Paris (Zigaretten) aus der Tasche.

O amigo fez um gesto com a cabeça, **indicando** que estava a prestar atenção. (*Aus Lekt. 16*)

Der Freund machte eine Geste mit dem Kopf und zeigte so, daß er zuhörte.

(. . .) exclamou João Francisco, **antevendo** já a possibilidade de conseguir companhia para Maria Luísa (. . .). (*Aus Lekt. 18*)

(. . .) sagte João Francisco, der sich schon auf die Möglichkeit freute, Gesellschaft für Maria Luísa zu bekommen.

Übungen   18.5

1. *Antworten Sie:* Quem é o João Francisco? Qual é o apelido dele? Qual é a nacionalidade da rapariga loura? De que país é a morena? As raparigas já conhecem Lisboa? Como se sabe? Onde pensa que se passa esta cena? Porquê?

2. *Geben Sie in eigener portugiesischer Formulierung wieder:* rapaz; rapariga loura; sou licenciado em Ciências Económicas e Financeiras; imenso; de facto; calaram-se; passado um pouco; é um tipo curioso; isso arranja-se; vou trazê-lo para aqui.

3. *Ersetzen Sie in den folgenden Sätzen das Gerundium und die ihm zugeordneten Satzteile durch gleichgeordnete bzw. untergeordnete Sätze:* — Chamo--me Maria Luísa, disse a brasileira, perguntando logo em seguida: — E você para onde vai? (. . .) —Ali está ele! — exclamou de repente a morena, apontando com a cabeça o poeta. (. . .) —Gostaria de falar com ele! — disse Maria Luísa, olhando de novo o poeta.

4. *Setzen Sie in den Plural:* Sou português — dizia um rapaz moreno. É médico? — perguntou-lhe a rapariga. É de facto uma cidade encantadora.

154

E você para onde vai ? Mas quem é ele ? Sei que é argentino como eu e
nada mais. Gostaria de falar com ele. Vou trazê-lo para aqui e depois
vou ao bar pedir aperitivos.

5. *Konjugieren Sie im Konjunktiv Präsens und im Konjunktiv Imperfekt:*
ser, dizer, chamar-se, perguntar, ver, saber, ir, responder, antever, pedir.

6. *Übersetzen Sie:* Vielleicht fährt er nach Rio de Janeiro. Ich bitte dich
darum, mit uns zu kommen. Ich ziehe es vor (= *ich ziehe vor*), daß
du vorher anrufst. Obgleich sie nichts von Fußball versteht, gewann sie
letzte Woche über drei Millionen Escudos. Hoffentlich kannst du alle
Fragen beantworten. Es ist möglich, daß er nicht mehr in Spanien wohnt.
Sie sprach, als ob sie immer recht hätte. Sein Freund riet ihm, lieber ein
kleines Boot zu kaufen. Ich hoffe, daß sie glücklich sind. Er mag nicht, daß
du soviel rauchst. Es ist schlecht, daß er erst am Wochenende kommt. Ich
möchte, daß ihr noch bis Juni bleibt. Es ist besser, daß du das niemandem
erzählst. Ich fahre am 15. Juni, vorausgesetzt, daß das Auto schon repariert
ist. Sag es ihm, bevor er wegfährt. Es ist schade, daß sie nichts davon weiß.
Wenn du auch denkst, daß du gut fahren kannst, sei vorsichtig. Vielleicht
ist sein Auto schon alt. Es ist anzunehmen, daß es Probleme zwischen ihnen
gab. Er erlaubt nicht, daß seine Kinder spät ins Bett gehen. Ich fürchte,
daß sie diese Farbe nicht mag. Ich bedaure, daß Sie keine Fremdsprachen
mögen. Obgleich er viel Geld hat, führt er ein bescheidenes Leben. Er möchte
zum Strand fahren, obgleich das Wetter nicht schön ist. Sie bat sie darum,
ihr Blumen zu kaufen. Ich fürchtete, daß du nicht mehr kommen würdest.
So sehr ich mich auch bemühe, ich kann es nicht verstehen. Obgleich sie
schon seit 5 Jahren Englisch studiert, spricht sie schlechter als du. Ich
warte, bis er ankommt.

19. Lektion

19.1

Tens razão. Estou a desrespeitar toda a cronologia. Mas as coisas
surgem-me aos bocados: não há outra maneira de as contar. Tu, que
em miúdo gostavas tanto das histórias que eu te contava, deves
sentir-te desiludido. É que esta história é bastante diferente: toca-nos
a todos nós; e tem, para todos nós, alguns aspectos muito desagradá-
veis. Mesmo sem querer, sempre os vou adiando.
(. . .) Mas ... tu não sabes ? Com certeza que não sabes ? A tua mãe
nunca te contou ? Nem a Maria Antónia ? A Maria Antónia sabia.

Olha que eu sempre tive pelo teu pai uma grande ternura. E só te
peço uma coisa: que nada disto que te vou contar altere, ou diminua —
de maneira nenhuma, ouviste ? —, a impressão que tu tens dele. (. . .)

(. . .)

A tua mãe? Entendeu que devia perdoar; e perdoou. Bem sabes como era a tua mãe. A vocês, pelo que vejo, nunca disse nada. Nem mesmo à Maria Antónia. À Maria Antónia fui eu quem lho disse, muito mais tarde, já depois de o teu pai ter morrido. Lembro-me perfeitamente dessa conversa. Começou no Estoril, no Casino, à saída da sala de jogo. Se me lembro! Tínhamo-nos encontrado, por mero acaso; mas conversámos muito. Era, depois de uns poucos de anos, a primeira vez que conversávamos muito. Trouxe-a, no automóvel, para Lisboa. Foi uma viagem bastante demorada; eu vinha ainda mais devagar que de costume: em primeiro lugar porque me sentia um pouco "toldado" (tinha bebido, ao jantar, uma data de coisas) e, depois, porque decidira, naquele mesmo momento, fazer-lhe uma proposta muito importante.

Propus-lhe casamento.

Ah! Não sabias? Pois é verdade: eu propus casamento à Maria Antónia. (. . .)

(*Aus* David Mourão-Ferreira, GAIVOTAS EM TERRA, Publicações Dom Quixote, Lisboa, 3. Aufl. 1970)

Erläuterungen 19.2

1.Estou a desrespeitar: s. 5.4.3.

2. toca-**nos a** todos **nós**; **à Maria Antónia** fui eu quem **lho** disse: Zum Zweck der besonderen Hervorhebung wird zuweilen im Portugiesischen in einer für das Deutsche ungewohnten Weise das Akkusativ- oder Dativobjekt eines Satzes in dessen weiterem Verlauf noch einmal aufgeführt.

3. toca-**nos,** *aber* **a** todos **nós**: s. 11.4.2.

4. (. . .) sem querer (. . .) *ohne es zu wollen:* s. 20.4.1.

5. (. . .) **sempre** os vou adiando; (. . .) **sempre** tive pelo teu pai uma grande ternura: Wenn **sempre** in der Bedeutung von *immerhin* gebraucht wird, muß es dem Verb **vorangestellt** werden.

6. (. . .) sempre os **vou adiando;** (. . .) que nada disto que te **vou contar:** s. 21.4.

7. com certeza **que** não sabes?; à Maria Antónia **fui eu quem** lho disse; **era** (. . .) a primeira vez **que** conversávamos muito: s. 16.4.5.

8. uma **grande** ternura: s. 17.4.1.

9. E só te peço (. . .) que nada disto (. . .) **altere** ou **diminua** a impressão tu tens dele: s. 18.4.1.

10. (. . .) depois **de** o teu pai ter morrido: Das Ungewöhnliche an diesem Satz ist, daß hier die Präposition **de** und der bestimmte Artikel **o** nicht zu **do** verschmolzen sind (s. 3.4.3). Das hat seinen Grund darin, daß **depois** und **de** hier zusammen als feststehender Ausdruck auftreten, der einen Infinitivsatz einleitet.

11. (. . .) depois de o teu pai **ter morrido** *nachdem dein Vater gestorben war:* s. 20.4.1.

12. depois **de uns** poucos de anos *oder* depois **duns** poucos de anos: s. 15.2,11.

13. decidira *ich hatte beschlossen.*

Vokabeln zum Text   19.3.1

desrespeitar mißachten
a cronologia die Chronologie
surgir erscheinen
aos bocados in Brocken
o miúdo das Kind
em miúdo als Kind
dever wohl . . ., müssen
desiludido enttäuscht
bastante ziemlich
tocar betreffen, angehen
o aspecto der Aspekt
desagradável unangenehm
sempre immerhin
adiar aufschieben
com certeza bestimmt
olha weißt du
a ternura die Zärtlichkeit

uma coisa eines
diminuir verringern
de maneira nenhuma auf keinen Fall
a impressão der Eindruck
entender meinen, glauben
perdoar verzeihen
pelo que vejo wie ich sehe
lho es ihr
depois de nachdem
ter morrido gestorben sein
perfeitamente genau
o casino das Casino
a saída der Ausgang
a sala de jogo der Spielsaal
o jogo das Spiel
se me lembro und wie ich mich erinnere

mero rein
o acaso der Zufall
uns poucos de einige
demorado lang
devagar langsam
de costume gewöhnlich
em primeiro lugar erstens
toldado blau
uma data de viele, eine Menge
decidir beschließen
o momento der Augenblick
importante wichtig
propor casamento einen Heiratsantrag machen
pois jawohl
ser verdade wahr sein

Vokabeln zum Grammatikteil und zu den Übungen   19.3.2

a criança das Kind
depressa schnell
a diferença der Unterschied

o meio das Mittel
o meio de transporte das Verkehrsmittel
o regresso der Rückweg

respeitar berücksichtigen
utilizar benutzen

Grammatik

Die Konjugation des Verbs

Das Plusquamperfekt I   19.4.1

Die Formen des Plusquamperfekts lassen sich bei allen Verben dadurch ableiten, daß man die um die letzten drei Buchstaben verkürzte Form der **3. Person Pl. des PPS** mit den im folgenden angegebenen Endungen versieht.

157

contar *erzählen*	beber *trinken*	decidir *beschließen*
conta **ra**	bebe **ra**	decidi **ra**
ich hatte erzählt	*ich hatte getrunken*	*ich hatte beschlossen*
conta **ras**	bebe **ras**	decidi **ras**
conta **ra**	bebe **ra**	decidi **ra**
contá **ramos**	bebê **ramos**	decidí **ramos**
(contá **reis**)	(bebê **reis**)	(decidí **reis**)
conta **ram**	bebe **ram**	decidi **ram**

Ebenso auch u. a.:
dizer: dissera, disseras, dissera *usw.*;
fazer: fizera, fizeras, fizera *usw.*;
ouvir: ouvira, ouviras, ouvira *usw.*;
propor: propusera, propuseras, propusera *usw.*

Bemerkung:

Diese Zeit wird im modernen Portugiesisch nicht mehr sehr häufig gebraucht. Dies gilt besonders für die gesprochene Sprache. Man benutzt eher **die entsprechende zusammengesetzte Form** (s. unten).

Die zusammengesetzten Formen 19.4.2

Indikativ

Plusquamperfekt II

contar	beber	decidir
tinha contado	tinha bebido	tinha decidido
ich hatte erzählt	*ich hatte getrunken*	*ich hatte beschlossen*
tinhas contado	tinhas bebido	tinhas decidido
tinha contado	tinha bebido	tinha decidido
tínhamos contado	tínhamos bebido	tínhamos decidido
(tínheis contado)	(tínheis bebido)	(tínheis decidido)
tinham contado	tinham bebido	tinham decidido

Futur II

terei contado	terei bebido	terei decidido
ich werde	*ich werde*	*ich werde*
erzählt haben	*getrunken haben*	*beschlossen haben*
terás contado	terás bebido	terás decidido
terá contado	terá bebido	terá decidido
teremos contado	teremos bebido	teremos decidido
(tereis contado)	(tereis bebido)	(tereis decidido)
terão contado	terão bebido	terão decidido

Konditional II

teria contado *ich würde* *erzählt haben* terias contado teria contado teríamos contado (teríeis contado) teriam contado	teria bebido . *ich würde* *getrunken haben* terias bebido teria bebido teríamos bebido (teríeis bebido) teriam bebido	teria decidido *ich würde* *beschlossen haben* terias decidido teria decidido teríamos decidido (teríeis decidido) teriam decidido

Konjunktiv
Perfekt

tenha contado *ich habe erzählt* tenhas contado tenha contado tenhamos contado (tenhais contado) tenham contado	tenha bebido *ich habe getrunken* tenhas bebido tenha bebido tenhamos bebido (tenhais bebido) tenham bebido	tenha decidido *ich habe beschlossen* tenhas decidido tenha decidido tenhamos decidido (tenhais decidido) tenham decidido

Plusquamperfekt II

tivesse contado *ich hätte erzählt* tivesses contado tivesse contado tivéssemos contado (tivésseis contado) tivessem contado	tivesse bebido *ich hätte getrunken* tivesses bebido tivesse bebido tivéssemos bebido (tivésseis bebido) tivessem bebido	tivesse decidido *ich hätte beschlossen* tivesses decidido tivesse decidido tivéssemos decidido (tivésseis decidido) tivessem decidido

Bemerkungen:

1. Im Portugiesischen werden die zusammengesetzten Verbformen ausschließlich mit ter *haben* gebildet, d. h. auch in den Fällen, in denen die entsprechende deutsche Zeit nicht mit einer Form von *haben*, sondern einer von *sein* gebildet wird, z. B.: **tinha sido** *es war gewesen*.

2. Der Gebrauch der zusammengesetzten Formen im Portugiesischen entspricht der Verwendung der zusammengesetzten Formen im Deutschen.

3. Der Zusammensetzung mit **haver** statt **ter** begegnet man gelegentlich noch in der Schriftsprache. Sie wirkt allerdings altmodisch bzw. gehoben.

4. Außer den hier erwähnten zusammengesetzten Formen gibt es im Portugiesischen weitere zusammengesetzte Formen, die an späterer Stelle behandelt werden sollen.

Tritt im Deutschen in einem Satz ein Personalpronomen als Akkusativ- und eins als Dativobjekt auf, so muß das Akkusativobjekt immer dem Dativobjekt vorangestellt werden. Das Portugiesische erfordert in diesem Fall genau die **umgekehrte** Stellung (vergl. 3.2,5). Darüber hinaus werden die beiden Pronomina dabei zu einer Form verschmolzen, die ihrerseits mit einem Bindestrich an das Verb, von dem sie abhängt, angeschlossen wird.

Ein Beispiel: *Er verkauft sie mir.* Portugiesisch eigentlich = **compra me a,** tatsächlich aber: **compra-ma.**

Schema

me + o (*bzw.* a, os, as)------→**mo**	(*bzw.* **ma, mos, mas**)
te + o (*bzw.* a, os, as)------→**to**	(*bzw.* **ta, tos, tas**)
lhe + o (*bzw.* a, os, as)------→**lho**	(*bzw.* **lha, lhos, lhas**)
—	
—	
lhes + o (*bzw.* a, os, as)------→**lho**	(*bzw.* **lha, lhos, lhas**)
nos + o (*bzw.* a, os, as)------→**no-lo**	(*bzw.* **no-la, no-los, no-las**)
vos + o (*bzw.* a, os, as)------→**vo-lo**	(*bzw.* **vo-la, vo-los, vo-las**)

Die Bildung der Verschmelzungsform ist bei den Dativobjekten **me, te, lhe** und **lhes** anders als bei **nos** und **vos.** Die Pronomina der zuerst genannten Gruppe verlieren ihre Endung **-e** bzw. **-es** und verschmelzen mit dem folgenden Akkusativobjekt zu einem Wort.

Die Pronomina **nos** und **vos** hingegen verlieren nur ihre Endung **-s** und werden durch Bindestrich mit dem nun mit einem **l-** anlautenden Akkusativobjekt verbunden.

> *Beispiele:*
>
> | | |
> |---|---|
> | Diz-mo. | *Er sagt es mir.* |
> | Dou-tos. | *Ich gebe sie dir.* |
> | Digo-lho. | *Ich sage es ihr.* |
> | Vendem-lho. | *Sie verkaufen es ihnen.* |
> | Oferece-no-las. | *Er schenkt sie uns.* |
> | Oferecem-vo-lo. | *Sie schenken es euch.* |

Übungen 19.5

1. *Antworten Sie* (Für den Sprecher im Text steht in den folgenden Fragen X; für den von ihm Angesprochenen Y; M. Antónia ist die Schwester

von Y): Porque é que X não respeita a cronologia? Qual é a diferença entre esta história e as histórias que X costumava contar a Y quando este era ainda criança? Onde é que X encontrou a Maria Antónia? O pai da Maria Antónia ainda vivia, nessa altura? Que meio de transporte utilizaram no regresso a Lisboa? Quem guiava? Vinham muito depressa? Porquê? O que foi que X propôs à Maria Antónia? O irmão dela sabia?

2. *Geben Sie folgende Sätze in eigener Formulierung auf Portugiesisch wieder:* Estou a desrespeitar toda a cronologia. É que esta história é bastante diferente: toca-nos a todos nós. Era, depois de uns poucos de anos, a primeira vez que conversávamos muito. Trouxe-a, no automóvel, para Lisboa. Foi uma viagem bastante demorada. Sentia-me um pouco toldado.

3. *Setzen Sie in den Plural:* Tens razão. Tu, que em miúdo gostavas tanto das histórias que eu te contava, deves sentir-te desiludido. Mas . . . tu não sabes? A tua mãe nunca te contou? E só te peço uma coisa: que nada disto que te vou contar altere, ou diminua — de maneira nenhuma, ouviste? — a impressão que tu tens dele.

4. *Übersetzen Sie:* Er hat es ihr nicht billig verkauft. Sie hatten es uns gesagt. Ich gebe sie ihm. Vielleicht hat er es ihr gesagt. Er hatte es uns verkauft. Hat sie es dir schon gegeben? Hat er es euch geliehen? Ich schenke es ihm. Hatte er es dir versprochen? Ich habe es ihr gesagt. Sie schickte es ihm gestern.

5. *Übersetzen Sie:* Wir hatten bis 12 Uhr in seinem Büro gearbeitet. Sein Freund hatte es ihm auch geraten. Vielleicht hatte er nicht daran gedacht. Das Examen war sehr schwer gewesen. Sie war schon nach Brasilien gefahren. Vielleicht hat er das Wochenende bei ihnen verbracht. Sie war schon zweimal in Porto gewesen. Sie hatten sich in Lissabon getroffen.

6. *Konjugieren Sie im PPS, Plusquamperfekt, Konjunktiv Präsens und Konjunktiv Imperfekt:* ter, haver, sentir-se, ser, querer, adiar, saber, pedir, ouvir, perdoar, dizer, conversar, trazer, fazer, propor.

20. Lektion

20.1

(. . .)
— Pensão, freguês? Tem a Pensão Central! ...
— Onde é?
— Pertinho! A dois passos... Logo ali! Não tem mais bagagem?
(. . .)
— Por aqui, faça favor. É já depois do candeeiro. E vai ver que fica bem servido! ... Limpeza, bom trato... É para muitos dias?
— Conforme...
— É de longe, o senhor?

O freguês não respondeu.

— Tenha a bondade. Nesta porta. Vou adiante, para lhe ensinar o caminho...

(...)

A D. Teresa veio em pessoa interrogar o freguês.

— Muito boa noite! — cumprimentou com o seu rosto aberto.

— Boa noite — respondeu, neutro, o viajante.

— É para muitos dias que deseja o quarto?

— Conforme...

(...)

No dia seguinte, à uma, a Laura, a criada de mesa, começou a servir o almoço. E como quase ao fim dele o novo hóspede não descera ainda, a D. Teresa resolveu ir saber notícias ao segundo andar.

(...)

— Que deseja?

— É o almoço. Como já são duas horas...

— E que tem serem duas horas?

A resposta, pelo imprevisto, confundiu a dona da casa.

— Faça favor de desculpar, mas o Senhor deve compreender que os criados não podem estar o dia inteiro à espera...

— Mande-me servir apenas uma sopa, um bife e dois ovos quentes, aqui, às quatro e meia. Até lá, não quero que me incomodem. E feche a porta.

(...)

Ao jantar, porém, repetiu-se a mesma cena. A dona da casa viu chegar as nove sem a presença à mesa do hóspede, e não teve remédio senão ir outra vez saber notícias dele.

— São nove horas, senhor Macedo! (...)

— E depois?

(...)

— É que faz um certo desarranjo, e a comida fresca tem outra graça...
A não ser que o senhor Macedo se sinta mal... Isso então é outro caso...

— Doente? Não. Felizmente é uma coisa que tenho — saúde! Não, esteja sossegada. Janto às onze, lá em baixo.

— Às onze?!

— Sim, às onze. Mande-me buscar manteiga fresca, não se esqueça. E faça favor de fechar a porta.

(*Aus* Miguel Torga, RUA, Coimbra Editora, Coimbra, 2. Aufl. 1951)

1. **pertinho** *ganz nahe:* s. 23.4.1.
2. **vai ver, veio interrogar,** resolveu **ir saber:** s. 21.4.1.
3. ficar servido *bedient werden:* s. 13.4.5.
4. é de longe, o senhor: s. 25.4.1.
5. É para muitos dias **que** deseja o quarto? s. 16.4.5.
6. **Faça** favor de desculpar, **mande-me** servir apenas uma sopa. E **feche** a porta. Não, **esteja** sossegada. **Mande-me** buscar manteiga fresca, não se **esqueça.** E **faça** favor de fechar a porta: s. 16.4.1.

Vokabeln zum Text 20.3.1

a pensão die Pension
o freguês der Kunde, der Gast
central zentral
pertinho ganz nahe
o passo der Schritt
a dois passos nur ein paar Schritte entfernt
a bagagem das Gepäck
por aqui hier entlang
faça favor bitte
já gleich
o candeeiro die Laterne
a limpeza die Sauberkeit
o bom trato die gute Behandlung
conforme je nachdem, es kommt darauf an
é de longe? sind Sie von weit her?
tenha a bondade bitte
ir adiante vorausgehen
ensinar zeigen
o caminho der Weg
em pessoa selbst, persönlich
interrogar ausfragen, befragen
cumprimentar grüßen
o rosto das Gesicht

aberto hier: freundlich
neutro neutral
o viajante der Reisende
o quarto das Zimmer
a criada de mesa die Kellnerin, die Bedienung
a criada das Dienstmädchen
servir servieren
o almoço das Mittagessen
ao fim de am Ende
o hóspede der Gast
descer herunterkommen, hinunterkommen
resolver beschließen
a notícia die Nachricht
e que tem serem 2 horas? und was macht es, daß es 2 Uhr ist?
o imprevisto die Abruptheit, die Unvorhergesehenheit
confundir verwirren
a dona da casa die Hausbesitzerin
a dona de casa die Hausfrau
desculpar entschuldigen
inteiro ganz
mandar lassen

a sopa die Suppe
o bife das Steak
o ovo das Ei
quente hier: weich
até lá bis dahin
incomodar stören
porém jedoch
a presença die Anwesenheit
não ter remédio keine andere Möglichkeit haben
o remédio das Medikament, die Lösung
e depois na und
certo gewiß
o desarranjo die Störung, die Schwierigkeit
a comida das Essen
fresco frisch
ter outra graça ansprechender sein
isso é outro caso das ist etwas anderes
a saúde die Gesundheit
sossegado beruhigt
em baixo unten
buscar holen
a manteiga die Butter

Vokabeln zum Grammatikteil und zu den Übungen 20.3.2

a (+ Inf.) wenn
ao (+ Inf.) als
a fim de um ... zu, damit
além de außer
apesar de trotz, obwohl
após nach
arrepender-se bereuen
assinar abonnieren, unterschreiben

a carta (de condução) der Führerschein
o curso das Studium
de maneira a so daß
mais um bocado etwas länger
a oportunidade die Gelegenheit
passar vorbeikommen

por weil
pouco kurz
resolver entscheiden
sair verlassen
a saudade die Sehnsucht
o sino die Glocke
tocar klingeln

Grammatik

Zum Gebrauch des persönlichen Infinitivs　　　20.4

Die portugiesische Grammatik kennt außer dem von der deutschen Sprache her gewohnten unpersönlichen Infinitiv noch eine Infinitivform, für die es im Deutschen keine Entsprechung gibt: **den persönlichen Infinitiv** (s. 16.4.2).

Wenn der unpersönliche Infinitiv überhaupt einem bestimmten Subjekt zugeordnet ist, so ist dies nicht der Infinitivform selber, sondern nur dem Zusammenhang des Satzes zu entnehmen. Aus diesem Zusammenhang ergibt sich dann auch, um welche grammatische Person es sich bei dem Subjekt handelt, ob nämlich um Singular oder Plural, um 1., 2. oder 3. Person. Genau diese Angabe ist hingegen beim persönlichen Infinitiv dieser Form selber zu entnehmen, weil sie — darin anderen Verbformen, z. B. Konjunktiv Präsens, entsprechend — für **verschiedene grammatische Personen verschiedene Endungen** aufweist (s. 16.4.2).

　　　Also z. B.:

> falar —
> falar es
> falar —　　˙
> falar mos
> (falar des)
> falar em

Es gibt auch eine zusammengesetzte Form des persönlichen Infinitivs:

Infinitiv Perfekt

> ter falado
> teres falado
> ter falado
> termos falado
> (terdes falado)
> terem falado

Mit der Angabe der grammatischen Person ist die Leistung der Endung des persönlichen Infinitivs aber bereits erschöpft. Immerhin hat sie zur Folge, daß als Subjekte, denen der persönliche Infinitiv zugeordnet werden kann, im engeren oder weiteren Kontext nur noch diejenigen in Frage kommen, die in Numerus und Person mit ihm übereinstimmen.

Aus dem, was der persönliche Infinitiv zu leisten vermag, ergibt sich schon viel über seinen richtigen Gebrauch: Wo es besonders darum geht, die

Zuordnung des Infinitivs zu einem bestimmten Subjekt zu sichern oder auch nur hervorzuheben, wird der persönliche Infinitiv zu benutzen sein. Wo diese Zuordnung dem Sprecher irrelevant erscheint, wird es für ihn zu einer Stilfrage, ob er den persönlichen oder unpersönlichen Infinitiv gebraucht.

Im einzelnen:

I Der persönliche Infinitiv **muß** benutzt werden:

1. Wenn das Subjekt, auf das der Infinitiv bezogen ist, und das Subjekt des Hauptverbs **nicht identisch** sind und der Infinitiv von einer Präposition oder einem präpositionalen Ausdruck abhängt.

   (Präpositionen: **a, após, até, de, em, para, por** und **sem**)
   (Präp. Ausdrücke: **a fim de, além de, antes de, apesar de, de maneira a, de modo a, depois de** und **em vez de**)

   Beispiele:
   Estivemos em casa delas pouco antes de irem para a Alemanha.
   Wir waren bei ihnen, kurz bevor sie nach Deutschland fuhren.

   Consegui passar sem me verem.
   Es gelang mir, vorbeizukommen, ohne daß sie mich sahen.

   Porque fazes isso? Por não querermos?
   Warum tust du das? Weil wir es nicht wollen?

   Estão zangados por termos ido ao cinema sem lhes dizer nada.
   Sie sind böse, weil wir ins Kino gegangen sind, ohne ihnen etwas zu sagen.

   Merke: Nach **sem** müßte nach der Regel ebenfalls der persönliche Infinitiv benutzt werden. Es reicht in diesem Fall aber der unpersönliche Infinitiv, weil **termos** vorangegangen ist und so der Hinweis auf das zweite Subjekt gesichert ist.

Bemerkung:

Die obengenannte Regel tritt außer Kraft, wenn mit dem Dativ- bzw. Akkusativobjekt eines Hauptsatzes die Personen angesprochen sind, die das Subjekt des Infinitivs darstellen. Der damit gegebene Hinweis auf das Subjekt des Infinitivs reicht aus, so daß es dem Sprecher in diesem Fall freisteht, den persönlichen oder den unpersönlichen Infinitiv zu benutzen.

Beispiele:
Deram-nos dinheiro para lhes comprar (comprarmos) os bilhetes.
Sie gaben uns Geld, damit wir ihnen die Karten kauften.

Aconselho-te a esperar (esperares) mais um bocado.
Ich rate dir, noch etwas länger zu warten.

2. Wenn der Infinitiv von einem Ausdruck abhängt, dessen Subjekt **unpersönlich**, d. h. nicht bestimmt definiert ist, während sich der Infinitiv auf ein bestimmtes, **persönliches Subjekt** beziehen soll.

   (Unpersönliche Ausdrücke: s. 18.4.1, 4)

Beispiele:
É necessário telefonares amanhã.
Es ist nötig, daß du morgen anrufst.
É conveniente comprares já o bilhete.
Du sollst die Fahrkarte sofort kaufen.
Foi mau termos perdido outra vez o comboio.
Es war schlecht, daß wir den Zug ein zweites Mal verpaßt haben.

Bemerkung:

In vielen Fällen könnte im Portugiesischen anstelle der Infinitivkonstruktion auch ein **Nebensatz mit Konjunktiv** verwendet werden (s. 18.4.1). Umgangssprachlich ist aber die Verwendung des persönlichen Infinitivs verbreiteter.

II In vielen Fällen ist es nun zwar möglich, aber **nicht erforderlich**, den persönlichen Infinitiv zu gebrauchen. Einige solcher Fälle sollen hier zusammen mit Beispielen beschrieben werden.

1. Wenn der Infinitiv von einer Präposition abhängt und sein Subjekt mit dem Subjekt des Hauptverbs **identisch** ist, steht es dem Sprecher frei, den persönlichen oder den unpersönlichen Infinitiv zu benutzen.
   Beispiele:
   Foram-se embora sem se ter (terem) despedido de nós.
   Sie gingen weg, ohne sich von uns verabschiedet zu haben.
   Ao chegar (chegarmos), vimo-los logo.
   Als wir ankamen, sahen wir sie gleich.
   Deves estar rico, a trabalhar (trabalhares) há tantos anos e sem ter (teres) oportunidade de gastar (gastares) o dinheiro.
   Du mußt reich sein, weil du seit so vielen Jahren arbeitest, ohne Gelegenheit zu haben, das Geld auszugeben.
   Vais ter saudades da vida de estudante depois de acabar (acabares) o curso e sair (saires) de Coimbra.
   Du wirst Sehnsucht nach dem Studentenleben bekommen, nachdem du das Studium beendet und Coimbra verlassen haben wirst.
   Merke: Wenn, wie in den letzten beiden Beispielen, ein Satz, der die Benutzung sowohl des persönlichen als auch des unpersönlichen Infinitivs erlaubt, mehrere Infinitive enthält, so ist es durchaus möglich, **einen Teil von ihnen unpersönlich und den anderen persönlich** zu verwenden.
   Die beiden erwähnten Beispielsätze könnten also auch folgendermaßen formuliert werden: Deves estar rico, a **trabalhar** há tantos anos e sem **teres** oportunidade de **gastar** o dinheiro. *oder:* Deves estar rico, a **trabalhares** há tantos anos e sem **ter** oportunidade de **gastar** o dinheiro.

Vais ter saudades da vida de estudante depois de **acabares** o curso e **sair** de Coimbra. *oder:* Vais ter saudades da vida de estudante depois de **acabar** o curso e **saíres** de Coimbra.

Temos de resolver já, a querer (querermos) aceitar a proposta.
Wir müssen es sofort entscheiden, wenn wir den Vorschlag annehmen wollen.

Estão zangados porque fomos ao cinema sem lhes dizer (dizermos) nada.
Sie sind böse, weil wir ins Kino gegangen sind, ohne ihnen etwas zu sagen.

Bemerkung:

Auf den besonderen Fall, bei dem es dem Sprecher auch dann freisteht, den persönlichen oder den unpersönlichen Infinitiv zu benutzen, wenn das Subjekt des Hauptverbs mit dem des Infinitivs nicht identisch ist, ist schon hingewiesen worden (s. I, 1 Bemerkung).

2. Wenn der Infinitiv von Verben der Sinneswahrnehmung (wie *sehen*, *hören*) abhängt, steht es dem Sprecher frei, den persönlichen oder den unpersönlichen Infinitiv zu benutzen.

Beispiele:
Vi as pessoas atravessar (atravessarem) a rua.
Ich sah, wie die Leute die Straße überquerten.

Ouvi os sinos tocar (tocarem).
Ich hörte die Glocken läuten.

III Im Fall der 1. und 3. Person Singular ist an der Form des persönlichen Infinitivs selbst nicht zu erkennen, ob nun die 1. Person oder die 3. Person gemeint ist. Wenn sich dies nicht aus dem Kontext ergibt, sichert man diese Angabe durch Hinzufügen des entsprechenden Personalpronomens **eu** bzw. **ele/ela.**

Beispiel:
Porque fazes isso? Por ela não querer?
Warum tust du das? Weil sie es nicht will?

Übungen 20.5

1. *Antworten Sie:* O hóspede quer ficar muitos dias na pensão? De onde vem? Quem é a D. Teresa? Porque é que a D. Teresa foi falar com o hóspede depois do almoço? Em que andar era o quarto do hóspede? A que horas é que ele almoçou? O hóspede estava doente? A que horas queria jantar?

2. *Setzen Sie in den Plural:* Por aqui, faça favor. E vai ver que fica bem servido. Vou adiante, para lhe ensinar o caminho. Faça favor de desculpar,

mas o senhor deve compreender que os criados não podem estar o dia inteiro à espera. Até lá, não quero que me incomodem. E feche a porta. Não, esteja sossegada. Janto às onze. Mande-me buscar manteiga fresca, não se esqueça. E faça favor de fechar a porta.

3. *Übersetzen Sie:* Es ist schade, daß du nicht früher kommen kannst. Obgleich sie seit einigen Jahren Französisch lernen und einen Monat in Frankreich verbracht haben, sprechen sie noch sehr schlecht. Ich habe sie gestern zum ersten Mal getroffen, nachdem sie geheiratet hatten. Es ist nötig, daß ihr Englisch und Spanisch sprechen könnt. Wir gingen weg, ohne mit ihm gesprochen zu haben. Es ist besser, wenn du morgen kommst. Sie kamen nicht rechtzeitig, weil sie den ersten Zug verpaßt hatten. Ich habe nicht gehört, daß du geklingelt hast. Sie baten uns darum, die Antwort bis nächste Woche zu geben. Wir haben sie getroffen, nachdem sie aus dem Urlaub zurück waren. Ich möchte im Cascais wohnen, weil es am Meer liegt. Wir gingen voraus, um ihnen den Weg zu zeigen.

4. *Übersetzen Sie und setzen Sie in den Plural:* Ela pediu-me para eu ficar até Agosto. Apesar de não perceber nada de futebol, ganhou mais de mil contos no último concurso. Aconselhei-o a assinar a revista. É melhor você não contar isso a ninguém. Apesar de ela já ter carta há muitos anos, guia muito mal. Depois de ele ter assinado, arrependeu-se, mas já não podia fazer nada. É pena não poderes ir à festa. É estranho ele nunca ter tempo.

21. Lektion

21.1

(Fortsetzung)

(...)

Às onze o senhor Macedo desceu. Bem vestido, de barba feita, muito bem penteado, entrou na sala e tocou a campainha. A Laura veio atender.

— O jantar!

A criada não tinha papas na língua e dispôs-se a pôr a questão em pratos limpos. Mas às primeiras palavras o hóspede tapou-lhe a boca com esta insistência fria:

— O jantar!

A rapariga engoliu em seco, dirigiu-se à cozinha, e disse sem ânimo à D. Teresa:

— Quer jantar!

— Serve-lho; está guardado no forno... E que desculpe.

(. . .)

Ao almoço já os mais hóspedes sabiam da existência na casa dum sujeito lunático, que no dia atrás tinha almoçado às quatro e meia e jantado às onze. (. . .) Mas queriam saber pormenores. Quem era, donde vinha, o que fazia...

Perguntavam bem, mas a quem? A pobre da D. Teresa sabia tanto como eles. O que é ia ter uma conversa a sério com ele. Aquilo não lhe convinha de maneira nenhuma.

(. . .)

— Dá licença? ...

— Entre.

Era difícil, de mais a mais com este espectáculo diante dos olhos: o senhor Macedo de pijama, sentado na cama, a fumar, com as duas mesas de cabeceira cheias de cinza e de pontas de cigarro, um livro aberto sobre a colcha, e um fumo espesso de tabaco a toldar tudo.

(. . .)

— Desculpe vir incomodá-lo...

— Se é dinheiro que quer, tire dali da carteira...

— Não é isso, Senhor Macedo, é que, compreende, o Senhor tem uma vida...

— Ora essa! Que tem a Senhora com a minha vida?!

— É que me faz transtorno... Bem vê que os hóspedes não se levantando a horas e não comendo a horas...

— E quem é que lhe disse que eu não me levantava a horas e não comia a horas?

— Bem, eu estou a falar pelo que vi... Se não é assim...

— É assim, é! Mas porque é que as horas dos outros são melhores do que as minhas?

— Ó Senhor Macedo, pelo amor de Deus! Então uma pessoa que almoça às quatro e meia da tarde, janta às onze da noite! ...

— E que tem isso?

— Tem que não é como a outra gente... Os mais vivem de dia e dormem de noite... E o Senhor...

— Eu...

— Valha-me Deus!

(. . .)

(*Aus* Miguel Torga, RUA, Coimbra Editora, Coimbra, 2. Aufl. 1951)

1. A criada não **tinha** papas na língua e **dispôs-se** a pôr a questão em pratos limpos: s. 8.4.2.

2. serve-**lho**: s. 19.4.3.

3. E que desculpe *und er soll entschuldigen:* s. 25.4.2.

4. já **os mais** hóspedes *oder* já **os outros** hóspedes.

5. que no dia **atrás** *oder* que no dia **anterior**.

6. a pobre **da** D. Teresa *die arme D. Teresa:* s. 28.4.

7. O que é ia ter uma conversa a sério com ele. Se é dinheiro **que** quer, (. . .). (. . .) é **que** (. . .) o Senhor tem uma vida... É **que** me faz transtorno. E quem é **que** lhe disse (. . .). Mas porque é **que** as horas dos outros (. . .): s. 16.4.5.

8. Que tem **a senhora** com a minha vida: s. 12.4.5.

9. (. . .) não se **levantando** a horas e não **comendo** a horas ... *wenn sie nicht rèchtzeitig aufstehen und nicht rechtzeitig zum Essen kommen:* s. 18.4.2.

Vokabeln zum Text **21.3.1**

de barba feita rasiert
pentear-se sich kämmen
tocar a campainha klingeln
a campainha die Klingel
atender bedienen
não ter papas na língua kein Blatt vor den Mund nehmen
dispor-se (a) sich entschließen
pôr em pratos limpos klarstellen
o prato der Teller
limpo sauber
tapar verschließen
a boca der Mund
a insistência die Forderung
engolir schlucken
seco trocken
dirigir-se sich begeben
a cozinha die Küche
sem ânimo entgeistert
o ânimo der Mut, die Lust
guardar aufbewahren

o forno der Backofen
a existência die Existenz
o sujeito der Mensch, der Mann
lunático wunderlich
no dia atrás am Tage davor
anterior vorherig
o pormenor die Einzelheit
donde woher
perguntavam bem sie hatten gut fragen
a pobre (da) die arme
a sério im Ernst
ter uma conversa a sério ein ernstes Gespräch haben
dar licença erlauben
a licença die Erlaubnis
entre herein
de mais a mais besonders
diante de vor
o pijama der Schlafanzug
a mesa de cabeceira der Nachttisch
a cinza die Asche

a ponta de cigarro die Kippe
a colcha die Bettdecke
o fumo der Rauch
espesso dick
o tabaco der Tabak
toldar trüben, verdecken
dali von dort
a carteira die Tasche, die Brieftasche
ora essa! ich bitte Sie!
ter com mit etwas zu tun haben
fazer transtorno stören, verwirren
a horas rechtzeitig
pelo amor de Deus um Gottes willen
então also, nun
e que tem isso ja und
os mais die anderen
valha-me Deus um Himmels willen

Vokabeln zum Grammatikteil und zu den Übungen **21.3.2**

o cais der Kai
o disco die Schallplatte

mesmo gerade, eben, genau
o Natal Weihnachten

a recepção der Empfang
o telefonema der Anruf

Grammatik

Die periphrastische Konjugation 21.4

Wenn die Formen eines der Verben **estar** (*sein*), **ter** (*haben*), **haver** (*sollen*), **andar** (*gehen*), **ir** (*gehen*), **vir** (*kommen*) oder **ficar** (*bleiben*) mit dem Infinitiv oder dem Gerundium eines anderen Verbs kombiniert werden, entsteht, was die portugiesische Grammatik eine **periphrastische Konjugation** nennt.

Die periphrastische — umschreibende — Konstruktion wird verwendet, wo die einfache Verbform nicht hinreicht, die gemeinte Handlungsart genau anzugeben. Die sieben oben aufgeführten Verben bekommen in dieser Verwendung die Funktion eines Hilfsverbs; tatsächlich zählen sie in der portugiesischen Grammatik zu den **verbos auxiliares** (*Hilfsverben*).

Die folgende Tabelle gibt Auskunft darüber, wie die periphrastische Konstruktion im einzelnen Fall zu bilden ist und welche Angabe über die Handlungsart die einzelnen Kombinationen bedeuten. (Alle Bemerkungen zu den zeitlichen Relationen beziehen sich auf die durch das Tempus des Hilfsverbs bezeichnete Zeit.)

Hilfsverb	Präp.	Inf.	Ger.	Bedeutung der Kombination
ter	de (que)	x		Die bezeichnete Handlung ist notwendig, ist durch Zwang verursacht.
haver	de	x		Die bezeichnete Handlung ist für die Zukunft beabsichtigt.
ir		x		Die bezeichnete Handlung ist beabsichtigt oder findet mit Sicherheit bald statt. (1)
ir	a	x		Die bezeichnete Handlung ist gerade begonnen worden.
ir	para	x		Die bezeichnete Handlung war gerade für den nächsten Moment beabsichtigt, aber nicht ausgeführt worden.

(1) Das normale **Futur** der portugiesischen Verben wird selten gebraucht. Statt seiner verwendet das Portugiesische am häufigsten die periphrastische Kombination von ir mit dem Infinitiv des entsprechenden Verbs. (Daneben wird auch die einfache Präsensform in futurischer Bedeutung verwendet; s. 13.4.1.)

Hilfsverb	Präp.	Inf.	Ger.	Bedeutung der Kombination
ir			x	Die bezeichnete Handlung geht gerade allmählich vor sich.
ir (Imperf.)			x	Die bezeichnete Handlung wäre fast eingetreten.
vir				(Die periphrastischen Formen mit **vir** sind in ihrer Bedeutung in einigen Fällen den analogen Konstruktionen mit **ir** fast gleichzusetzen. Ein grundsätzlicher Bedeutungsunterschied besteht aber darin, daß damit Handlungen bezeichnet werden, die im direkten oder im bildlichen Sinn **auf den Sprechenden zu verlaufen.**)
vir		x		Die bezeichnete Handlung wird von jemandem, der extra dafür gekommen ist, in die Tat umgesetzt.
vir			x	Die bezeichnete Handlung verläuft gerade allmählich (Schritt für Schritt) auf den Sprecher zu.
vir	a		x	Die bezeichnete Handlung ist das Ergebnis (die Folge) einer anderen Handlung.
andar	a		x	Die bezeichnete Handlung ist bereits früher begonnen worden und dauert noch an.
andar			x	Id.
estar	a		x	Die bezeichnete Handlung findet gerade im Moment statt. (s. 5.4.3)

Hilfsverb	Präp.	Inf.	Ger.	Bedeutung der Kombination
estar			x	Id.
estar	para	x		Die bezeichnete Handlung soll gerade in die Tat umgesetzt werden.
ficar	a	x		Die bezeichnete Handlung wird infolge bestimmter Umstände eintreten.
ficar			x	Id.

Beispiele:
No método directo, o professor de línguas (. . .) tem de fazer-se entender exclusivamente na língua que ensina. (*Aus Lekt. 10*)

E a Felicidade também há-de ter o seu barco. (*Aus Lekt. 12*)

Que vai fazer ao dinheiro? (*Aus Lekt. 17*)

Assim fui jantar fora (. . .). (*Id.*)

(. . .) vou trazê-lo para aqui (. . .). (*Aus Lekt. 18*)

E só te peço (. . .) que nada disto que te vou contar (. . .). (*Aus Lekt. 19*)

A D. Teresa resolveu ir saber notícias ao segundo andar. (*Aus Lekt. 20*)

Aus Lekt. 21:
O que é ia ter uma conversa a sério com ele.

Só reparei que estava a chover quando ia a sair.
Ich merkte erst, daß es regnete, als ich gerade wegging.

Ia para dizer isso mesmo.
Das wollte ich gerade sagen.

Vai andando, eu ainda não posso ir.
Gehe du schon allmählich voraus, ich kann noch nicht weg.

Ela ia caíndo.
Fast wäre sie hingefallen.

Para que diabo vens tu jantar comigo todos os meses (. . .)? (*Aus Lekt. 16*)

Vens jantar comigo para poderes dizer a ti próprio que és um gajo porreiro. (*Id.*)

Venho jantar contigo por uma questão de hábito e mais nada. (*Id.*)

A D. Teresa veio em pessoa interrogar o freguês. (*Aus Lekt. 20*)

Aus Lekt. 21:

A Laura veio atender.

Desculpe vir incomodá-lo.

O navio vinha-se aproximando do cais.
Das Schiff nähert sich dem Kai allmählich.

Vim a saber que não era verdade.
Schließlich erfuhr ich, daß es nicht wahr war.

Ando a ler este livro há dois meses.
Ich lese schon zwei Monate in diesem Buch.

Ele ainda está a escrever.
Er schreibt noch.

Estive para te telefonar ontem por causa disso.
Fast hätte ich dich gestern wegen dieser Sache angerufen.

Fico a estudar.
Ich bleibe hier und lerne.

Übungen 21.5

1. *Geben Sie auf Portugiesisch kurz den Inhalt des Textes von Lektion 20 wieder.*

2. *Antworten Sie:* A que horas é que o senhor Macedo jantou? Quem é a Laura? A D. Teresa sabia responder às perguntas dos outros hóspedes? Porque é que ela foi falar com o senhor Macedo? O que é que o senhor Macedo julgava que a D. Teresa queria? O senhor Macedo achava que se levantava e que comia a horas? E a D. Teresa era da mesma opinião?

3. *Geben Sie folgende Sätze in eigener Formulierung auf Portugiesisch wieder:* A criada não tinha papas na língua. Dispôs-se a pôr a questão em pratos limpos. Dirigiu-se à cozinha. Ao almoço já os mais hóspedes sabiam da existência na casa dum sujeito lunático, que no dia atrás tinha almoçado às quatro e meia e jantado às onze. Perguntavam bem, mas a quem? O que é ia ter uma conversa a sério com ele. Que tem a senhora com a minha vida? E que tem isso? Tem que não é como a outra gente.

4. *Übersetzen Sie und setzen Sie in den Plural:* Vais ver que tenho razão. Resolveste ir passar o Natal à Madeira? Ficaste a pensar que eu tinha acreditado? Ontem fui jantar com a Maria de Lurdes. Ainda hei-de comprar

esse disco. Já ando a pensar nas próximas férias. Na segunda-feira passada, a Isabel Melo veio jantar comigo. Estava para ir hoje ao teatro, mas afinal resolvi só ir na próxima semana. Também hei-de ler esse livro. Ela tinha ido passar a Páscoa com uns primos que viviam na Argentina. Vou pedir--lhe que me telefone amanhã. Que vais fazer no próximo fim de semana? Tenho de ir à recepção. Ela vai ficar a pensar que não gostas de estar lá em casa. Achas que os tenho de convidar? Estava mesmo para sair. Hoje tenho de ficar em casa; estou à espera dum telefonema do António Nogueira. Estive para te telefonar ontem por causa disso.

22. Lektion

22.1

"Para mim, os comprimidos para dormir têm um grande defeito: tiram-me o sono".

O homem que pensava desta forma estava deitado de barriga para o ar e às escuras. Já se tinha virado para a esquerda e para a direita. Já havia contado carneiros, recitado poesias, dividido laranjas. "Eu sei que me tiram o sono, mas o certo é que, se não tomo agora um comprimido, fico toda a noite a pensar que não durmo, justamente por não o ter tomado".

Acendeu a luz. Levantou-se e foi à cozinha buscar um copo de água. (. . .) Poisou o copo sobre o tampo da mesa de cabeceira e começou a procurar na gaveta, entre dezenas de frascos, latas, tubos de vidro e invólucros de cartão, a pequena carteira dos comprimidos.

(. . .)

Engoliu o comprimido, bebeu dois golos de água, colocou de novo o copo em cima da mesa de cabeceira, apagou a luz e estendeu-se ao comprido na cama. "Não durmo, está-se mesmo a ver que não durmo. (. . .)"

Voltou a acender a luz e bebeu um pouco mais de água. Depois de apagar a luz, deitou-se de lado. "É que não tenho sono, caramba! (. . .)"

Pôs-se de costas. "Que horas são?" (. . .) "Meia-noite e vinte." (. . .) "Não durmo. Já sei que não durmo. Os comprimidos são uma droga. (. . .) Uma coisa tão pequena, vejam bem!, e com um nome tão complicado. Só o nome desperta uma pessoa. E o preço? (. . .)"

Acende a luz e pega na carteira dos comprimidos. Põe-se a ler o folheto de alto a baixo. A seguir, lê as indicações da própria carteira e bebe mais dois golos de água, para digerir a literatura. "(. . .) Um comprimido que dá para tudo, não dá para coisíssima nenhuma. Eu já sabia que não ia dormir. Quem me manda ser parvo?" Apaga a luz, deita-se para o lado esquerdo (. . .). "Quando não ferro o galho mal me deito, já sei o que se vai passar. (. . .) Não durmo. Eu já sei que não durmo... Já saltaram a cancela trezentos e vinte e dois carneiros... Um, dois, três, quatro, cinco... Parece-me que deixei a luz da cozinha acesa... (. . .) Não consigo, nunca mais conseguirei dormir. Agora, estou com uma sede danada..."
Acende a luz e bebe o resto da água. Suspira. Apaga a luz e deita-se de costas. Lembra-se da luz da cozinha, acende a luz do quarto, levanta-se e vai à cozinha. A luz está apagada. Acende-a e volta a apagá-la. Regressa ao quarto, pega no copo e torna à cozinha, acende a luz, enche o copo com água, apaga a luz, regressa ao quarto, recorda-se que deixou a torneira aberta. Volta à cozinha, acende a luz, fecha a torneira, apaga a luz, regressa ao quarto, apaga a luz, deita-se, acende a luz, bebe a água, apaga a luz, deita-se. "Estou extenuado. Creio que vou tomar outro comprimido." Acende a luz. Toma um novo comprimido (. . .).
Pensa ainda: "A mim os comprimidos para dormir tiram-me o sono". Adormece mas acorda de seguida para apagar a luz.

(*Aus* Santos Fernando, OS GRILOS NÃO CANTAM AO DOMINGO, Parceria A.M. Pereira L.da, Lisboa 1969)

Erläuterungen 22.2

1. um **grande** defeito; a **pequena** carteira dos comprimidos: s. 17.4.1.

2. já **havia** contado: s. 19.4.2, Bem. 3.

3. **fico** toda a noite **a pensar** que não durmo: s. 21.4.

4. a pequena carteira **dos** comprimidos; dois golos **de** água; o resto **da** água; um pouco mais **de** água: s. 28.4.

5. Já saltaram a cancela trezentos e vinte e dois carneiros: s. 25.4.1.

6. Agora, **estou com** uma sede danada: s. 5.4.3.

7. **A mim** os comprimidos para dormir tiram-**me** o sono: s. 19.2,2.

o comprimido die Tablette
dormir schlafen
o comprimido para dormir
.die Schlaftablette
o defeito der Nachteil, der
  Fehler
o sono der Schlaf
tirar o sono den Schlaf
  rauben
desta forma so
a barriga der Bauch
o ar die Luft
de barriga para o ar auf
  dem Rücken
às escuras im Dunkeln
virar-se sich drehen
para a esquerda nach
  links, auf die linke Seite
para a direita nach rechts,
  auf die rechte Seite
haver haben (Hilfsverb)
contar zählen
o carneiro der Hammel
recitar aufsagen
a poesia das Gedicht
dividir teilen
o certo é que Tatsache ist,
  daß
ficar a pensar denken
justamente gerade
a luz das Licht
poisar stellen
o tampo die Platte
a gaveta die Schublade
dezenas de zahllos (wört-

lich: Vielfache von 10)
o frasco das Fläschchen
a lata die Schachtel
o tubo de vidro das Glas-
  rohr
o invólucro die Schachtel
o cartão die Pappe
a carteira die Schachtel
o golo der Schluck
colocar stellen
de novo wieder
apagar ausmachen
estender-se sich legen
ao comprido ausgestreckt
está-se mesmo a ver es ist
  offensichtlich
de lado auf die Seite
o lado die Seite
não ter sono nicht müde
  sein
caramba zum Teufel
as costas der Rücken
pôr-se de costas sich auf
  den Rücken legen
a droga die Droge
ser uma droga nichts tau-
  gen
vejam bem man bedenke
complicado kompliziert
só allein schon
despertar wach machen,
  wecken
o preço der Preis
pôr-se anfangen
o folheto der Begleitzettel

de alto a baixo vom ersten
  bis zum letzten Buch-
  staben
a seguir danach
a indicação die Anweisung,
  die Indikation
próprio selber, selbst
digerir verdauen
a literatura die Literatur
dar para gut sein (für)
coisíssima nenhuma nichts
parvo dumm
quem me manda ser parvo
  wie konnte ich so dumm
  sein
ferrar o galho einschlafen
mal sobald
passar-se passieren
saltar springen
a cancela der Zaun
parecer vorkommen
deixar aceso anlassen
danado verdammt
suspirar seufzen
apagado aus
tornar wieder gehen
a torneira der Wasserhahn
aberto auf
fechar zudrehen
extenuado erschöpft
crer glauben
um novo noch ein
acordar wach werden
de seguida danach, darauf,
  dann

ao todo im ganzen
dar resultado Erfolg haben,
  helfen

o fato de banho der Bade-
  anzug
levar fahren

portanto also
primeiro zunächst

Grammatik
Die Konjugation des Verbs   22.4.1

Unregelmäßige Verben   dormir *schlafen*

Präsens (Ind.)	PPS	Imperfekt
durmo	dormi	dormia
dormes	dormiste	dormias
dorme	dormiu	*usw.*
dormimos	dormimos	
dormem	dormiram	

Ebenso: engolir *schlucken*

1. Während im Deutschen Präpositionen wie *in* oder *auf* sowohl bei Verben der Bewegung als auch bei Verben des Sich-Befindens benutzt werden können, verwendet das Portugiesische für beide Gruppen von Verben jeweils besondere Präpositionen.

Drückt das Verb ein **statisches Sich-Befinden** aus, so ist **em** zu verwenden; bezeichnet das Verb hingegen ein **zweckbedingtes oder zielgerichtetes Sich-Bewegen,** so ist **a** oder **para** zu benutzen.

Beispiele:

Estou em casa.	*Ich bin zu Hause.*
Elas estão na praia.	*Sie sind am Strand.*
Ontem fui ao cinema.	*Gestern bin ich ins Kino gegangen.*
Vou para casa.	*Ich gehe nach Hause.*

Schema

estar	ir	
em casa	**a** casa	**para** casa
em Portugal	**a** Portugal	**para** Portugal
no Porto	**ao** Porto	**para** o Porto
na praia	**à** praia	**para** a praia

2. Darüber hinaus sind auch die beiden Präpositionen **a** und **para** gewöhnlich nicht beliebig austauschbar:

a. Sagt ein Satz aus, daß man sich auf ein Ziel zu bewegt oder bewegen wird, an dem man sich aus bestimmten Gründen **längere Zeit** aufhalten wird, so ist die Präposition **para** einzusetzen.

Drückt ein Satz hingegen aus, daß man sich auf ein Ziel zu bewegt, um dort **etwas schnell** oder jedenfalls in verhältnismäßig kurzer Zeit **zu erledigen,** so wird man die Präposition **a** benutzen.

Beispiele:

Vou para a Universidade.
Ich gehe in die Universität.
(Wenn man in die Universität geht, um sein Tagespensum zu erledigen.)

Vou à Universidade.
(Wenn man dort nur jemanden treffen will, ein Buch abholen will oder dergleichen.)

Vou para a cama.
Ich gehe ins Bett.
(Hier wird in jedem Fall **para** verwendet, weil Ausruhen und Schlafen sich nicht willkürlich schnell erledigen lassen.)

Vou para casa.
Ich gehe nach Hause.
(Wenn man nach Hause geht, um für den Rest des Tages dort zu bleiben.)
Vou a casa.
(Wenn man nur kurz in seine Wohnung geht, um etwas abzuholen oder zu erledigen.)

b. In Sätzen, in denen es vor allem anderen darum geht, ein **lokales Ziel** mitzuteilen, verliert die Unterscheidung, ob man sich dort länger oder nur kurz aufhalten wird, gegenüber dieser Hauptmitteilung an Bedeutung. Das hat zur Folge, daß der Portugiese in solchen Fällen gelegentlich auch dann die Präposition **a** verwenden wird, wenn das Ziel, um dessen Mitteilung es in erster Linie geht, zu längerem Aufenthalt aufgesucht wird.

Beispiele:
Domingo vou à praia.
Sonntag fahre ich an den Strand.
(Kontext: und nicht ins Gebirge. Mit Präposition **a**, weil es gar nicht darum geht, mitzuteilen, ob man nur kurz oder für den ganzen Sonntag dorthin möchte.)

Ebenso:
Este ano vou a Portugal.
Dieses Jahr fahre ich nach Portugal.
(Auch wenn ich dort 8 Wochen verbringen will.)

Bemerkung zu 1:
Die beschriebene funktionale Zuordnung der drei angegebenen Präpositionen ist selbstverständlich außer acht zu lassen, wenn Verben benutzt werden, die nur mit bestimmten Präpositionen verwendet werden dürfen. (Solche Kombinationen müssen einfach auswendig gelernt werden.)

Übungen 22.5

1. *Antworten Sie:* Qual é, para o autor, o defeito dos comprimidos para dormir? Porque é que o autor tinha contado carneiros, recitado poesias e dividido laranjas? E isso deu resultado? Porque é que queria tomar um comprimido? O que foi fazer à cozinha? Onde estavam os comprimidos? Conseguiu dormir depois de tomar o comprimido? Que horas eram quando olhou para o relógio? Quantas vezes acendeu a luz do quarto? Quantos comprimidos tomou, ao todo?

2. *Setzen Sie den ganzen Text in den Plural und übersetzen Sie ihn anschließend.*

3. *Übersetzen Sie:* Geht ihr schon ins Bett? Ich fahre dich nach Hause.
Sie haben zunächst in Dänemark gelebt und gingen dann nach Schweden.
Wann fährst du in die Tschechoslowakei? Er ging ins Zimmer, legte sich hin,
nahm eine Schlaftablette und schlief sofort ein. Ich habe ein Haus am Strand.
Gestern bin ich ins Kino gegangen. Er ging in die Küche, um ein Glas
Milch zu holen. Er fuhr nach Kanada. Sie leben noch in Lissabon. Heute
bin ich auch zu Fuß nach Hause gegangen, obwohl es regnete. Warum
kommst du heute nicht zu mir?
4. *Übersetzen Sie:* Amanhã vou a Leixões. Tenho de voltar a casa; esqueci-
-me do fato de banho. A Maria Rosa e o Alfredo vivem em Faro desde
1967, portanto há mais de cinco anos. Querem ir comigo ao cinema?
Quando vais para o Japão? Ainda só são 7 horas; já vais para o cinema?

23. Lektion

Portugal   23.1

Portugal continental fica situado no extremo sudoeste da Europa,
na faixa ocidental da Península Ibérica.
O território (área 89.000 km²) tem a configuração de um quadrilátero
rectangular, com as dimensões de 561 km no maior comprimento e
218 na maior largura. O litoral tem cerca de 845 km e a fronteira
terrestre 1215 km.
Os limites são: ao norte e a leste, fronteira terrestre com a Espanha;
a sul e a oeste, o Atlântico.
O relevo apresenta um contraste nítido entre as regiões ao norte e ao
sul do Tejo. Na região norte (altitude média de 370 m), predominam
os terrenos acidentados, que ultrapassam frequentemente os 1000 m.
Na região a sul do Tejo (altitude média de 160 m), dominam as
planícies, todas próximas do mar, e as planuras; as serras não vão
além dos 500 m, excepto a de S. Mamede (1000 m). O conjunto
montanhoso mais importante é a cordilheira central, onde domina o
maciço granítico da serra da Estrela (1991 m).
A distribuição do relevo, em conjugação com o regime dos ventos
e a corrente quente do Golfo condicionam e caracterizam climaticamente Portugal continental, dando-lhe um clima temperado. Sobre
o território paira, alternadamente, ou um tempo húmido e chuvoso,
de tipo atlântico, ou uma atmosfera de temperatura mais elevada,
forte luminosidade e carência de chuvas, de tipo mediterrânico.
Portugal continental pode dividir-se em várias zonas climáticas bem

demarcadas: a do Noroeste com chuvas abundantes, invernos moderados e verões curtos; a do Nordeste com invernos longos, frio e neve; a do Sul de clima mediterrânico, com chuvas raras, invernos suaves e verões quentes e prolongados.

Na zona atlântica, ao norte do Tejo, as espécies florestais mais importantes são: pinheiro, carvalho, castanheiro, plátano, azinheiro e oliveira.

Na zona mediterrânica as principais espécies arbóreas são: sobreiro, alfarrobeira, amendoeira e figueira. A alfarrobeira e a amendoeira dão características especiais à paisagem do Algarve.

No que respeita às espécies frutíferas existem, como mais importantes: macieira, pereira, pessegueiro, laranjeira, cerejeira e videira.

Nas culturas cerealíficas, sobressaem o trigo, o milho, o centeio e o arroz.

Portugal continental tinha, em 1970, uma população residente de 8124019 (1960 — 8292975). O decréscimo populacional, no decénio, deve-se ao movimento emigratório.

Cerca de 56,2% da população vivia, em 1960, em aglomerados com menos de 1000 habitantes; 28,9% em centros com 5000 e mais habitantes.

Presentemente verifica-se maior afluxo da população às cidades, estando a dar-se decréscimo populacional nos aglomerados com menos de 11000 habitantes.

Em 1970 a população das maiores cidades era a seguinte: Lisboa 783000; Porto 311000.

Nos principais aglomerados satélites de Lisboa e Porto a população cresceu rapidamente entre 1960 e 1970, como se vê dos números seguintes: Amadora 36319 (1960), 110000 (1970); Vila Nova de Gaia 46298 (1960), 181000 (1970).

(*Aus* Portugal, Direcção Geral da Informação)

Erläuterungen   **23.2**

1. (serra) **de** S. Mamede; serra **da** Estrela: s. 28.4.

2. (. . .) **dando**-lhe um clima temperado. (. . .) **estando a dar-se** decréscimo populacional (. . .): s. 18.4.2.

3. pode **dividir-se:** In vielen Fällen, in denen im Deutschen das Passiv verwendet wird, wird im Portugiesischen statt dessen eine mit **se** reflexiv konstruierte Verbform benutzt (s. 14.4.3).

4. **estando** a dar-se *und es findet statt:* s. 5.4.3.

continental kontinental
ficar situado liegen
o extremo das Ende
o sudoeste der Südwesten
a faixa der Streifen
ocidental westlich
a península die Halbinsel
ibérico iberisch
o território das Land
a área die Fläche
km² (quilómetro quadrado)
Quadratkilometer
a configuração die Gestalt
o quadrilátero das Viereck
rectangular rechtwinklig
o quadrilátero rectangular
das Rechteck
a dimensão das Ausmaß
o comprimento die Länge
a largura die Breite
o litoral die Küste
cerca de etwa
a fronteira terrestre die
Landgrenze
km Kilometer
o limite die Grenze
ao, a im
o norte der Norden
o leste der Osten
o sul der Süden
o oeste der Westen
o Atlântico der Atlantik
o relevo das Relief, hier:
die Oberfläche
apresentar aufweisen
o contraste der Gegensatz
nítido deutlich
a região die Gegend, die
Landschaft
a altitude die Höhe
médio durchschnittlich
o metro das Meter
predominar vorherrschen
o terreno das Gebiet
acidentado hügelig
ultrapassar überschreiten
frequentemente oft, häufig
dominar überragen
a planície die Ebene
próximo nah
a planura die Hochebene
além de über
excepto außer, mit Aus-
nahme von
o conjunto montanhoso das
Gebirgsmassiv
a cordilheira die Gebirgskette
o maciço das Massiv

granítico aus Granit
a distribuição die Einteilung
a conjugação die Verbin-
dung
o regime das System
a corrente do Golfo der
Golfstrom
condicionar bedingen
caracterizar kennzeichnen,
charakterisieren
climaticamente klimatisch
o clima das Klima
temperado gemäßigt
pairar schweben
alternadamente abwech-
selnd
húmido naß
chuvoso regnerisch
o tipo der Typ
atlântico atlantisch
a atmosfera die Atmo-
sphäre
a temperatura die Tempe-
ratur
elevado hoch
forte stark
a luminosidade die Helligkeit
a carência der Mangel
a chuva der Regen
o tipo mediterrânico der
Mittelmeertyp
vários verschiedene
a zona die Zone
climático klimatisch
bem hier: deutlich
demarcado abgegrenzt
o noroeste der Nordwesten
abundante reichlich
moderado mild
o nordeste der Nordosten
longo lang
raro selten
suave mild
prolongado lang
a espécie florestal die
Baumart
o pinheiro die Kiefer
o carvalho die Eiche
o castanheiro der Kasta-
nienbaum
o plátano die Platane
o azinheiro die Steineiche
a oliveira der Olivenbaum
a principal espécie arbórea
die Hauptbaumart
o sobreiro die Korkeiche

a alfarrobeira der Johannisbrotbaum
a amendoeira der Mandel-
baum
a figueira der Feigenbaum
a característica der Cha-
rakter
especial besonder
a paisagem die Landschaft
no que respeita was ...
angeht
a espécie frutífera die
Obstart
existem (< existir) es gibt
a macieira der Apfelbaum
a pereira der Birnbaum
o pessegueiro der Pfirsichbaum
a laranjeira der Apfelsinen-
baum
a cerejeira der Kirsch-
baum
a videira die Weinrebe
a cultura cerealífica der
Getreideanbau
sobressair vorwiegen
o trigo der Weizen
o milho der Mais
o centeio der Roggen
o arroz der Reis
a população die Bevöl-
kerung
residente wohnhaft
o decréscimo populacional
der Bevölkerungsrück-
gang
o decénio das Jahrzehnt
dever-se (a) zurückzufüh-
ren sein (auf)
o movimento emigratório
die Auswanderung
a vírgula das Komma
% (por cento) Prozent
o aglomerado die Ansied-
lung
o habitante der Einwohner
o centro der Ort
presentemente gegenwärtig
verificar-se sich herausstellen
o afluxo der Zustrom
dar-se stattfinden
o satélite der Satellit
o aglomerado satélite die
Satellitenstadt
crescer wachsen
rapidamente schnell
o número die Nummer

adeus auf Wiedersehen
o **beberrão** der Säufer
beberrão versoffen, trunksüchtig
o **brincalhão** der Spaßvogel
brincalhão verspielt, lustig
o **casarão** das Riesenhaus
o **centímetro (cm)** der Zentimeter
o **centímetro cúbico** der
Kubikzentimeter
o **centímetro quadrado** der
Quadratzentimeter
o **comilão** der Vielfraß
comilão verfressen
constante beständig
o **decilitro** der Deziliter
o **decímetro** der Dezimeter

o **decímetro cúbico** der
Kubikdezimeter
o **decímetro quadrado** der
Quadratdezimeter
o **este** der Osten
a **forma** die Form
o **grama** das Gramm
o **hectolitro** der Hektoliter
indicar nennen
o **litro** das Liter
o **mandão** der Machthaber
mandão herrschsüchtig
medir messen
o **miligrama** das Milligramm
o **mulherão** der Drachen
o **outono** der Herbst

plano eben
o **quilo, quilograma** das
Kilogramm
o **quilómetro quadrado** der
Quadratkilometer
o **rapagão** der stämmige
Bursche
sincero ehrlich
o **solteirão** der Junggeselle
solteiro ledig
a **solteirona** die alte Jungfer
o **sudeste** der Südosten
à **tarde** nachmittags
a **tonelada** die Tonne
valente tapfer

Grammatik

Bemerkungen zu den Suffixen -mente, -ão und -inho oder -ito **23.4.1**

1. -mente

Fügt man zur Femininform eines Adjektivs das Suffix **-mente** hinzu, so
erhält man ein Adverb der Art und Weise.

> *Beispiele:*
>
> | | | |
> |---|---|---|
> | frequentemente | *oft* | (*aus* frequente) |
> | climaticamente | *klimatisch* | (*aus* climático) |
> | alternadamente | *abwechselnd* | (*aus* alternado) |
> | presentemente | *gegenwärtig* | (*aus* presente) |
> | rapidamente | *schnell* | (*aus* rápido) |

2. -ão

a. bei Substantiven

Es gibt im Portugiesischen eine Reihe von Suffixen, die es erlauben,
ein Substantiv in seiner Bedeutung so zu ändern, daß nun ein größeres,
stärkeres oder ausgedehnteres Exemplar von dem, was das Substantiv
bezeichnet, angesprochen wird.
In vielen Fällen tritt zu der beschriebenen Bedeutungsänderung noch
eine weitere hinzu: das vom Substantiv Benannte wird in pejorativer
Weise als übergroß, plump, grotesk oder lächerlich bezeichnet.
Eines der am häufigsten gebrauchten Suffixe aus dieser Reihe ist **-ão.**
Auch Substantiven mit weiblichem Geschlecht wird als Suffix **-ão**
hinzugefügt. Das grammatische Geschlecht des gebildeten Substantivs
ist daher auch dann maskulin, wenn das betreffende Substantiv ohne
Suffix feminin war.

Beispiele:

a mulher	o mulherão
die Frau	*die starke Frau*
a casa	o casarão
das Haus	*das Riesenhaus*
o rapaz	o rapagão
der Junge	*der stämmige Bursche*

b. bei Adjektiven

Die obenerwähnte Reihe von Suffixen dient — einem Adjektiv hinzugefügt — dazu, eine Eigenschaft in ihrer verstärkten, in größerem Ausmaß vorhandenen Ausprägung (Form) zu bezeichnen. Um auch hier das Beispiel des Suffixes **-ão** zu nehmen:

valente	valentão *bzw.* valentona (wenn sich das Adj.
tapfer	auf ein fem. Subst. bezieht)
solteiro	solteirão *bzw.* solteirona
ledig	*Junggeselle/alte Jungfer*

Sowohl die Maskulin- als auch die Femininformen des mit Suffix versehenen Adjektivs können substantiviert werden. Die entstehenden Substantive behalten dabei das entsprechende grammatische Geschlecht. Auch beim Adjektiv enthält die durch das Suffix erfahrene Bedeutungsänderung vielfach einen pejorativen, die bezeichnete Eigenschaft verächtlich oder lächerlich machenden Zug.

c. bei Verben

In einer dritten Funktion schließlich gestattet das Suffix **-ão**, aus einem Verb ein Substantiv oder ein Adjektiv zu bilden. Die sowohl als Substantiv als auch als Adjektiv verwendbare Form entsteht, indem das Suffix dem Stamm des Verbs hinzugefügt wird.

Beispiele:

beberrão (beberrona)   (*aus* beber)
Säufer, versoffen, trunksüchtig

brincalhão (brincalhona)   (*aus* brincar)
Spaßvogel, verspielt, lustig

comilão (comilona)   (*aus* comer)
Vielfraß, verfressen

mandão (mandona)   (*aus* mandar)
Machthaber, herrschsüchtig

Bemerkung:

Das Suffix **-ão** kann nicht jedem beliebigen Substantiv hinzugefügt werden. Vielmehr hat sich im Sprachgebrauch eine Beschränkung auf ganz bestimmte Substantive eingebürgert. (Die Suffixe **-arão, -arrão, -alhão, -lão** und **-gão** sind sprachgeschichtlich betrachtet Ableitungen des Suffixes **-ão**.)

3. -inho, -ito

Ähnlich den deutschen Verkleinerungssilben *-chen* und *-lein* gibt es im Portugiesischen eine ganze Reihe von Suffixen, die — dem Substantiv hinzugefügt — dieses so verändern, daß es nun eine verkleinerte, niedliche Form dessen bezeichnet, was es ursprünglich benannte. Gelegentlich wird das mit Verkleinerungssuffix versehene Substantiv auch als Koseform verwendet, oder um auszudrücken, daß das mit dem Substantiv Bezeichnete als nett empfunden wird. Insgesamt werden die Verkleinerungssuffixe im Portugiesischen wesentlich häufiger gebraucht als im Deutschen. Man wendet sie sogar bei Adjektiven und Adverbien an, sowie bei Ausdrücken, bei denen die Bedeutungsveränderung, die das Suffix mit sich bringt, ganz unangebracht erscheint, wie z. B.: bei **obrigado** *danke* oder **adeus** *auf Wiedersehen:*

obrigado	obrigadinho
adeus	adeusinho

Besonders der Gebrauch der Suffixe **-inho** und **-ito** ist erstaunlich verbreitet.

Soll das Suffix **-inho** oder **-ito** einem Wort hinzugefügt werden, das auf Vokal endet, so wird entweder ein **-z-** eingeschoben (**-zinho, -zito**) oder der Auslautvokal des Substantivs ausgelassen. Ob die Verkleinerungsform nach der einen oder der anderen Weise gebildet wird, ist nicht einheitlich geregelt.

Beispiele:

Adverbien

cedo	*früh*	cedito
depressa	*schnell*	depressinha
perto	*nahe*	pertito
à tarde	*nachmittags*	à tardinha

Adjektive

bom	*gut*	bonzinho (bonzinha, bonzinhos, bonzinhas)
barato	*billig*	baratinho
caro	*teuer*	carito
novo	*jung*	novito
pobre	*arm*	pobrezinho
coitado	*arm*	coitadito
amarelo	*gelb*	amarelinho

Substantive

o rapaz	*der Junge*	o rapazito
a cidade	*die Stadt*	a cidadezinha
a prima	*die Kusine*	a priminha

185

o pai	der Vater	o paizinho
o carro	das Auto	o carrito
o automóvel	das Auto	o automovelzinho

Vornamen

a Rosário		a Rosarinho
o Carlos		o Carlitos
o Zé (*Kurzform für* José)		o Zezinho
a Zé (*Kurzform für* Maria José)		a Zezinha
a Ló (*Kurzform für* Glória)		a Lolita
o Tino (*Kurzform für* Albertino)		o Tininho
o Pedro		o Pedrito
a Graça		a Gracinha

Bemerkungen:

a. Zum Adverb **depressa** ist anzumerken, daß bei ihm das Suffix die Endung des Adverbs **-a** annimmt.

b. In ähnlicher Weise nimmt das Suffix bei dem Namen **Carlos** dessen Endung statt der eigenen Mask. Sg. Endung an. (Auch bei **Rosarinho** stimmt der Artikel — **a** — mit der Suffixendung — **o** — nicht überein.)

Verschiedenes

Die wichtigsten Maße und Gewichte   **23.4.2**

1. **Längenmaße**

km	(o) quilómetro	*Kilometer*
m	(o) metro	*Meter*
dm	(o) decímetro	*Dezimeter*
cm	(o) centímetro	*Zentimeter*
mm	(o) milímetro	*Millimeter*

2. **Flächenmaße**

km^2	(o) quilómetro quadrado	*Quadratkilometer*
m^2	(o) metro quadrado	*Quadratmeter*
dm^2	(o) decímetro quadrado	*Quadratdezimeter*
cm^2	(o) centímetro quadrado	*Quadratzentimeter*
mm^2	(o) milímetro quadrado	*Quadratmillimeter*

3. **Raummaße**

m^3	(o) metro cúbico	*Kubikmeter*
dm^3	(o) decímetro cúbico	*Kubikdezimeter*
cm^3	(o) centímetro cúbico	*Kubikzentimeter*
mm^3	(o) milímetro cúbico	*Kubikmillimeter*

4. **Hohlmaße**

hl	(o) hectolitro	*Hektoliter*
l	(o) litro	*Liter*
dl	(o) decilitro	*Deziliter*

5. Gewichte

t	(a) tonelada	*Tonne*
kg	(o) quilo, quilograma	*Kilogramm*
g	(o) grama	*Gramm*
mg	(o) miligrama	*Milligramm*

Beispiele:

Três quilómetros	*3 Kilometer*
Um metro e meio	*Anderthalb Meter*
Um litro e um quarto	*Eineinviertel Liter*
Um quarto de litro	*Ein Viertelliter*
Meio quilo	*Ein halbes Kilo*
Dois quilos e meio	*Zweieinhalb Kilo*
Duzentos gramas	*200 Gramm*

Die Himmelsrichtungen   23.4.3

(Pontos cardeais e colaterais)

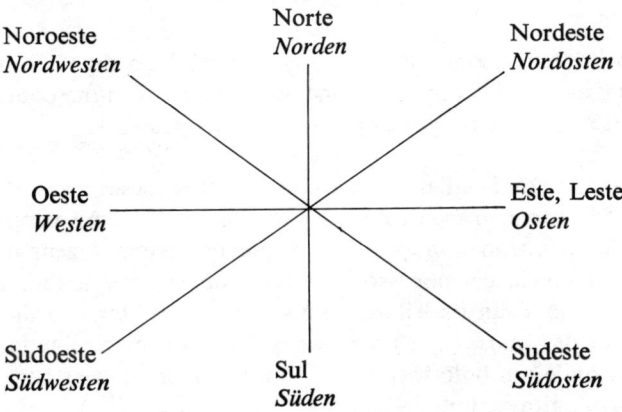

(Pontos cardeais: Norte, Sul, Oeste, Este; **pontos colaterais:** die übrigen Himmelsrichtungen.)

Übungen   23.5

1. *Antworten Sie:* Onde fica situado Portugal continental? Qual é a sua área? Que forma tem? Quanto mede no maior comprimento? Quais são os seus limites? Onde há mais zonas planas, a norte ou a sul? Em quantas

187

zonas climáticas se pode dividir Portugal? O que é o Tejo? Chove muito no sul de Portugal? Indique o nome de algumas árvores de fruto. Quantos habitantes tinha Portugal em 1970? Eram mais do que em 1960? Quais são as estações do ano? Quais são os pontos cardiais? E os colaterais?

2. *Konjugieren Sie im PPS, Konjunktiv Präsens und Konjunktiv Imperfekt:* ficar, ter, ser, ultrapassar, ir, dar, poder, viver, estar, ver.

3. *Bilden Sie aus den folgenden Adjektiven Adverbien:* sossegado, desagradável, demorado, verdadeiro, constante, sincero, mensal, fácil.

4. *Bilden Sie zu den folgenden Wörtern die Verkleinerungsform:* flor, tarde, mãe, depressa, má, obrigada, livro, casa, doente, mesa, janela, bom.

5. *Schreiben Sie folgende Angaben einschließlich der Zahlen in portugiesischen Wörtern aus:* 83254 km^2; 2373 m; 79 cm^3; 367 km; 31 l; 4189 m; 532 kg; 200 t; 15 mg; 59,6%; 32,7%.

24. Lektion

24.1

A si não lhe tem acontecido já ser generoso? Não digo totalmente generoso mas ... relativamente. Olhe, meu amigo: vou-lhe contar um caso que se passou comigo. Conta-se em duas palavras.
(∴ . .)
Começou de manhãzinha. Foi há coisa de três meses, pela Páscoa. Eu tinha ido tomar o meu café, com um "éclair". Como sempre um "éclair" ao pequeno almoço. Dizem que os cremes fazem mal ao fígado, mas nunca dei por isso. Diabetes também não tenho. (. . .)
E quando eu ia a sair da leitaria, o que é que vejo? Um catraiozinho de nove ou dez anos, (. . .) a olhar, pasmado e maravilhado, para a montra, onde um bolo formidável, branco de neve, mas com vivos de chocolate, girava, muito vagaroso.
"Gostavas de provar este bolo?" perguntei eu. Nem me voltou troco. (. . .) "Olha", disse eu, atrapalhado — sério: mais atrapalhado do que ele — "toma lá estes cem escudos." Não estendeu sequer a mão para aceitar o dinheiro. Tive de pedir-lhe por favor, com um sorriso forçado: "Se não se importa..." E tomei um ar muito digno. Mas depois pensei: "Cem escudos, para mim — embora eu seja um homem de trabalho — não é coisa que se sinta." Deve ter sido remorso . . . O certo é que meti a mão na carteira, tirei de lá outra nota de cem e obriguei-o a aceitá-la, quase à má cara. E não lhe perguntei mais nada.

Não queria respostas compradas. Está a perceber? Ele já não podia ser meu amigo. Nem sei se se chama João José ou José João...
(...)
Não acredita? (...) Pois olhe que tudo isto aconteceu. (...) Está tudo apenas um pouco deturpado. Porque eu exagerei, sim, claro que exagerei. (...)
(...)
Voltando ao princípio, não foram cem escudos que eu dei ao rapazinho. E muito menos duzentos. Foram cinco escudos. Ainda meti a mão na carteira com a intenção de lhe dar a nota de cem. Mas lembrei--me de que já só me restavam novecentos até ao fim do mês. E tinha de pagar a gasolina do carro, devia ainda um conto no alfaiate (bem, esse está habituado a esperar), mas até podia faltar-me a massa para ir ao cinema. É mesquinho, não é? Agora, com toda a sinceridade, não posso garantir se foi isso que me coibiu de lhe dar os cem escudos ou se foi o pudor da minha liberalidade. (...)
E aí tem. (...) Aliás, tudo o que eu lhe contei, fi-lo também, pelo menos em imaginação, centos de vezes. E serão menos meus esses gestos do que os outros, de que me confesso agora? Não sei...

(*Aus* Urbano Tavares Rodrigues, NUS E SUPLICANTES, Livraria Bertrand, Amadora 1960)

Erläuterungen 24.2

1. **Vou-lhe contar** um caso (...). Eu **tinha ido tomar** o meu café (...). E quando eu **ia a sair** da leitaria (...): s. 21.4.

2. de manhãzinha: s. 23.4.1.

3. "éclair": *Sahnestück.*

4. Diabetes também não tenho *zuckerkrank bin ich auch nicht:* Das Objekt ist zur Hervorhebung vorangestellt.

5. "Gostavas de provar este bolo?" perguntei eu. "Olha", disse eu, atrapalhado (...): s. 25.4.1.

6. **Voltando** ao princípio (...) *um auf den Anfang (der Geschichte) zurück- zukommen* (...): s. 18.4.2.

7. E **serão** menos meus esses gestos (...) *ob diese Gesten weniger zu mir gehören* (...): s. 25.2,5.

acontecer vorkommen
generoso großzügig
totalmente ganz
relativamente relativ
conta-se em duas palavras
es läßt sich in ein paar
Worten sagen
de manhãzinha frühmorgens
há coisa de etwa vor
pela Páscoa zu Ostern
o creme die Creme
fazer mal schaden
o fígado die Leber
dar por isso merken
o diabetes die Zuckerkrankheit
a leitaria die Meierei
o catraio der Junge
pasmado erstaunt
maravilhado entzückt
a montra das Schaufenster
o bolo der Kuchen
formidável wunderbar
branco de neve schneeweiß
o vivo die Einfassung, das Band
girar sich drehen
vagaroso langsam

provar probieren
voltar troco antworten
atrapalhado verlegen
sério im Ernst
estender aufhalten
pedir por favor „bitte" zu jm. sagen
o sorriso das Lächeln
forçado gezwungen
tomar annehmen
o ar die Haltung, die Miene
digno würdig
um homem de trabalho ein Mann, der von Arbeit lebt
não é coisa que se sinta (frei) es ist nicht der Rede wert
o remorso der Gewissensbiß
à má cara gewaltsam
deturpado entstellt
voltar zurückkommen
o princípio der Anfang
meter a mão (em) greifen (in)
a intenção die Absicht
restar übrigbleiben

a gasolina das Benzin
dever schulden
o alfaiate der Schneider
bem na ja
habituado gewohnt
a massa das Geld, die Moneten
mesquinho kleinlich, schäbig
a sinceridade die Ehrlichkeit
com toda a sinceridade ganz ehrlich
garantir sagen, behaupten
coibir hindern
o pudor die Scham
a liberalidade die Freigebigkeit
aí dort, da
e aí tem und da haben Sie es
aliás übrigens
a imaginação die Phantasie, die Einbildung
o cento das Hundert
serão menos meus esses gestos ob diese Gesten weniger zu mir gehören
confessar-se gestehen

assim que sobald
gasto ausgegeben
logo que sobald

fazer unternehmen
fazer anos Geburtstag haben

para lá dorthin

Grammatik

Die Konjugation des Verbs   24.4.1

Pretérito perfeito composto (PPC)

Neben dem **Pretérito perfeito simples (PPS)** existiert im Portugiesischen auch ein zusammengesetztes **Pretérito perfeito,** das **Pretérito perfeito composto,** das hier kurz **PPC** genannt werden soll.

Es wird zusammengesetzt aus den Präsensformen des Verbs **ter** und dem Partizip Perfekt des Verbs, dessen **PPC** man bilden möchte.

contar	querer	ir
tenho contado	tenho querido	tenho ido
tens contado	tens querido	tens ido
tem contado	tem querido	tem ido
temos contado	temos querido	temos ido
(tendes contado)	(tendes querido)	(tendes ido)
têm contado	têm querido	têm ido

Auf den ersten Blick scheint diese Form dem deutschen mit einer Form von *haben* gebildeten Perfekt zu gleichen. Tatsächlich aber ist das PPC formal und inhaltlich unbedingt vom deutschen Perfekt zu unterscheiden:

1. Während im Deutschen das Perfekt in vielen Fällen statt mit einer Form von *haben* mit einer Form von *sein* (z. B. *ich bin gereist*) gebildet wird, verwendet das Portugiesische für die Bildung des PPC ausschließlich die Formen von **ter** (s. 19.4.2).

2. Inhaltlich dient das PPC zur Bezeichnung **eines Geschehens, das in der Vergangenheit einsetzt und in der Gegenwart des Sprechers nicht abgeschlossen ist oder gerade aufhört.**

   Beispiele:
   Tem estado bom tempo.
   Bis heute hatten wir schönes Wetter.
   Temos pensado muito em vocês.
   Wir haben seither sehr an euch gedacht.
   (Da das PPC unter den deutschen Verbformen inhaltlich keine Entsprechung hat, muß es mit Hilfe von Adverbien übersetzt werden, die die jeweilige Bedeutung des PPC wiedergeben.)
   Não sei, e tenho pensado muito nisso. (*Aus Lekt. 16*)
   Aus Lekt. 24:
   A si não lhe tem acontecido já ser generoso?

Zum Gebrauch des Konjunktivs   24.4.2

1. Während viele Adverbien, Konjunktionen, Verben oder unpersönliche Ausdrücke den Gebrauch des Konjunktivs unter allen Umständen erzwingen (s. 18.4.1), gibt es auch Fälle, in denen — abhängig von inhaltlichen Bedingungen — sowohl Konjunktiv als auch Indikativ verwendet werden können.
   Zu diesen Fällen zählen:
   Sätze mit den Konjunktionen **assim que** *sobald*, **logo que** *sobald* und **tão ... que** *so ... daß*.

Nur wenn das Verb, dem eine dieser Konjunktionen zuzuordnen ist, etwas objektiv Feststehendes bzw. wirklich Geschehenes ausdrückt, ist es in der Indikativform zu verwenden.

Beispiele:
Assim que soube, telefonou-me.
Sobald er es erfuhr, rief er mich an.

Assim que saiba, telefono-te.
Sobald ich es erfahre, rufe ich dich an.

Telefonaram logo que chegaram.
Sie riefen an, sobald sie ankamen.

Telefona logo que chegues.
Ruf an, sobald du ankommst.

Ele é tão parvo que acredita nisso.
Er ist so dumm, daß er das glaubt.

Ele é tão parvo que acredite nisso?
Ist er so dumm, daß er das glaubt?

Tem tanto dinheiro que não sabe o que lhe há-de fazer.
Er hat so viel Geld, daß er nicht weiß, was er damit anfangen soll.

Não tem tanto dinheiro que não saiba o que lhe há-de fazer.
Er hat nicht so viel Geld, daß er nicht wüßte, was er damit anfangen soll.

2. **Relativsätze:**
In Relativsätzen nämlich, deren Aussage dem Substantiv, auf das sie bezogen sind, nicht nachweisbar wirklich als Attribut zukommt, sondern ihm nur als **gewünscht, beabsichtigt, möglich** oder dergleichen (s. 18.4.1) vom Sprecher·zugeordnet wird, steht der Konjunktiv.

Beispiele:
Eras capaz de me convidar para jantar num restaurante onde soubesses que irias encontrar amigos teus? (*Aus Lekt. 16*)
Könntest du mich zum Abendessen in ein Restaurant einladen, von dem du wüßtest, daß du dort Freunde von dir treffen würdest?

Convidas-me para jantar num restaurante onde sabes que vais encontrar amigos teus.
Du lädst mich zum Abendessen in ein Restaurant ein, von dem du bestimmt weißt, daß du dort Freunde von dir treffen wirst.

Era capaz de jantar contigo num restaurante onde estivessem amigos meus. (*Id.*)
Ich könnte mit dir in einem Restaurant zu Abend essen, in dem Freunde von mir anwesend wären.

Jantou comigo num restaurante onde estavam amigos dele.
Er aß mit mir in einem Restaurant zu Abend, in dem Freunde von ihm anwesend waren.

Aus Lekt. 24:
Cem escudos, para mim, não é coisa que se sinta.
Für mich sind 100 Escudos nichts, dessen Verlust man fühlen würde.
(Weitere Beispiele: s. Text zu Lekt. 25 und 26.)

Übungen 24.5

1. *Geben Sie den Inhalt des Textes kurz auf Portugiesisch wieder!*

2. *Geben Sie folgende Sätze in eigener Formulierung auf Portugiesisch wieder:* Conta-se em duas palavras. Foi há coisa de três meses. Nunca dei por isso. Um catraiozinho de nove ou dez anos. Nem me voltou troco. Cem escudos, para mim, não é coisa que se sinta. E muito menos duzentos. (. . .) com a intenção de lhe dar a nota de cem. Já só me restavam novecentos até ao fim do mês. Devia ainda um conto no alfaiate. Até podia faltar-me a massa para ir ao cinema. Aliás, tudo o que eu lhe contei, fi-lo também, pelo menos em imaginação, centos de vezes. E serão menos meus esses gestos do que os outros, de que me confesso agora?

3. *Setzen Sie in den Plural:* A si não lhe tem acontecido já ser generoso? "Olha", disse eu, atrapalhado, "toma lá estes cem escudos". Não estendeu sequer a mão para aceitar o dinheiro. O certo é que meti a mão na carteira, tirei de lá outra nota de cem e obriguei-o a aceitá-la. Não acredita? Aliás, tudo o que eu lhe contei, fi-lo também, pelo menos em imaginação, centos de vezes.

4. *Setzen Sie in den Plural und versuchen Sie, zu übersetzen:* Tens visto o João? Não tenho estudado muito. Ela não tem vindo à praia. Tenho pensado muito nisso. Nos últimos anos, ele tem escrito bastante. Tens lido o jornal? Não tenho visto televisão. Ele tem viajado muito. Tenho gasto muito dinheiro. Ela tem jantado fora.

5. *Übersetzen Sie:* Das kommt häufig vor. Ich werde es ihm erzählen. Sobald ich Geld genug habe, werde ich eine große Reise unternehmen. Was trinkst du zum Frühstück? Vor etwa drei Wochen ging ich zum ersten Mal in meinem Leben zum Zahnarzt. Ich war so müde, daß ich nicht weiterarbeiten konnte. Ich trinke fast immer Wein zum Mittagessen. Kennst du jemanden, der Griechisch spricht? Als ich die Rechnung zahlen wollte, merkte ich, daß ich kein Geld mehr hatte. Er übertreibt immer. Ich muß nach Porto; kennst du jemanden, der am Wochenende dorthin fährt? Ich kann nicht mehr viel ausgeben, ich habe nur 100$00 bis Ende der Woche. Rosarinho hat am 22. Dezember Geburtstag; sie wird jetzt 10 Jahre alt. Ich kenne wenige Ausländer, die so gut Deutsch sprechen wie sie.

25. Lektion

— Eu queria fazer uma reclamação — disse o homenzinho (...).
(...)
— Reclamação sobre o quê? — perguntou (...) o recepcionista.
— Não consigo dormir — murmurou o homenzinho.
O outro abriu a gaveta, tirou um comprimido lá de dentro e disse:
— Tome. Vai ver que dorme.
(...)
— (...) Não durmo porque os canos da água levam a noite inteira a fazer ruídos. — E num rasgo de audácia: — Não é caso de pílulas mas de válvulas.
O recepcionista fixou-o demoradamente e depois perguntou:
— E que espécie de ruídos fazem os canos no seu quarto?
(...)
— Em que quarto está o senhor? — inquiriu o recepcionista.
— No cento e onze — respondeu o homenzinho.
— Cento e onze? — admirou-se o recepcionista (...).
(...)
— Vou mandar ver isso — prometeu solenemente o recepcionista.
E o homenzinho, satisfeito, regressou ao quarto. Nesse instante, os canos faziam mais barulho do que nunca. (...) Sorriu e sentou-se na beira da cama, à espera.
Daí a pouco bateram à porta. "É o canalizador", pensou.
— Sou o médico do hotel (...). — Vamos lá ver essa história dos ruídos.
Por instinto, o homenzinho estendeu-se na cama e fechou os olhos. O barulho dos canos cessara repentinamente. (...)
— Não há ruídos — disse muito tempo depois o clínico.
— Não há ruídos — repetiu o homenzinho. E num rompante: —Não há ruídos agora, mas tem havido ruídos sempre e continuará sempre a haver ruídos. Ou julgará que estou doido?
O médico pôs-se a escrever num livro de capa preta.
— Desde quando é que o senhor ouve ruídos?
(...)
— Desde que estou neste hotel e neste quarto! — exclamou.
— Estranho — raciocinou o médico. — Que idade tem?
— Cinquenta e cinco.
— Estranho! Cinquenta e cinco anos sem ouvir ruídos. Muito estra-

nho mesmo. — E após uma pausa: — E qual foi a sua primeira reac-
ção ao ouvir ruídos?
— Disse para comigo: "Isto vai acabar. Alguém abriu a água, em
baixo ou em cima." Mas não acabou. (. . .)
(. . .)
— (. . .) Na sua família houve ou há alguém que já tivesse escutado
estes ruídos?
O homenzinho reflectiu uns segundos.
— Não. Na minha família nunca houve ninguém que tivesse estado
neste hotel. Nem neste quarto.
— Que lhe acontece quando escuta os ruídos?
— Não durmo.
— Há nos seus antepassados alguém que não tivesse dormido?
— Bom — considerou o homenzinho. — No tempo dos meus antepas-
sados, as estalagens não tinham água corrente.
(. . .)
(*Aus* Santos Fernando, OS GRILOS NÃO CANTAM AO DOMIN-
GO, Parceria A. M. Pereira L.da, Lisboa 1969)

Erläuterungen 25.2

1. o homen**zinho**; demorad**amente**; repentin**amente**: s. 23.4.1.

2. **vai ver** que dorme; **vou mandar** ver isso; **vamos lá ver** essa história dos
ruídos; isto **vai acabar**: s. 21.4.1.

3. cessara: s. 19.4.1.

4. **tem havido** ruídos sempre: s. 24.4.1.

5. Ou **julgará** que estou doido? *Denken Sie, daß ich verrückt bin?* (*Sie
werden doch nicht denken, daß ich verrückt bin?*): Das Futur wird im Portugiesischen statt des Präsens benutzt, wenn im Satz etwas nur **Vermutetes,
Befürchtetes** oder dgl. ausgedrückt ist. Das Deutsche kennt diesen Gebrauch
des Futurs zwar auch, läßt seine Anwendung aber nicht in allen Fällen zu,
in denen er im Portugiesischen begegnet.

6. Na sua família houve ou há alguém **que já tivesse escutado** estes ruídos?
Na minha família nunca houve ninguém **que tivesse estado** neste hotel.
Há nos seus antepassados alguém **que não tivesse dormido**? s. 24.4.2.

7. Na minha família **nunca** houve **ninguém** que tivesse estado neste hotel:
s. 9.4.2.

Vokabeln zum Text

a reclamação die Reklamation
o homenzinho der kleine Mann
sobre über
o recepcionista der Mann an der Rezeption
murmurar murmeln
lá de dentro heraus
o cano da água das Wasserrohr
o ruído der Krach, das Geräusch
levam a noite a fazer ruídos sie machen die ganze Nacht Krach
o rasgo der Aufschwung
a audácia die Kühnheit
a pílula die Pille
a válvula das Ventil
fixar fixieren
demoradamente lange

que espécie de was für
inquirir fragen
ver hier: prüfen, nachsehen
solenemente ernst, förmlich
o instante der Augenblick
o barulho der Krach
nunca je zuvor
a beira der Rand
à espera (frei) und wartete
daí a pouco kurz danach
o canalizador der Klempner
o instinto der Instinkt
cessar aufhören
repentinamente plötzlich
o clínico der Kliniker
o rompante der Ausbruch
julgará denken Sie wohl
doido verrückt
a capa der Umschlag

exclamar ausrufen
raciocinar nachdenken, überlegen
que idade tem? wie alt sind Sie?
mesmo wirklich
a pausa die Pause
para comigo mir
acabar vorbeigehen, aufhören
em baixo unten
em cima oben
escutar hören
reflectir überlegen
os antepassados die Vorfahren
bom na ja
considerar bedenken
a estalagem das Gasthaus
a água corrente das fließende Wasser

Vokabeln zum Grammatikteil und zu den Übungen

a conclusão das Ergebnis
chegar a uma conclusão zu einem Ergebnis kommen

o prédio das Gebäude

tratar-se (de) sich handeln (um)

Grammatik

Zur Stellung des Subjekts

Wie bereits an früherer Stelle bemerkt (s. 12.4.5), steht das Subjekt im Portugiesischen normalerweise vor dem Verb, und zwar auch dann, wenn dem Subjekt ein Adverb vorangeht, das im Deutschen die Nachstellung des Subjekts zur Folge hätte (z. B.: *Heute geht Fernando ins Kino*, aber: **Hoje o Fernando vai ao cinema**). In Fragesätzen hingegen, die von einem Fragewort eingeleitet werden, wird das Subjekt nachgestellt (s. 12.4.5).

1. Das Subjekt wird außerdem **nachgestellt**:

   a. Wenn man es besonders **hervorheben** will.

   Beispiele:
   Telefonei eu.
   Ich habe angerufen.

   Estão todos em casa da Zé e do Rui.
   Alle sind bei Zé und Rui.

   Já saltaram a cancela trezentos e vinte e dois carneiros. (*Aus Lekt. 22*)

b. Wenn es in einem **Befehlssatz** genannt wird (um besonders hervorzuheben, wem der Befehl gilt).

Beispiel:
Diz tu!
Sag du es!

c. Wenn als Prädikat ein **Partizip Perfekt** oder ein **Gerundium** dient.

Beispiele:
Anunciados os saldos, há muita gente pela certa. (*Aus Lekt. 14*)
(. . .) não sabendo o outro do que se tratava.
(. . .) *und der andere wußte nicht, worum es sich handelte.*

d. Wenn es **das Subjekt eines nachgestellten Begleitsatzes** zu einer wörtlichen Rede ist.

Beispiele:
—Sou português — dizia um rapaz moreno (. . .). (*Aus Lekt. 18*)
—É médico? — perguntou-lhe a rapariga loura. (*Id.*)
—Sei que é argentino como eu e nada mais! — explicou Carmen.
(*Id.*)
—Não! Não! — gritou a Maria Luísa. (*Id.*)
—Boa noite — respondeu, neutro, o viajante. (*Aus Lekt. 20*)
"Gostavas de provar este bolo?" perguntei eu. (*Aus Lekt. 24*)
"Olha", disse eu, atrapalhado (. . .) (*Id.*)

Aus Lekt. 25:
— Reclamação sobre o quê? — perguntou o recepcionista.
— Não consigo dormir — murmurou o homenzinho.
— Estranho — raciocinou o médico.

2. Das Subjekt wird manchmal nachgestellt, wenn als Prädikat ein intransiti-
ves Verb verwendet ist.

Beispiele:
Vivem nesse prédio cinco famílias.
In diesem Gebäude wohnen fünf Familien.
Chegou o pai dela.
Ihr Vater ist angekommen.
Vieram todos ontem.
Alle kamen gestern.
Vem lá a Joaninha.
Dort kommt Joaninha.

Zur indirekten Rede   **25.4.2**

Wie im Deutschen gibt die indirekte Rede auch im Portugiesischen die
Worte eines Sprechenden in einem Nebensatz wieder, der von einem Ausdruck des Sagens oder Denkens abhängt.

Während in der indirekten Rede im Deutschen aber in der Regel der Konjunktiv zu verwenden ist, steht das Verb der indirekten Rede im Portugiesischen nur dort im Konjunktiv, wo auch in der entsprechenden direkten Rede Konjunktiv (oder Imperativ) benutzt würde, sonst aber im Indikativ. Die folgende Tabelle zeigt, welche Verbform der indirekten Rede im Portugiesischen die Verbform entsprechender direkter Rede ersetzt:

Direkte Rede	*Indirekte Rede*
Präsens	Imperfekt
PPS	Plusquamperfekt II
Imperfekt	Imperfekt
Futur	Konditional
Konditional	Konditional
Imperativ ⎫	
Konj. Präsens ⎬	Konj. Imperfekt
Konj. Futur ⎭	
Konj. Imperfekt	Konj. Imperfekt od.
	Konj. Plusquamperfekt

Sofern das Verb, von dem die indirekte Rede abhängt, im Präsens steht, können die Verbformen der direkten Rede auch für die indirekte Rede beibehalten werden. Nur der Imperativ der direkten Rede ist in diesem Fall mit Konj. Präsens wiederzugeben.

Beispiele:

Dir. Rede:	Oferece-me uma bebida? (*Aus Lekt. 9*)
Ind. Rede:	Perguntou se lhe oferecia uma bebida.
Dir. Rede:	Julgou que eu estava à espera duma mulher? (*Id.*)
Ind. Rede:	Perguntou se tinha julgado que ele estava à espera duma mulher.
Dir. Rede:	—Diz que sim, Chico. Qualquer dia vamos os três ver o mar. E a Felicidade também há-de ter o seu barco. (*Aus Lekt. 12*)
Ind. Rede:	Disse ao Chico que dissesse que sim. E que qualquer dia iam os três ver o mar. E que a Felicidade também havia de ter o seu barco.
Dir. Rede:	— Meu pai dizia-me que da janela da repartição onde trabalhava se via o mar. (*Aus Lekt. 15*)
Ind. Rede:	Contou que o seu pai lhe dizia que da janela da repartição onde trabalhava se via o mar.
Dir. Rede:	—Diz lá para que manténs esta tradição que nada te interessa... (*Aus Lekt. 16*)
Ind. Rede:	Pediu-lhe que dissesse para que mantinha essa tradição que nada lhe interessava.

Dir. Rede:	—Eras capaz de me convidar para jantar num restaurante onde soubesses que irias encontrar amigos teus? (*Id.*)
Ind. Rede:	Perguntou se era capaz de o convidar para jantar num restaurante onde soubesse que iria encontrar amigos seus.
Dir. Rede:	—Sou português e chamo-me João Francisco. (*Aus Lekt. 18*)
Ind. Rede:	Diz que é português e que se chama João Francisco.
Dir. Rede:	—Nós gostámos imenso de Lisboa! —disse a morena. (*Id.*)
Ind. Rede:	A morena disse que elas tinham gostado imenso de Lisboa.
Dir. Rede:	—É o elemento que nos falta para o grupo, talvez saiba jogar a canasta! (*Id.*)
Ind. Rede:	Disse que era o elemento que lhes faltava para o grupo, que talvez soubesse jogar a canasta.
Dir. Rede:	—Mande-me buscar manteiga fresca, não se esqueça. E faça favor de fechar a porta. (*Aus Lekt. 20*)
Ind. Rede:	Disse que lhe mandasse buscar manteiga fresca, que não se esquecesse. E que fizesse o favor de fechar a porta.
Dir. Rede:	—Bem, eu estou a falar pelo que vi... (*Aus Lekt. 21*)
Ind. Rede:	Disse que estava a falar pelo que tinha visto.
Aus Lekt. 25:	
Dir. Rede:	—Eu queria fazer uma reclamação — disse o homenzinho.
Ind. Rede:	O homenzinho disse que queria fazer uma reclamação.
Dir. Rede:	— Desde quando é que o senhor ouve ruídos?
Ind. Rede:	Perguntou desde quando é que ele ouvia ruídos.

Bemerkung:

Eine indirekte Rede, die eine direkte Rede mit Imperativ wiedergibt, wird umgangssprachlich statt mit que zum Teil auch mit **para** eingeleitet. In diesem Fall ersetzt nicht der Konjunktiv Imperfekt, sondern der **persönliche Infinitiv** den Imperativ der direkten Rede.

> *Beispiel:*
> *Dir. Rede:* —Mande-me buscar manteiga fresca!
> *Ind. Rede:* Diz para lhe mandares buscar manteiga fresca.

Übungen   **25.5**

1. *Geben Sie den Inhalt des Textes kurz auf Portugiesisch wieder!*

2. *Antworten Sie:* Porque é que o homem queria fazer uma reclamação? E porque é que não conseguia dormir? Em que quarto estava? Porque é que voltou satisfeito para o quarto? Porque é que o médico do hotel foi falar com ele? Quando o médico chegou ao quarto, havia ruídos? A que conclusão chegou o médico?

3. *Setzen Sie in die indirekte Rede:* — Não consigo dormir — murmurou o homenzinho. — Não durmo porque os canos da água levam a noite inteira a fazer ruídos. —Sou o médico do hotel. — E qual foi a sua primeira reacção ao ouvir ruídos? — Na sua família houve ou há alguém que já tivesse escutado estes ruídos? — Há nos seus antepassados alguém que não tivesse dormido? —No tempo dos meus antepassados as estalagens não tinham água corrente.

4. *Geben Sie folgende Sätze in eigener Formulierung auf Portugiesisch wieder:* Não consigo dormir. Não durmo porque os canos da água levam a noite inteira a fazer ruídos. O recepcionista fixou-o demoradamente. Daí a pouco bateram à porta. O barulho dos canos cessara repentinamente. E qual foi a sua primeira reacção ao ouvir ruídos?

5. *Setzen Sie in den Plural:* Eu queria fazer uma reclamação — disse o homenzinho. — Não consigo dormir. — Tome. Vai ver que dorme. —Em que quarto está o senhor? E o homenzinho, satisfeito, regressou ao quarto, sorriu e sentou-se na beira da cama, à espera. — Que lhe acontece quando escuta os ruídos? — Não durmo.

26. Lektion

26.1

Se pensar bem, vejo que nada encontrei na vida que se compare ao Natal do Campo Alegre. (...) Nos primeiros anos, eu não sabia, até mesmo à noite de 24, o que seriam as prendas. Imaginava brinquedos, repontava ao pensar que se uma das tias voltasse a dar-me um par de meias ou uma gravata eu ficaria a olhar com ar logrado pelo seu triste aspecto utilitário. O segredo no presentear está precisamente em dar qualquer coisa que não tenha aparente utilidade, que só remotamente venha a ocupar um lugar de necessidade imediata. Queria coisas que me distraíssem, que me animassem, raquetes de ténis, bola de futebol, automóveis de corrida, colecções de revistas para desenhar, ler e deitar fora, queria coisas efémeras. Quando se é novo, vive-se muito para a relatividade do efémero. As coisas alongam-se no tempo, quer-se sempre mais, nunca se está satisfeito, deseja--se uma medida incomportável. Os objectos contam pela sua utilidade de distracção e qualquer prenda (lápis, canetas, papel, cinto, etc.) que desencadeie a ideia de obrigação perde todo o interesse e valor. Quando (...) olhava para a minha mesa e começava a ver meias, sabonetes, gravata e outras utilidades, amuava um tudo-nada com aquele Natal. Bom mesmo era um Natal só com brinquedos, um Natal de loucura, cheio de engenhocas, de bugigangas para durarem meia hora (. . .).

(*Aus* Ruben A., O MUNDO À MINHA PROCURA, Livraria Portugal, Lisboa 1964)

Erläuterungen 26.2

1. (. . .) que nada encontrei na vida que se **compare** ao Natal do Campo Alegre. (. . .) em dar qualquer coisa que não **tenha** aparente utilidade, **que** só remotamente **venha a ocupar** um lugar de necessidade imediata. Queria coisas **que** me **distraíssem, que** me **animassem** (. . .). (. . .) e qualquer prenda (. . .) **que desencadeie** a ideia de obrigação perde todo o interesse e valor: s. 24.4.2.

2. Quando se é novo, vive-se muito para a relatividade do efémero. (. . .) quer-se sempre mais, nunca se está satisfeito, deseja-se uma medida incomportável: s. 14.4.3 und 15.4.3.

3. (. . .) para **durarem** meia hora: s. 20.4.1.

Vokabeln zum Text 26.3.1

a **prenda** das Geschenk
imaginar sich vorstellen
o **brinquedo** das Spielzeug
repontar bockig werden, meckern
as **meias** die Strümpfe
logrado betrogen
utilitário nützlich
o **segredo** das Geheimnis
presentear schenken
precisamente genau
qualquer coisa etwas
aparente scheinbar
a **utilidade** die Nützlichkeit
remotamente entfernt
ocupar einnehmen
a **necessidade** die Notwendigkeit
imediato unmittelbar
distrair unterhalten

animar anregen
a **raquete de ténis** der Tennisschläger
a **bola de futebol** der Fußball
o **automóvel de corrida** das Rennauto
a **colecção** die Sammlung
a **revista** die Zeitschrift
desenhar zeichnen
deitar fora wegwerfen
efémero vergänglich, kurzlebig
a **relatividade** die Relativität
alongar-se sich ausdehnen, erstrecken
o **efémero** das Vergängliche
incomportável unverträglich

o **objecto** das Ding
a **distracção** die Zerstreuung
o **cinto** der Gürtel
etc. usw.
desencadear auslösen
a **ideia** die Vorstellung
a **obrigação** die Verpflichtung
o **valor** der Wert
o **sabonete** die Seife
amuar schmollen
um tudo nada etwas
a **loucura** die Verrücktheit
a **engenhoca** der Apparat, das Maschinchen
a **bugiganga** der Kleinkram

Vokabeln zum Grammatikteil und zu den Übungen 26.3.2

anunciar ankündigen

conforme wie

entrar hereinkommen

Grammatik

Konjunktiv Futur

Die Formen des Konjunktivs Futur lassen sich bei allen Verben dadurch ableiten, daß man die um die letzten drei Buchstaben verkürzte Form der 2. Person Singular des PPS mit den im folgenden angegebenen Endungen versieht.

encontrar *treffen*	perder *verlieren*	vir *kommen*
encontra **r**	perde **r**	vie **r**
ich werde treffen	*ich werde verlieren*	*ich werde kommen*
encontra **res**	perde **res**	vie **res**
encontra **r**	perde **r**	vie **r**
encontra **rmos**	perde **rmos**	vie **rmos**
(encontra **rdes**)	(perde **rdes**)	(vie **rdes**)
encontra **rem**	perde **rem**	vie **rem**

Es gibt auch eine zusammengesetzte Form des Konjunktivs Futur — Futur II:

tiver encontrado	*ich werde gefunden haben*
tiveres encontrado	
tiver encontrado	
tivermos encontrado	
(tiverdes encontrado)	
tiverem encontrado	

(Es ist bemerkenswert, daß bei den regelmäßigen Verben der Konjunktiv Futur formal völlig mit dem persönlichen Infinitiv übereinstimmt. Bei den unregelmäßigen Verben ist diese Übereinstimmung allerdings nicht gegeben.)

Zum Gebrauch des Konjunktivs   26.4.2

Zum Gebrauch des Konjunktivs Imperfekt

Außer in den an früherer Stelle erwähnten Fällen (s. 18.4.1 und 24.4.2) wird der Konjunktiv Imperfekt in **irrealen Bedingungssätzen** gebraucht.

Beispiel:
Vendíamos (venderíamos) o carro velho se tivéssemos dinheiro para comprar um novo.
Wir würden das alte Auto verkaufen, wenn wir Geld hätten, ein neues zu kaufen.

Zum Gebrauch des Konjunktivs Futur

1. Der Konjunktiv Futur wird gebraucht, wenn es im Satz um **eine zukünftige Handlung bzw. einen zukünftigen Vorgang oder Zustand geht, der nicht mit Sicherheit erwartet werden kann,** und zwar:

a. In **Nebensätzen** nach:

assim que	*sobald*
logo que	*sobald*
como	*wie*
conforme	*wie*
enquanto	*solange*
quando	*wenn*
se	*wenn*

Beispiele:

Vamos de carro ou a pé? — Como quiseres.
Fahren wir mit dem Auto oder gehen wir zu Fuß? — Wie du willst.
Enquanto eles não telefonarem, não podemos sair de casa.
Solange sie noch nicht angerufen haben, können wir die Wohnung nicht verlassen.
Vendemos o carro velho quando tivermos dinheiro para comprar um novo.
Wir verkaufen das alte Auto, wenn wir Geld haben, ein neues zu kaufen.
Se souber alguma coisa, digo-te.
Wenn ich etwas erfahre, sage ich es dir.

b. In **Relativsätzen,** die durch **quem, o que, onde** usw. eingeleitet sind.

Beispiele:

Podes convidar quem quiseres.
Du kannst einladen, wen du willst.
Tens a certeza de que ele vai concordar com o que resolvermos?
Bist du sicher, daß er mit dem, was wir beschließen werden, einverstanden sein wird?

2. Der Konjunktiv Futur wird auch in Ausdrücken folgender Art gebraucht:

aconteça o que acontecer	*komme, was wolle od. was auch geschehen mag*
digam o que disserem	*was sie auch immer sagen werden*
escrevam o que escreverem	*was sie auch schreiben mögen*
pergunte o que perguntar	*was er auch immer fragen wird*
venha quem vier	*wer auch immer kommen wird*
seja como for	*sei es wie es sei*
seja quem for	*wer es auch sein mag*

Beispiele aus den Lektionen:

Que ficará ele a pensar de nós, se você o for buscar assim sem mais nem menos? (*Aus Lekt. 18*)

Se pensar bem, vejo que nada encontrei na vida que se compare ao Natal do Campo Alegre. (*Aus Lekt. 26*)
Não há estádio vazio, seja qual for o tempo, desde que haja encontro. (*Aus Lekt. 14*)

Übungen 26.5

1. *Antworten Sie:* O autor costumava saber o que ia receber no Natal? Porque é que não gostava que lhe dessem um par de meias ou uma gravata pelo Natal? O que é que ele gostava de receber? Porquê? Ficava contente quando lhe ofereciam um lápis ou uma gravata? Porquê?

2. *Konjugieren Sie im PPS, Konjunktiv Präsens, Konjunktiv Imperfekt, Konjunktiv Futur und persönlichen Infinitiv:* pensar, ver, encontrar, saber, ser, imaginar, dar, olhar, ter, vir, distrair, ler, viver, querer, começar.

3. *Setzen Sie das Hauptverb in den folgenden drei Sätzen ins Präsens und nehmen Sie alle notwendigen Änderungen an den Sätzen vor, die sich daraus ergeben:* Eu não sabia o que seriam as prendas. Repontava ao pensar que se uma das tias voltasse a dar-me um par de meias ou uma gravata eu ficaria a olhar com ar logrado pelo seu triste aspecto utilitário. Queria coisas que me distraíssem, que me animassem.

4. *Setzen Sie die folgenden Sätze in die indirekte Rede, die Sie mit "ele disse que . . ." einleiten:* Se pensar bem, vejo que nada encontrei na vida que se compare ao Natal do Campo Alegre. O segredo no presentear está precisamente em dar qualquer coisa que não tenha aparente utilidade, que só remotamente venha a ocupar um lugar de necessidade imediata. Queria coisas que me distraíssem, que me animassem. Quando se é novo, vive-se muito para a relatividade do efémero. Qualquer prenda que desencadeie a ideia de obrigação perde todo o interesse e valor.

5. *Übersetzen Sie:* Ich gehe nicht zum Strand, solange das Wetter nicht schön ist. Wohin sollen wir im Sommer fahren? — Wohin du willst. Kündige bitte an, daß die, die nach neun Uhr ankommen, nicht mehr hereinkommen können. Wenn du willst, gehen wir morgen ins Kino. Wenn sie nicht bis vier Uhr kommen, gehe ich weg. Wenn er ankommt, sag ihm, er soll mich anrufen. Heirate, wen du willst. Was er auch immer fragen wird, ich werde nicht antworten. Solange sie bei dir wohnen, werde ich dich nicht besuchen. Wenn ich Zeit habe, werde ich heute zu ihr gehen.

27. Lektion

— Ouve-me... Sim, às vezes penso: "Sou um canalha, um egoísta feroz..." Mas nem sequer isso! Até a dignidade de ser um canalha me falta, talvez seja o que pareço ser, medíocre em tudo, no bem e no mal... E represento uma comédia a ver se posso passar por interessante, mas não tenho qualquer interesse, o próprio interesse é fingido. Um romancista em potência, afinal! Sobretudo isto: talvez nada tenha que confessar, sejam vulgaríssimos os sentimentos que encontro dentro de mim. Preocupações sublimes como estas: "Apetece-me agora um café, preciso de ir ali adiante comprar uma caixa de fósforos, ignoro se o meu relógio estará certo, vi ontem um fato inglês que me deve ficar extraordinariamente bem..." (. . .) nada tenho que confessar, sou vazio, invento segredos terríveis, mas é tudo uma vigarice para me engrandecer a meus próprios olhos e perante os outros, perante ti... (. . .)
(. . .)
— Outra coisa ainda: umas vezes tratas-me por tu, outras por você. Acredita... Através de toda a minha vida... Não só contigo. Deve haver um mistério... Não percebo, uma intuição que leva as outras pessoas a hesitarem em tratar-me por tu. Porquê? Não sou pessoa que se trate por tu, que seja fácil tratar por tu? E o mais estranho é que antes de me conhecerem melhor, logo nos primeiros momentos da apresentação, há quem comece a tratar-me por tu, pessoas habituadas a tratarem-se sempre por tu. Mas a pouco e pouco, à medida que vão convivendo comigo, e convivendo espaçadamente é claro, esquecem-se, deixam de saber se me tratam por tu ou por você e, na dúvida, decidem-se pelo você. Isto, embora não hesitem com mais ninguém! Tu também hesitas. Explica-me: que tenho eu para que os outros hesitem? Qualquer coisa em mim constrange os outros, à minha volta ninguém se sente à vontade, é isso? Explica-me...

(*Aus* Augusto Abelaira, QUATRO PAREDES NUAS, Livraria Bertrand, Amadora 1972)

Erläuterungen 27.2

1. (. . .) ignoro se o meu relógio **estará** certo *ich weiß nicht, ob meine Uhr richtig geht*: s. 25.2,5.

2. extraordin**ariamente**: s. 23.4.1.

3. (. . .) que leva as outras pessoas a **hesitarem** em **tratar**-me por tu. E o mais estranho é que antes de me **conhecerem** melhor (. . .) há quem comece a tratar-me por tu, pessoas habituadas a **tratarem**-se sempre por tu: s. 20.4.1.

4. Não sou pessoa **que se trate** por tu, **que seja** fácil tratar por tu? E o mais estranho é que (. . .) há **quem comece** a tratar-me por tu (. . .): s. 24.4.2.

5. (. . .) à medida que **vão convivendo** comigo: s. 21.4.1.

Vokabeln zum Text   27.3.1

o canalha das Aas
o egoísta der Egoist
feroz hier: schlimm
a dignidade die Würde
medíocre mittelmäßig
o bem das Gute
o mal das Schlechte
representar spielen
a comédia die Komödie
passar por gelten als
não ter qualquer interesse ganz uninteressant sein
fingido fingiert, künstlich
o romancista der Romancier, der Romanschriftsteller
em potência den Voraussetzungen nach, der Veranlagung (Möglichkeit) nach
sobretudo hauptsächlich
vulgar alltäglich
o sentimento das Gefühl

a preocupação die Sorge
sublime erhaben
apetecer Lust haben (auf)
precisar (de) müssen
ali adiante dort drüben
a caixa die Schachtel
o fósforo das Streichholz
ignorar nicht wissen
estar certo richtig gehen
ficar bem gut stehen
extraordinariamente außerordentlich
inventar erfinden
terrível schrecklich
a vigarice der Betrug
engrandecer-se sich interessant machen (wörtl.: sich erhöhen)
perante vor
tratar por tu duzen
tratar por você siezen
através hindurch
o mistério das Geheimnis

a intuição die Intuition
levar (a) bringen (zu)
hesitar zögern
a apresentação die Vorstellung
a pouco e pouco nach und nach
à medida que während
conviver umgehen
espaçadamente in Abständen
é claro natürlich
deixar de saber vergessen, nicht mehr wissen
decidir-se (por) sich entschließen (für)
constranger verlegen machen, beengen
à minha volta um mich herum
à vontade wohl, ungezwungen

Vokabeln zum Grammatikteil und zu den Übungen   27.3.2

andar fahren, gehen; ~ de avião fliegen
a bicicleta das Fahrrad
bondoso gutherzig
o convidado der Gast
o corpo der Körper
descer aussteigen
o eléctrico die Straßenbahn
o espectáculo die Vorstellung

o estojo das Etui
o garoto der Junge, der Milchkaffee
o globo der Globus
ir às compras einkaufen gehen, zum Einkaufen gehen
o lobo der Wolf
o piloto der Pilot
a porca die Sau

o porco das Schwein
risonho lächelnd
roto zerlumpt, verschlissen
o selo die Briefmarke
ser da mesma idade gleich alt sein
tratar por senhor siezen

Grammatik

Zum Gebrauch von andar und ir   27.4.1

Sowohl **andar** als auch **ir** sind mit *gehen, fahren, fliegen* übersetzbar. Im Gegensatz zu ihren deutschen Entsprechungen sind diese beiden Wörter im Portugiesischen aber nicht beliebig vertauschbar:

Handelt es sich bei der angegebenen Bewegungsart nämlich um **Bewegung auf ein bestimmtes Ziel zu,** so ist unbedingt eine Form von **ir** zu benutzen. Ist hingegen ein **zielloses Sich-Umher-Bewegen** oder **eine bestimmte Bewegungsart ganz allgemein** gemeint, so muß eine Form von **andar** verwendet werden.

Beispiele:
Ele viveu em Coimbra até 1952 e depois foi para o Porto. (*Aus Lekt. 6*)
Nunca foste de comboio para Espanha?
Bist du nie mit dem Zug nach Spanien gefahren?

Se fores de metropolitano, é melhor desceres em Alvalade.
Wenn du mit der U-Bahn fährst, ist es besser, wenn du in Alvalade aussteigst.

Gostamos de andar a pé. (*Aus Lekt. 1*)

Não gosto de andar de eléctrico.
Ich fahre nicht gerne mit der Straßenbahn.

Embora goste tanto de andar de carro, às vezes vou às compras de bicicleta.
Obwohl ich so gerne Auto fahre, fahre ich doch manchmal mit dem Fahrrad zum Einkaufen.

Aus Lekt. 27:
(. . .) preciso de ir ali adiante comprar uma caixa de fósforos.

Zum Gebrauch des bestimmten Artikels   27.4.2

Der Gebrauch des bestimmten Artikels im Zusammenhang mit Länder-, Städte- und Dorfnamen ist bereits an früherer Stelle erläutert worden (s. 8.4.3).
Hier sollen noch einige Fälle aufgezählt werden, in denen der Gebrauch des Artikels im Portugiesischen von dem im Deutschen abweicht.
Der bestimmte Artikel ist zu gebrauchen:

1. Nach **ambos** *beide* und **todo (todos)** *ganz, alle.*

> *Beispiele:*
> Ambas as marcas são boas.
> *Beide Marken sind gut.*

> Ontem choveu todo o dia.
> *Gestern hat es den ganzen Tag geregnet.*

> Todas as cidades que conheço são interessantes.
> *Alle Städte, die ich kenne, sind interessant.*

2. Normalerweise **vor den Possessivpronomina.**

> *Beispiel:*
> O meu irmão e o teu são da mesma idade.
> *Mein Bruder und deiner sind gleich alt.*

3. Bei der Angabe der **Stunden** der Tageszeit, wenn sie **adverbial** gebraucht werden.

Beispiele:
O espectáculo começa às oito horas.
Die Vorstellung fängt um 8 Uhr an.
Ela chegou ao meio-dia.
Sie kam um 12 Uhr an.
Telefono-lhe depois das seis horas.
Ich rufe ihn nach 6 Uhr an.
(*vgl. aber:* São oito horas. *Es ist 8 Uhr.*)

4. **Bei Eigennamen.**
Beispiel:
A Isabel pensa que já falas italiano. (*Aus Lekt. 1*)

Offene und geschlossene Aussprache des Vokals o   **27.4.3**

Die meisten männlichen Substantive und Adjektive, deren betonter Vokal im Singular ein geschlossenes o [o] ist, haben im Femininum und im Plural ein offenes o [ɔ]:

avô	*Großvater*	avós	
		avó	*Großmutter*
bondoso	*gutherzig*	bondosos	
		bondosa	
		bondosas	
corpo	*Körper*	corpos	
jogo	*Spiel*	jogos	
morto	*tot*	mortos	
		usw.	
nervoso	*nervös*	nervosos	
		usw.	
novo	*neu, jung*	novos	
		usw.	
olho	*Auge*	olhos	
ovo	*Ei*	ovos	
perigoso	*gefährlich*	perigosos	
		usw.	
porco	*Schwein*	porcos	
		porca	*Sau*

Wichtige Ausnahmen (das o bleibt geschlossen) sind:

bolo	*Kuchen*
estojo	*Etui*
garoto	*Junge,* aber auch: *Milchkaffee*
globo	*Globus*
gordo	*dick*
lobo	*Wolf*
moço	*Junge, Freund (eines Mädchens)*
piloto	*Pilot*
risonho	*lächelnd*
roto	*zerlumpt, verschlissen*

Übungen 27.5

1. *Geben Sie folgende Sätze oder Ausdrücke in eigener Formulierung auf Portugiesisch wieder:* Preocupações sublimes. Ignoro se o meu relógio estará certo. Extraordinariamente bem. Sou vazio. Não sou pessoa que se trate por tu? À medida que vão convivendo comigo. Convivendo espaçadamente. Deixam de saber se me tratam por tu ou por você. Na dúvida, decidem-se pelo você. Qualquer coisa em mim constrange os outros. À minha volta ninguém se sente à vontade.

2. *Setzen Sie in den Plural:* Ouve-me. Até a dignidade de ser um canalha me falta, talvez seja o que pareço ser, medíocre em tudo. Nada tenho que confessar, sou vazio, invento segredos, mas é tudo uma vigarice para me engrandecer a meus próprios olhos. Não sou pessoa que se trate por tu? Explica-me.

3. *Konjugieren Sie im Imperfekt, PPS, Konjunktiv Präsens, Konjunktiv Perfekt, Konjunktiv Imperfekt und Konjunktiv Futur:* ouvir, ser, ver, poder, ter, encontrar, ir, haver, hesitar, conhecer *und* conviver.

4. *Übersetzen Sie:* Er siezt alle Kollegen. Im letzten Jahr fuhr ich immer mit der U-Bahn, weil ich noch kein Auto hatte. Mein Bruder flog gestern nach Schweden. Ich mag lieber mit der Straßenbahn als mit dem Bus fahren. Bist du wieder mit dem Zug gefahren, oder bist du diesmal geflogen? Duzt er dich? Ich fahre gerne mit dem Rad. Alle Gäste kamen erst nach 8 Uhr. Ich muß zur Post gehen, weil ich Briefmarken brauche.

28. Lektion

28.1

Nazaré, 15 de Julho de 1955 — Breve encontro luso-brasileiro da poesia e da prosa. Um abraço lavado por este mar de transparências castiças e apertado pelo mesmo vento que enlaça com nós sentimentais os pinheiros da duna. Não sei, mas há qualquer coisa de sagrado num diálogo entre pessoas que falam a mesma língua em tons diferentes. São misteriosas distâncias físicas e metafísicas que se aproximam e se entendem logo, sejam quais forem as diversidades que testemunhem, e guardando ambas a graça irredutível. Numa palestra de irmãos de pátria, é inevitável certa monotonia que o prévio acordo a respeito de alguns valores essenciais motiva; num colóquio em que um dos parceiros se exprime num idioma estranho, a raiz dos assuntos nunca se atinge, porque fica sempre de fora não sei que subtil essência da verdade, que se recusa nas locuções alheias; mas quando os interlocutores usam dum léxico comum, que se matizou em terras diferentes, desaparecem todos os baixios ou desníveis de compreensão, e a conversa parece uma seara a crescer. As duas partes como que se induzem mutuamente. Ressuscitam vocábulos sepultos no cemitério dos dicionários, surgem expressões ou imagens já pressentidas mas informuladas, ensina-se e aprende-se na simples maneira de oferecer um café ou pedir um cigarro. (. . .)

(*Aus* Miguel Torga, DIÁRIO VII, Coimbra Editora, Coimbra, 2. Aufl. 1961)

Erläuterungen 28.2

1. (. . .) sejam quais forem as diversidades **que testemunhem**: s. 24.4.2.

2. (. . .) **sejam quais forem** as diversidades que testemunhem: s. 26.4.2.

Vokabeln zum Text 28.3.1

breve kurz
o encontro das Treffen
luso-brasileiro portugiesisch-brasilianisch
a poesia die Dichtung
a prosa die Prosa
o abraço die Umarmung

lavar waschen
a transparência die Durchsichtigkeit
castiço rein
apertar pressen
enlaçar umschlingen
o nó der Knoten

sentimental sentimental
a duna die Düne
sagrado heilig
o diálogo der Dialog
o tom der Tonfall
misterioso geheimnisvoll
a distância die Entfernung

físico physisch
metafísico metaphysisch
entender-se sich verständigen
a diversidade die Verschiedenartigkeit
testemunhar bezeugen, bekunden
guardar bewahren
irredutível unauflösbar (wörtl.: nicht weiter reduzierbar)
a palestra das Gespräch, die Plauderei
a pátria das Vaterland, die Heimat
o irmão de pátria der Landsmann
inevitável unvermeidlich
a monotonia die Monotonie
prévio vorweggenommen, vorherig
o acordo die Übereinstimmung

a respeito de über
essencial wesentlich
motivar verursachen, veranlassen
o colóquio das Gespräch
o parceiro der Partner, der Teilnehmer
exprimir-se sich ausdrücken
o idioma die Sprache, das Idiom
estranho fremd
a raíz die Wurzel
o assunto der Gegenstand
atingir erreichen
de fora draußen
subtil subtil
a essência der Gehalt
recusar widersetzen, weigern
a locução die Ausdrucksweise
alheio fremd
o interlocutor der Gesprächspartner

usar de benutzen
o léxico der Wortschatz
comum gemeinsam
matizar färben
desaparecer verschwinden
o baixio die Klippe
o desnível die Unebenheit
a compreensão die Verständigung
a seara das Getreidefeld
crescer wachsen
como que irgendwie
induzir fördern
mutuamente gegenseitig
ressuscitar auferwecken
o vocábulo das Wort
sepulto begraben
o cemitério der Friedhof
surgir auftauchen
a expressão der Ausdruck
a imagem das Bild
pressentir ahnen
informulado unausgesprochen
ensinar lehren

Vokabeln zum Grammatikteil und zu den Übungen　28.3.2

o bocado das Stück
a chávena die Tasse
o comércio der Handel
o dente der Zahn
de dia tagsüber
de dia para dia von Tag zu Tag
de três em três dias alle drei Tage

a dor der Schmerz
de hora a hora jede Stunde
a igreja die Kirche
a ilha die Insel
a liberdade die Freiheit
de manhã morgens
o mosteiro das Kloster
de noite nachts
o palácio der Palast

a praça der Platz
a província die Provinz
um quarto de litro ein Viertelliter
a sala de estar das Wohnzimmer
de semana para semana von Woche zu Woche
de (da) tarde nachmittags

Grammatik

Zur Verwendung der Präposition de im Portugiesischen　28.4

Wo im Deutschen zusammengesetzte oder nebeneinandergestellte Substantive verwendet werden, benutzt das Portugiesische vielfach die Präposition **de,** um zwei Substantive zu verbinden.

Da diese Konstruktion dem Deutschen ungewohnt ist, sei hier eine längere Beispielreihe aufgeführt.

Personennamen, Vornamen

Maria de Lurdes
Maria de Fátima
Maria da Conceição
Maria da Graça
Maria do Rosário

aber:
Maria Helena
Maria Teresa
Maria Isabel

Nachnamen
Correia de Sousa
Vieira de Pinho
Borges da Silva
Pinto da Rocha
Brito da Fonseca

Namen von Klöstern, Kirchen, Palästen und dgl.

Mosteiro de Santa Cruz	*Kloster St. Cruz*
a Igreja de S. Pedro	*die Petrikirche*
a Quinta da Ninfa	*das Gut Nymphe*
o Palácio de Belém	*der Palast Belém*

Straßennamen

Rua da Glória	*Gloriastraße*
Avenida da Liberdade	*Freiheitsallee*
Praça do Comércio	*Platz des Handels*
aber:	
Rua Gonçalves Viana	*Gonçalves-Viana-Str.*
(*bei Personennamen*)	

Geographische Bezeichnungen

a cidade de Coimbra	*die Stadt Coimbra*
a província do Algarve	*die Provinz Algarve*
a serra da Estrela	*das Estrela-Gebirge*
a ilha da Madeira	*die Insel Madeira*
aber:	
o rio Tejo	*der Tejo*
(*bei Flußnamen*)	

Maß- und Mengenangaben

um quarto de litro	*ein Viertelliter*
750 gramas de fígado	*750 Gramm Leber*
um bocado de pão	*ein Stück Brot*
duas chávenas de chá	*zwei Tassen Tee*
um copo de vinho	*ein Glas Wein*
dois golos de água	*zwei Schluck Wasser*
um pouco mais de água	*etwas mehr Wasser*
um bocado de papel	*ein Stück Papier*
uma folha de papel	*ein Blatt Papier*
aber:	
meio litro	*ein halbes Liter*

Zeitangaben

4 de Setembro de 1971	*der 4. September 1971*
no ano de 1950	*im Jahr 1950*
o mês de Maio	*der Monat Mai*
às 4 da tarde	*um 4 Uhr nachmittags*
de manhã	*morgens*
de tarde	*nachmittags*
de dia	*tagsüber*
de noite	*nachts*
de hora a hora	*jede Stunde*
de semana para semana	*von Woche zu Woche*
de três em três dias	*alle 3 Tage*
de dia para dia	*von Tag zu Tag*

Eigenschaftsangaben zu Personen

um rapaz de nove anos	*ein neunjähriger Junge*
a pobre da D. Teresa	*die arme D. Teresa*
o bom do homem	*der gute Mann*
coitadinha da Suzana	*arme Suzana*

Verschiedenes

a carteira dos comprimidos	*die Tablettenschachtel*
dor de dentes	*Zahnschmerz*
a sala de estar	*das Wohnzimmer*
centos de vezes	*Hunderte von Male*
um par de meias	*ein Paar Strümpfe*
caixa de fósforos	*Streichholzschachtel*
o cano da água	*das Wasserrohr*

Übungen 28.5

1. *Versuchen Sie, den Text auf Portugiesisch mit eigenen Worten wiederzugeben und zu kommentieren.*

2. *Konjugieren Sie im PPS, Konjunktiv Präsens und Konjunktiv Futur:* saber, falar, aproximar-se, entender, atingir, desaparecer *und* pedir.

3. *Übersetzen Sie:* Er trank drei Tassen Kaffee. Kommst du am Siebenten? Ich brauche mindestens vier Blatt Papier. Ihr Mann ist fast zwei Jahre älter als sie; er ist am 20. Dezember 1941 geboren und sie am 3. September 1943. Ich habe heute erst um 9 Uhr gefrühstückt. João ist am 29. August 1932 und sein Vater am 14. März 1902 geboren. Ich habe Kopfschmerzen, es liegt bestimmt am Wetter. Sie wurde am 26. März 65 Jahre alt. Gib mir ein Glas Wasser, bitte. Sie wird 1973 29 Jahre alt. Kennt ihr die Insel Madeira schon? Sie haben einen neunjährigen und einen sechsjährigen Sohn und eine elfjährige Tochter.

Das Portugiesische in Brasilien 29.1

Vorbemerkungen 29.1.1

Am 22. 4. 1500 landete Pedro Álvares Cabral als erster Portugiese an der brasilianischen Küste und nahm sie für Portugal in Besitz. Um darin Spaniern und Franzosen zuvorzukommen, wurde die Besiedlung des Landes durch Portugiesen von König João III, besonders nach 1531, vorangetrieben. Die das Land bewohnenden Indianer wurden, soweit sie nicht durch Kämpfe und Seuchen zugrunde gingen, versklavt oder ins Landesinnere zurückgedrängt. Als Arbeitskräfte wurden seit 1574 für den Zuckerrohr- und Baumwollanbau Negersklaven eingeführt.

1822 erlangte Brasilien die Unabhängigkeit von Portugal und wurde ein selbständiges Kaiserreich. Über die Sklavenfrage — laut Gesetz war die Sklaverei seit 1850 verboten — kam die Monarchie 1889 zu Fall. Seit am 24. 2. 1891 die Verfassung der Vereinigten Staaten von Brasilien (heute 22 Bundesstaaten) beschlossen wurde, ist Brasilien Republik.

Sie ist mit 8 511 965 km² der fünftgrößte Staat der Erde und hatte 1966 84 679 000 Einwohner. (Das kontinentale Portugal ist 89000 km² groß und hatte 1970 8 124 000 Einwohner.)

Die Bevölkerung Brasiliens setzt sich heute aus etwa 62 % Weißen, 26 % Mischlingen, 11 % Negern und 1 % Indianern und Asiaten zusammen. Die Neger machten um 1800 noch rund die Hälfte der Bevölkerung aus. Die indianische Urbevölkerung ist bis auf kleine Reste zusammengeschmolzen.

Das in Brasilien und das in Portugal gesprochene Portugiesisch weist in Orthographie, Aussprache, Syntax und Wortschatz Unterschiede auf, die einerseits auf die geographische Trennung, andererseits auf die besondere Bevölkerungszusammensetzung Brasiliens zurückgehen. So sind aus der Sprache der wichtigsten Gruppe der indianischen Urbevölkerung, den Tupi-Guarani, tausende von Wörtern ins brasilianische Portugiesisch übernommen worden. Es handelt sich dabei naturgemäß hauptsächlich um Personen- oder Ortsnamen sowie um Bezeichnungen für bestimmte Bäume, Pflanzen, Tiere, Gegenstände, Speisen und Krankheiten. In ähnlicher Weise wurden auch Wörter aus den Sprachen der ins Land gebrachten afrikanischen Neger übernommen.

Nach dem Urteil der Sprachgeschichtler enthält das in Brasilien gesprochene Portugiesisch einige syntaktische Konstruktionen und Ausspracheweisen, die im älteren Portugiesisch für Portugal und Brasilien gleichermaßen gegeben waren, sich aber in Portugal seither anders entwickelt haben. Andererseits hat es in der brasilianischen Literatur der Romantik Bestrebungen gegeben, die sich gegen eine zu konservative Befolgung der portugiesischen grammatischen Normen richteten und eine Mischung aus hergebrachter gehobener Sprache, umgangssprachlichen Formen und volkssprachlichen Ausdrücken aus allen Gegenden Brasiliens propagierten. Auch im 20. Jahrhundert neigen die Schriftsteller Brasiliens dazu, den Unterschied zwischen Literatursprache und gesprochener Sprache nicht zu groß werden zu lassen. Sprachgebräuche, die eklatant gegen in Portugal noch eingehaltene grammatische Normen verstoßen, finden in Brasilien in der Sprache aller Gesellschaftsschichten und in der Literatur Anwendung.

Zu zahlreichen Unterschieden im Wortschatz hat es schließlich geführt, daß als Bezeichnungen für im 19. und 20. Jahrhundert neu Erfundenes oder Eingeführtes in Brasilien vielfach andere Wörter gebildet oder andere Lehnwörter übernommen wurden als in Portugal. Hierzu einige Beispiele: *Straßenbahn: bras.* bonde *m, port.* eléctrico *m; Bus: bras.* ônibus *m, port.* autocarro *m; Zug: bras.* trem *m, port.* comboio *m; Stewardeß: bras.* aeromoça *f, port.* hospedeira *f.*

Aussprache des Portugiesischen in Brasilien   **29.1.2**

Ausspracheunterschiede gegenüber dem europäischen Portugiesisch:

1. **Allgemein:**
   Unbetonte Vokale werden in Brasilien **klarer** ausgesprochen, so daß insgesamt der Unterschied zwischen betonter und unbetonter Silbe nicht so stark zutage tritt wie in Portugal.
   Nasalierte Vokale und Diphthonge werden in Brasilien **stärker nasaliert** als in Portugal.

2. **Bei den Vokalen:**
   Unbetontes **e** im **Wortauslaut** wird in Brasilien nicht als [⁽ə⁾] sondern als [i] ausgesprochen.
   Beispiel:
   disse [ˈdʒisi]

   Unbetontes **e** im **Inlaut** wird nicht als [⁽ə⁾], sondern als [e] ausgesprochen.
   Beispiel:
   beber [beˈber]

   Unbetontes **o** im **Wortauslaut** wird nicht wie in Portugal unbedingt als [u], sondern in einigen Gegenden Brasiliens auch als [o] ausgesprochen.

Beispiel:
grupo [ˈgrupo]
Unbetontes o im **Inlaut** wird nicht als [u], sondern als [o] ausgesprochen.
Beispiel:
recomeçar [rekomeˈsar]

3. **Bei den Diphthongen:**
Der als **em, en** oder **ãe** geschriebene Diphthong [ɐj̃] wird in Brasilien geschlossener, nämlich als [ẽj̃] ausgesprochen.
Beispiel:
ordem [ˈɔrdẽj̃]
Der Diphthong **ei** wird nicht als [ɐj], sondern als [ej] oder als [e] ausgesprochen.
Beispiel:
terceiro [terˈsejro]

4. **Bei den Konsonanten:**
Vor als [i] gesprochenen Vokalen werden **d** und **t** in Brasilien nicht als [d] bzw. [t], sondern als [dʒ] bzw. [tʃ] ausgesprochen.
Beispiel:
vinte [ˈvĩtʃi]
l wird im Wort- und Silbenauslaut nicht als [l], sondern als schwaches [u] ausgesprochen.
Beispiel:
finalmente [finauˈmẽtʃi]
r im **Wortauslaut** wird in Brasilien entweder sehr schwach ausgesprochen oder auch ganz ausgelassen.
Je nach Gegend wird das **r** in Brasilien entweder wie im Deutschen als [ʀ] („*Zäpfchen-r*") oder wie im allgemeinen in Portugal als [ř] („*Zungenspitzen-r*") oder auch als [x], d. h. als stimmloser velardorsaler Reibelaut gesprochen.
Nur in einigen Gegenden Brasiliens wird **s** im Wort- und Silbenauslaut wie in Portugal als [ʃ] bzw. [ʒ] ausgesprochen (s. A 3). Weitaus häufiger ist die Aussprache als [s] bzw. [z].
Beispiel:
buscar [busˈkar]

5. Vor **m** und **n** werden die Vokale **e, o** und **a** in Brasilien immer **geschlossen** ausgesprochen.
Beispiel:
quilômetro *statt* quilómetro

Dementsprechend wird bei Verben mit **e** oder **o** als Stammvokal und folgendem **m** oder **n** der Stammvokal — anders als in Portugal (s. 2.4.1) — auch in der 2. Person Sg. und in der 3. Person Sg. und Pl. **geschlossen** ausgesprochen.

Beispiel:
comes [ˈkomis] *statt* comes [ˈkɔm⁽ə⁾ʃ]

6. Während in Portugal bei den Verben auf **-ar** die 1. Person Plural des Präsens und des PPS durch geschlossene bzw. offene Aussprache des **a** vor **-mos** unterschieden werden, spricht man in Brasilien das **a** in beiden Fällen **geschlossen** aus.

Beispiel:
in Portugal: chegamos [ʃ⁽ə⁾ˈgɐmuʃ] – chegámos [ʃ⁽ə⁾ˈgamuʃ]
in Brasilien: chegamos [ʃeˈgɐmos] – chegamos [ʃeˈgɐmos]

Schreibung des Portugiesischen in Brasilien   29.1.3

1. Wo in Portugal ein Vokal vor **m** oder **n offen** ausgesprochen und in der Schrift mit einem **acento agudo** versehen wird, wird er in Brasilien **geschlossen** gesprochen (s. B 1.2) und mit einem **acento circunflexo** geschrieben.

Beispiele:

in Portugal	in Brasilien
quilómetro	quilômetro
ténis	tênis
irónico	irônico

2. Ein **c** vor **c**, **ç** oder **t** wird in Brasilien, anders als in Portugal, nur dann geschrieben, wenn es mit ausgesprochen werden soll. Es wird darüber hinaus auch in vielen Fällen ausgelassen, in denen es in Portugal mit ausgesprochen wird.
Analoges trifft für **p** vor **c**, **ç** und **t** zu.

Beispiele:

in Portugal	in Brasilien
actividade	atividade
arquitecto	arquiteto
direcção	direção
Egipto	Egito
espectador	espectador
espectáculo	espetáculo
eucalipto	eucalipto
exacto	exato
excepto	exceto
facto	fato

3. Das einzige Wort, in dem in Portugal der Konsonant **n** als Doppelkonsonant auftritt, **connosco**, wird in Brasilien mit einfachem **n**, also **conosco**, geschrieben. Im übrigen treten in Brasilien wie in Portugal nur **s** und **r** als Doppelkonsonanten auf.

4. Besonderheiten der umgangssprachlichen Artikulation des Portugiesischen in Brasilien haben sich zum Teil auch in der Schrift niedergeschlagen. So begegnet man in Brasilien gelegentlich statt **para** auch **pra**. Ebenfalls werden Formen von **estar** in Brasilien gelegentlich ohne den Anlaut **es-** geschrieben, also statt **está: tá**.

Ebenso ist aus der Anrede **Senhor**, wenn dieser Anrede der Name unmittelbar folgt, in der brasilianischen Umgangssprache hier und da **Seu** geworden.

Grammatik des Portugiesischen in Brasilien   **29.1.4**

1. **Gerundium**
   Die in Portugal sehr gebräuchlich gewordene Konstruktion mit der Präposition **a** und dem Infinitiv ist in Brasilien nicht so üblich. Dort wird statt dessen weitaus häufiger das **Gerundium** verwendet.

2. **Gebrauch des bestimmten Artikels**
   Sowohl bei **Possessivpronomina** als auch bei **Namen, zusammen mit Titeln gebrauchten Namen** und **Verwandtschaftsnamen** wird in Brasilien im Gegensatz zum Sprachgebrauch in Portugal der bestimmte Artikel normalerweise **nicht verwendet.**
   Ganz allgemein wird der bestimmte Artikel in Brasilien **häufiger ausgelassen** als in Portugal.

3. **Verkleinerungsformen**
   Die Verkleinerungsformen werden in Brasilien noch **häufiger** als in Portugal verwendet.

4. **Anrede in Brasilien**
   Die Anrede ist in Brasilien gegenüber den Gepflogenheiten in Portugal (s. 7.4a) wesentlich **vereinfacht.** Die respektvolle Anrede beschränkt sich im wesentlichen auf **o senhor** bzw. **a senhora** sowie auf **senhorita** als Anrede für die unverheiratete junge Frau. Als intimere Anrede wird **você** gebraucht, das entsprechend als *du* zu übersetzen wäre. Tatsächlich wird im Süden Brasiliens teilweise auch **tu** als Anrede verwendet. **Berufs- und Ehrentitel** werden in der Anrede in Brasilien im Unterschied zu Portugal in der Regel **nicht** gebraucht.
   Auch in Brasilien hat zwar jeder Absolvent eines abgeschlossenen Hochschulstudiums Anspruch auf den Titel **Dr.**, der Titel hat aber **nicht**

soviel soziale Bedeutung wie in Portugal. Unabhängig davon, ob sie an Grundschulen, Gymnasien, Hochschulen oder Universitäten unterrichten, werden Lehrendé von Schülern bzw. Studenten mit **professor** bzw. **professora** angesprochen.

5. **Präpositionen**

Der Gebrauch bestimmter Präpositionen in Kombination mit bestimmten Verben **differiert** in Brasilien in manchen Fällen von dem in Portugal. Einige der festen Zuordnungen von Verben und Präpositionen, die in Portugal bestehen, bestehen in Brasilien nicht und umgekehrt. Es ist hier aber nicht der Ort, die bestehenden Unterschiede im einzelnen aufzuführen.

Die Präposition **em** wird in Brasilien umgangssprachlich auch da bei Verben zweckbedingter bzw. zielgerichteter Bewegung verwendet, wo man in Portugal **a** oder **para** einsetzen würde (s. 22.4.2).

6. **Gebrauch der Personalpronomina**

In den brasilianischen Grammatiken des Portugiesischen ist die Stellung des Personalpronomens im Satz im ganzen entsprechend den in Portugal auch von der Umgangssprache streng befolgten grammatischen Normen geregelt. Die Umgangssprache in Brasilien hingegen hält sich nur unterschiedlich konsequent an diese Regeln. Dabei haben sich hauptsächlich folgende Unterschiede ergeben:

– Im Unterschied zum Sprachgebrauch in Portugal wird in Brasilien das Personalpronomen grundsätzlich **vor das Verb** gesetzt und ohne Bindestrich geschrieben.
– Nach einem **unbestimmten Pronomen** wird das Personalpronomen häufig nicht voran-, sondern **nachgestellt.**
– Im Gegensatz zu der in Portugal gemachten Ausnahme wird in Brasilien auch nach der Präposition **a** das Personalpronomen **vorangestellt.**

Im Zusammenhang zweier Verben, von denen eines im Infinitiv steht, kann das Personalpronomen in Portugal durch Bindestrich sowohl mit dem Infinitiv als auch mit dem Hauptverb verbunden werden. In Brasilien hingegen wird das Personalpronomen in solchen Fällen fast immer **dem Infinitiv vorangestellt und ohne Bindestrich geschrieben.**

Die pronominalen Verschmelzungsformen **mo, to** usw. (s. 13.4.6) gelten zwar nach den brasilianischen Grammatiken als die Norm, werden aber in Brasilien in der Umgangssprache wie in der Schriftsprache nur **sehr selten** gebraucht.

Die Verwendung von Personalpronomina in der Nominativform als direktes oder indirektes Objekt ist auch nach der brasilianischen Grammatik nicht korrekt; dennoch begegnet man ihr in der Umgangssprache in Brasilien sehr häufig (z. B. **vi ele** *statt* **vi-o** *ich habe ihn gesehen*).

Bemerkungen zur Zeitangabe in Brasilien   **29.1.5**

	in Portugal	in Brasilien
null Uhr dreißig:	meia noite e meia	meia hora
Viertel vor:	... menos um quarto	faltam quinze para as...
zwanzig vor:	... menos vinte	faltam vinte para as...
fünf vor:	... menos cinco	faltam cinco para as...
Viertel nach:	... e um quarto	... e quinze (seltener: e um quarto)

Bemerkungen zur brasilianischen Währung   **29.1.6**

Die offiziellen Bezeichnungen der brasilianischen Währung sind:

1. **cruzeiro**   Abkürzung: Cr $

2. **centavo**   (1 centavo = Cr $ 0,01)

            1 Cr $ = 0,38 DM

Banknote: cédula f (Port. nota)
Münze: moeda f

Lektion

30.1

Naquele sábado Rodrigo voltou do consultório às cinco da tarde e comunicou a Flora que havia convidado um grupo da amigos a vir à noite ao Sobrado para comer, beber e prosear. Flora levou as mãos à cabeça. Maria Valéria, que entreouvira as palavras do sobrinho, perguntou:

— Comer o quê?

— Ora, titia, uns croquetes, uns pastéis.

— Mas que croquetes? Que pastéis? Você sempre nos avisa à última hora.

— Não temos bebidas em casa — alegou Flora.

— São cinco horas. Mandem buscar no armazém o que falta.

Subiu assobiando para o quarto e de lá para o banho da tarde. As mulheres puseram-se imediatamente em atividade, resmungando contra a mania de Rodrigo (aquela não era a primeira vez nem seria a última) de fazer convites para reuniões no Sobrado sem antes consultá-las.

E quando ele já estava no quarto de banho, cantarolando árias de ópera dentro do banheiro cheio de água tépida, esfregando os braços e os ombros com vaidosa volúpia, a tia bateu à porta e gritou:
— Quer ao menos me dizer quantas pessoas convidou?
— Uns seis ou sete amigos, nada mais.
— Pois então vou preparar comida pra vinte.
Sabia que esses seis ou sete à última hora "davam cria", multiplicando--se por três.

(*Aus* Erico Veríssimo, O TEMPO E O VENTO, Editora Globo, Rio de Janeiro — Pôrto Alegre — São Paulo 1961)

Erläuterungen 30.2

1. **Rodrigo** voltou do consultório; comunicou a **Flora:** s. 29.1.4, 2.
2. **havia** convidado: s. 19.4.2.
3. **titia:** brasilianische Koseform für **tia.** Ebenfalls in Brasilien **mamãe, papai, vovô** (*in Portugal* **mamã, papá** *bzw.* **avozinho**).
4. **você** = **tu:** s. 29.1.4, 4.
5. **sempre** nos avisa: *in Portugal* avisa-nos **sempre.**
6. **Mandem buscar no** armazém: *in Portugal* (. . .) **ao** armazém; s. 29.1.4, 5.
7. **atividade:** s. 29.1.5, 2.
8. **sem antes consultá-las:** *in Portugal* sem antes **as** consultar. In Brasilien wird dem **Infinitiv** oder **Gerundium** das Personalpronomen sehr häufig **nachgestellt.**
9. **quer ao menos me dizer:** s. 29.1.4, 6.
10. **pra:** s. 29.1.3, 4.

Vokabeln 30.3

comunicar mitteilen
prosear (*bras.*) = **conversar** sich unterhalten
levar as mãos à cabeça die Hände über dem Kopf zusammenschlagen
entreouvir undeutlich hören
a titia das Tantchen
o croquete die Krokette
o pastel die Fleischpastete
avisar Bescheid sagen
à última hora in letzter Minute
alegar argumentieren
subir hinaufgehen
assobiar pfeifen

o banho das Bad
pôr-se em atividade sich in Aktivität stürzen
imediatamente sofort
resmungar brummen
a mania die Manie
o convite die Einladung
a reunião die Versammlung
consultar fragen
o quarto de banho das Badezimmer
cantarolar trällern
a ária de ópera die Arie
o banheiro (*bras.*) das Badezimmer (im Text wohl verdruckt)

a banheira die Badewanne
tépido lauwarm
esfregar reiben
o braço der Arm
o ombro die Schulter
vaidoso stolz
a volúpia die Wollust
gritar schreien
ao menos wenigstens
nada mais mehr nicht
preparar vorbereiten
dar cria sich vermehren (wörtl.: gebären)
multiplicar (por) multiplizieren (mit)

Lektion

(. . .) No portão do cemitério parou. Sentou-se no degrau de pedra, tirou o canivete do bolso. Para se distrair começou a limpar as unhas com a ponta da lâmina.

Ouviu um bater surdo de cascos, um cavalo se aproximava. Era Seu Ismael, no seu cavalo pampa rico e ajaezado, vindo cedinho da fazenda.

Bom dia, Seu Ismael, disse ele. Uai, você por aqui a estas horas, Juca Passarinho? disse Seu Ismael. Diminuiu a marcha, parou. Não vai me dizer que veio aqui por causa de enterro, disse ele. Enterro coisa nenhuma, Seu Ismael, estou mais é refrescando as idéias, tive uma noite danada de ruim, cheia de pesadelos, disse ele. E cemitério é remédio bom pra isto? disse Seu Ismael rindo. É, não tinha pensado mesmo nisto, disse Juca Passarinho. Fêz um nome-do-padre exagerado. Só mesmo você, Juca Passarinho, pra ter uma idéia dessas, vir no cemitério pra refrescar as idéias, disse ele. Quem sabe cemitério não é mesmo bom? disse Juca Passarinho. A gente, vendo os mortos, se lembra que está vivo e fica mais vivo ainda. Seu Ismael deu uma gargalhada. Qual, Juca Passarinho, você não tem mesmo jeito! Vou passar uns dias na cidade, veja se aparece pra contar uns casos, estou querendo me divertir um pouco, disse ele. Hoje não estou pra riso, Seu Ismael. Mas eu estou rindo, disse Seu Ismael. O senhor está rindo é porque é bom de riso. Não disse nada engraçado, estou até meio triste, disse Juca Passarinho. Isto passa, Juca Passarinho, tristeza em você não dura muito. Vou indo, estou com pressa, passar bem. Passar bem, Seu Ismael, disse Juca Passarinho vendo-o calcar as esporas no cavalo e retomar a marcha, desaparecer no fim da rua.

(*Aus* Autran Dourado, ÓPERA DOS MORTOS, Civilização Brasileira, Rio de Janeiro, 2. Aufl. 1970)

Erläuterungen

1. sentou-**se**; um cavalo **se** aproximava; não vai **me** dizer; a gente **se** lembra; estou querendo **me** divertir; vendo-**o** calcar: s. 29.1.4, 6.

2. **Seu** Ismael: s. 29.1.3, 4.

3. **cedinho:** s. 23.4.1.

4. por causa de enterro; E cemitério; Seu Ismael; Juca Passarinho: s. 29.1.4, 2.

5. estou **refrescando;** estou **querendo;** estou **rindo;** está **rindo:** s. 29.1.4, 1.

6. pra: s. 29.1.3, 4.

7. idéia: *in Portugal* ideia.

8. vir **no** cemitério: *in Portugal* vir **ao** cemitério: s. 29.1.4, 5.

9. **a gente:** Ausdruck, der in Brasilien häufig anstelle von **eu** oder **nós** benutzt wird.

10. vou indo: s. 21.4.1.

11. **passar** bem: Gelegentlich verwendet man in Brasilien statt der Imperativform den **Infinitiv.**

Vokabeln 31.3

o portão das Tor
parar anhalten, stillstehen
o degrau die Stufe
a pedra der Stein
o canivete das Taschenmesser
distrair zerstreuen
limpar saubermachen
a unha der Fingernagel
a ponta die Spitze
a lâmina die Klinge
o bater das Schlagen
surdo dumpf
o casco der Huf
o cavalo das Pferd
Seu (*bras.*) = **Senhor** Herr
o cavalo pampa das gescheckte Pferd
rico hübsch
ajaezado gezäumt
a fazenda (*bras.*) die Plantage
uai was
por aqui hier

a estas horas um diese Zeit
a marcha hier: das Tempo
o enterro das Begräbnis
refrescar auffrischen
a idéia (*bras.*) = **ideia** die Idee, der Gedanke
ruim schlecht
danado de ruim verdammt schlecht
o pesadelo der Alptraum
o remédio das Mittel
é ach
fazer um nome-do-padre sich bekreuzigen
exagerado übertrieben
só mesmo você nur du
uma idéia dessas eine solche Idee
quem sabe vielleicht
o morto der Tote
estar vivo leben
vivo lebendig
dar uma gargalhada lachen
você não tem mesmo jeito

(*bras.*) dir kann man nicht helfen
ver se versuchen, machen, daß
aparecer erscheinen, sich blicken lassen
divertir sich unterhalten
um pouco ein bißchen
não estar para keine Lust haben zu
o riso das Lachen
ser bom de riso leicht lachen
engraçado witzig
a tristeza die Traurigkeit
durar dauern
muito lange
passar bem leb wohl, leben Sie wohl
calcar as esporas no cavalo dem Pferd die Sporen geben
retomar a marcha weiterreiten

Lektion

Ele ficou ali sentado fazendo hora, embrulhando o tempo. Ele que sempre gostava de gente, agora queria ficar sozinho. Não pensava em nada de especial, deixava o pensamento vadiar. (. . .) Ele deixava as lembranças e os sonhos mansamente se formarem, nuvens preguiçosas, redondas, no céu. (. . .)

Quando os homens chegaram com as suas pás, ele se levantou. Olha quem está aqui, disse um deles. O seu enterro é sem acompanhamento? disse o outro. Sério, ele olhou para eles. Estavam tão acostumados a vê-lo brincar, que se viu obrigado a fazer graça. Ainda não chegou a minha vez, disse. Tão cedo vocês vão botar a mão neste corpinho, seus urubus de beira-de-telhado. Eles riram. Um dia chega, disse o primeiro. Mas veja se não tarda muito, Seu Juca Passarinho, quero lhe prestar este serviço, disse o segundo. É, disse ele de poucas palavras, para encurtar a conversa. Já vou indo, bom-dia. É cedo, homem, disse um terceiro. Espera um pouco, não demora vem um enterro, a gente está aqui pra isto mesmo. Não, já vou, disse ele e foi se afastando.

Na cidade a vida recomeçara. Os armazéns se abriam, as lojas, gente vindo da missa, indo para a ocupação; na farmácia de Seu Belo já tinha gente; (. . .).

Ficou andando seu rumo. As horas custavam a passar, não queria voltar tão cedo pra casa. Voltava, tinha de voltar. (. . .) Porque às vezes pensava em ir embora, deixar a cidade. Capaz de ser melhor. Não, não é melhor, o melhor é voltar pra casa, ver o que vai acontecer. Depois então tomava um rumo.

E sempre por onde passava mexiam com ele, convidavam para um dedo de prosa. Ele recusando. Está de pouca conversa hoje, hein, Juca Passarinho, diziam espantados com o seu silêncio. Ele dava de ombro, prosseguia o seu caminho sem rumo.

No armazém de Seu Emanuel parou. Seu Emanuel dava ordens para uns homens que iam descarregar um caminhão de café. (. . .)

(*Aus* Autran Dourado, ÓPERA DOS MORTOS, Civilização Brasileira, Rio de Janeiro, 2. Aufl. 1970)

1. fazendo; recusando: s. 29.1.4, 1.

2. fazendo **hora**: *in Portugal* fazendo **horas**. Häufig wird in Brasilien das Plural-**s** ausgelassen.

3. que **sempre** gostava: *in Portugal* que gostava **sempre**.

4. deixava **se** formarem; ele **se** levantou; a vê-**lo** brincar; quero **lhe** prestar; foi **se** afastando; os armazéns **se** abriam: s. 29.1.4, 6.

5. mans**a**mente: s. 23.4.1.

6. já vou indo; foi se afastando; iam descarregar: s. 21.4.1.

7. **bom dia:** in Brasilien wie in Portugal als *guten Morgen* sowie beim Abschied anstelle von *auf Wiedersehen* verwendet. Entsprechendes gilt für **boa tarde** *guten Tag*; **boa noite** *guten Abend, gute Nacht*.

8. **Seu** Belo; **Seu** Emanuel: s. 29.1.3, 4.

9. na farmácia de Seu Belo já **tinha** gente: *in Portugal* (. . .) **havia** gente. In Brasilien wird **tinha** umgangssprachlich statt **havia** verwendet.

10. **pra**: s. 29.1.3, 4.

11. **ir** embora: *in Portugal* **ir-se** embora.

fazer hora die Zeit verbringen
embrulhar (*bras.*) = enganar totschlagen
nada de especial nichts Bestimmtes
o **pensamento** die Gedanken
vadiar schweifen
a **lembrança** die Erinnerung
mansamente sanft
formar-se sich bilden
a **nuvem** die Wolke
preguiçoso faul
redondo rund
a **pá** die Schaufel
o **acompanhamento** die Begleitung
sério ernst
estar acostumado (a) gewohnt sein
brincar scherzen
ver-se obrigado (a) sich gezwungen sehen (zu)
fazer graça (*bras.*) witzig sein

chegar a vez dran sein, an der Reihe sein
botar (*bras.*) = pôr legen
seus ihr
o **urubu** der Aasgeier
a **beira de telhado** der Dachrand
não tardar bald kommen
prestar um serviço einen Dienst tun
é ist gut
o **segundo** der zweite
de poucas palavras kurz angebunden
encurtar abkürzen
bom-dia auf Wiedersehen, guten Morgen
o **terceiro** der dritte
a **gente** wir
pra isto mesmo gerade dafür
recomeçar wieder beginnen
o **armazém** das Lagerhaus
abrir-se geöffnet werden
a **missa** die Messe
a **ocupação** (*bras.*) die Arbeit

a **farmácia** die Apotheke
tinha (*bras.*) = **havia** es gab
o **rumo** der Weg
custar schwerfallen
voltar zurückkommen
capaz de ser melhor vielleicht ist es besser
tomar um rumo einen Weg einschlagen
mexer (com) (*bras.*) hänseln
um dedo de prosa eine kleine Plauderei
recusar verweigern
estar de pouca conversa kurz angebunden sein
espantado erstaunt
dar de ombro (*bras.*) Desinteresse zeigen, sich umdrehen
prosseguir weiter verfolgen
o **rumo** das Ziel
dar ordens Befehle geben
descarregar entladen
o **caminhão** (*bras.*) = camião der Lastwagen

Lektion

— Pensei que não vinha mais, que tinha se encagaçado...
Injustiça sem tamanho pois estava na hora exata, às dez como ficara combinado. Nunca, em toda sua vida de compromissos assumidos e cumpridos, fora tão pontual. Os amigos, tão solidários naquela encruzilhada trágica de sua existência e também interessados nos resultados das apostas, haviam-se encarregado de acordá-lo e o acordaram muito antes da hora.
O rosto de Marialva estava esfogueado, seus olhos brilhavam inquietos numa luz estranha, toda ela parecia diferente como se pairasse no ar, bela como uma fada mas trazendo em sua formosura certa marca cruel, expressão satânica, talvez devido ao penteado caprichado com dois rolos na testa como se fossem diabólicos chifres. Jamais Curió a vira assim, parecia outra, não a reconhecia, aquela sua doce Marialva, desfalecente de amor.
— Vamos, ele está na sala...
E, apressada, entrou anunciando:
— Meu bem, Curió está aqui querendo falar com você...
— Por que diabo ele não entra? — a voz de Martim chegou de dentro, um tanto confusa como se ele falasse com a boca cheia.
Era preciso, reafirmava-se Curió, revelar a Martim com os primeiros gestos e as palavras iniciais a gravidade da visita, sua excepcionalidade. Assim sendo, solicitou antes de entrar na sala:
— Com licença...
(...)
— Senta aí, mano, vem comer uns bagos de jaca. Tá suculenta.

(*Aus* Jorge Amado, OS PASTORES DA NOITE, Livraria Martins Editora, S. Paulo, 17. Aufl. 1968)

Erläuterungen 33.2

1. que **não** vinha **mais**: *in Portugal* que **já não** vinha.

2. vinha = vinhas: s. 29.1.4, 4.

3. tinha **se** encagaçado; haviam-**se** encarregado; e **o** acordaram: s. 29.1.4, 6.

4. de acordá-lo: s. 30.2,8.

5. toda sua vida; de sua existência; sua excepcionalidade: s. 29.1.4, 2.

6. **querendo** falar: s. 29.1.4, 1.

7. **vem comer**: s. 21.4.1.

8. **tá** = está: s. 29.1.3, 4.

Vokabeln 33.3

não mais nicht mehr
encagaçar-se (*bras.*) (*Argot*) Angst haben
a injustiça die Ungerechtigkeit
o tamanho die Größe
sem tamanho maßlos
pois denn
a hora exata die abgemachte Zeit
combinado abgemacht
o compromisso die Verpflichtung
assumido übernommen
cumprido eingehalten
pontual pünktlich
solidário solidarisch
a encruzilhada der Kreuzweg; hier: die entscheidende Situation
trágico tragisch
a existência das Leben
interessado interessiert
encarregado verpflichtet
acordar wecken
antes da hora zu früh, vor der verabredeten Zeit

estar esfogueado (*bras.*) = **afogueado** glühen
brilhar glänzen
inquieto unruhig
parecer aussehen
belo hübsch
a fada die Fee
trazer tragen, haben
a formosura die Schönheit
a marca das Anzeichen
cruel böse
satânico satanisch
devido infolge
o penteado die Frisur
caprichado sehr sorgfältig
o rolo die Rolle
a testa die Stirn
diabólico teuflisch
o chifre das Horn
jamais nie
reconhecer wiedererkennen
desfalecente geschwächt
o amor die Liebe
vamos los
a sala das Zimmer
apressado eilig
meu bem mein Lieber

por que diabo warum zum Teufel
entrar hereinkommen
a voz die Stimme
de dentro von drinnen
um tanto ein bißchen
confuso verwirrt
com a boca cheia mit vollem Mund
reafirmar-se sich beteuern, bestätigen
revelar zeigen
as palavras iniciais die ersten Worte
a gravidade die Wichtigkeit
a visita der Besuch
a excepcionalidade der Ausnahmecharakter
assim sendo deswegen
solicitar bitten
com licença erlauben Sie?, erlaubst du?
aí dort
mano alter Freund
o bago de jaca die Brotbaumbeere
suculento saftig

Lektion

(*Fortsetzung*) 34.1

Curió aproximou-se no mesmo passo medido, o rosto funéreo, uma postura enfática, quase majestosa. Marialva encostara-se à porta do quarto, bem instalada para seguir sem perder detalhe a cena a desenrolar-se. Martim provava um bago de jaca, o perfume enchia a sala, quem podia resistir a esse cheiro? Curió resistia, impávido. Martim voltou-se para ele, finalmente estranhou-lhe a seriedade:

— Aconteceu alguma coisa?

— Não, nada... Tava querendo lhe falar. Para resolver um assunto...

— Pois tome assento e vá falando que estando em minhas mãos tu tá servido...

— É troço sério, é melhor esperar que tu acabe...

Martim voltou a examinar o amigo:

— Tu até parece que engoliu uma vassoura... Pois tá certo, a gente primeiro dá conta da jaca, depois conversa... Senta aí e mete os dedos...

(...)

— Vamos, rapaz... O que é que está esperando?

E a jaca fazia-se irresistível, era a fruta predileta de Curió, o mel escorria pelos dedos e pelos lábios de Martim, pairava no ar aquele perfume embriagador, que importavam uns minutos a mais, uns minutos a menos?

Curió retirou o paletó, abriu a gravata, não se pode comer jaca todo vestido de etiqueta. Sentou-se, enfiou os dedos, retirou um bago, meteu-o na boca, cuspiu o caroço:

— Porreta!

— Retada! — apoiou Martim. — De uma jaqueira daqui pertinho, tá carregadinha assim...

(...)

(*Aus* Jorge Amado, OS PASTORES DA NOITE, Livraria Martins Editora, S. Paulo, 17. Aufl. 1968)

Erläuterungen 34.2

1. encostara-**se**; voltou-**se**; estranhou-**lhe**; querendo **lhe** falar; sentou-**se**; meteu-**o**: s. 29.1.4, 6.

2. tava = estava; tá = está: s. 29.1.3, 4.

3. tava **querendo**; está **esperando**: s. 29.1.4, 1.

4. vá falando: s. 21.4.1.

5. que tu **acabe** *statt* que tu **acabes:** Zum Teil werden in Brasilien umgangssprachlich sogar Verbformen **vereinfacht.**

6. a gente: s. 31.2, 9.

7. predileta: s. 29.1.3, 2.

Vokabeln 34.3

no mesmo passo medido im gleichen gemessenen Schritt
funéreo tiefernst
a postura die Haltung
enfático pathetisch

majestoso hoheitsvoll
bem instalado gut postiert
o detalhe die Einzelheit
desenrolar-se sich abspielen
o perfume der Duft

resistir (a) widerstehen
o cheiro der Duft
impávido unerschütterlich
voltar-se (para) zuwenden
estranhar befremden
a seriedade der Ernst

resolver erledigen
o **assunto** die Angelegenheit
tomar **assento** (*bras.*) sich hinsetzen
estando em minhas mãos wenn es in meiner Macht steht
estás servido dir ist geholfen
o **troço** (*bras.*) die Sache
acabar fertig sein
examinar beobachten
a **vassoura** der Besen
estar certo (*bras.*) = **estar bem** in Ordnung sein
dar conta (de) erledigen

meter stecken, hineintun
o **dedo** der Finger
fazer-se werden
irresistível unwiderstehlich
a **fruta predileta** die Lieblingsfrucht
o **mel** der Honig
escorrer tropfen
o **lábio** die Lippe
embriagador betörend
importar ausmachen
uns minutos a mais, uns minutos a menos ein paar Minuten mehr oder weniger
retirar herausnehmen

o **paletó** (*bras.*) die Anzugjacke
vestido de etiqueta nach der Etikette angezogen
enfiar hineintun
cuspir ausspucken
o **caroço** der Kern
porreta (*Umgangssprache*) ausgezeichnet
retada (*regionaler Ausdruck*) ausgezeichnet
apoiar bestätigen
a **jaqueira** der Brotbaum
daqui pertinho in der Nähe (wörtl.: von hier in der Nähe)
carregado voll

Anhang

Die Verbformen des Portugiesischen

Tempos simples	Einfache Formen
INDICATIVO	*Indikativ*
Presente	*Präsens*
Pretérito imperfeito	*Imperfekt*
Pretérito perfeito simples	*(Perfekt)*
Pretérito mais-que-perfcito simples	*Plusquamperfekt I*
Futuro simples	*Futur I*
CONDICIONAL SIMPLES	*Konditional I*
CONJUNTIVO	*Konjunktiv*
Presente	*Präsens*
Pretérito imperfeito	*Imperfekt*
Futuro simples	*Futur I*
IMPERATIVO	*Imperativ*
INFINITIVO PESSOAL	*Persönlicher Infinitiv*
INFINITIVO IMPESSOAL	*Unpersönlicher Infinitiv*
PARTICÍPIO PASSADO	*Partizip Perfekt*
GERÚNDIO	*Gerundium I*

Tempos compostos	Zusammengesetzte Formen
INDICATIVO / CONJUNTIVO	*Indikativ / Konjunktiv*
Pretérito perfeito composto	*(Perfekt II)*
Pretérito mais-que-perfeito composto	*Plusquamperfekt II*
Futuro composto	*Futur II*
CONDICIONAL COMPOSTO	*Konditional II*
INFINITIVO PESSOAL COMPOSTO	*Persönlicher Infinitiv Perfekt*
INFINITIVO IMPESSOAL COMPOSTO	*Unpersönlicher Infinitiv Perfekt*
GERÚNDIO COMPOSTO	*Gerundium II*

Konjugationsmuster für die einfachen Zeiten C1.2

		FAL AR *sprechen*	BEB ER *trinken*	PART IR *weggehen*
INDICATIVO	**presente**	fal o *ich spreche* fal as fal a fal amos (fal ais) fal am	beb o *ich trinke* beb es beb e beb emos (beb eis) beb em	part o *ich gehe weg* part es part e part imos (part is) part em
	pretérito imperfeito	fal ava *ich sprach* fal avas fal ava fal ávamos (fal áveis) fal avam	beb ia *ich trank* beb ias beb ia beb íamos (beb íeis) beb iam	part ia *ich ging weg* part ias part ia part íamos (part íeis) part iam
	pretérito perfeito	fal ei *ich sprach* fal aste fal ou fal ámos (fal astes) fal aram	beb i *ich trank* beb este beb eu beb emos (beb estes) beb eram	part i *ich ging weg* part iste part iu part imos (part istes) part iram
	pret. mais-que perfeito	fal ara *ich hatte gesprochen* fal aras fal ara fal áramos (fal áreis) fal aram	beb era *ich hatte getrunken* beb eras beb era beb êramos (beb êreis) beb eram	part ira *ich war weggegangen* part iras part ira part íramos (part íreis) part iram
	futuro simples	falar ei *ich werde sprechen* falar ás falar á falar emos (falar eis) falar ão	beber ei *ich werde trinken* beber ás beber á beber emos (beber eis) beber ão	partir ei *ich werde weggehen* partir ás partir á partir emos (partir eis) partir ão

		FAL AR *sprechen*	BEB ER *trinken*	PART IR *weggehen*
CONDICIONAL	**simples**	falar ia *ich würde sprechen* falar ias falar ia falar íamos (falar íeis) falar iam	beber ia *ich würde trinken* beber ias beber ia beber íamos (beber íeis) beber iam	partir ia ich *würde weggehen* partir ias partir ia partir íamos (partir íeis) partir iam
CONJUNTIVO	**presente**	fal e *ich spreche* fal es fal e fal emos (fal eis) fal em	beb a *ich trinke* beb as beb a beb amos (beb ais) beb am	part a *ich gehe weg* part as part a part amos (part ais) part am
	pretérito imperfeito	fal asse *ich spräche* fal asses fal asse fal ássemos (fal ásseis) fal assem	beb esse *ich tränke* beb esses beb esse beb êssemos (beb êsseis) beb essem	part isse *ich ginge weg* part isses part isse part íssemos (part ísseis) part issem
	futuro simples	falar *ich werde sprechen* falar es falar falar mos (falar des) falar em	beber *ich werde trinken* beber es beber beber môs (beber des) beber em	partir *ich werde weggehen* partir es partir partir mos (partir des) partir em
IMPERATIVO		fal a *sprich* (fal e) (fal emos) fal ai (fal em)	beb e *trink* (beb a) (beb amos) beb ei (beb am)	parte *gehe weg* (part a) (part amos) part i (part am)

		FAL AR *sprechen*	BEB ER *trinken*	PART IR *weggehen*
INFINITIVO	PESSOAL	falar falar es falar falar mos (falar des) falar em	beber beber es beber beber mos (beber des) beber em	partir partir es partir partir mos (partir des) partir em
	IMPES-SOAL	falar *sprechen*	beber *trinken*	partir *weggehen*
PARTICÍPIO PASSADO		fal ado*gesprochen*	beb ido *getrunken*	part ido *weggegangen*

GERÚNDIO		fal ando
		    sprechend
			beb endo
			    trinkend
				part indo
				    weggehend

Konjugationsmuster für die zusammengesetzten Zeiten   **C 1.3**

beber *trinken*

	INDICATIVO	CONJUNTIVO
Pretèrito perfeito simples	tenho bebido *ich habe* tens bebido *getrunken* tem bebido temos bebido (tendes bebido) têm bebido	tenha bebido *ich habe ge-* tenhas bebido *trunken* tenha bebido tenhamos bebido (tenhais bebido) tenham bebido
Pretérito mais-que-perfeito composto	tinha bebido *ich hatte* tinhas bebido *getrunken* tinha bebido tínhamos bebido (tínheis bebido) tinham bebido	tivesse bebido *ich hätte* tivesses bebido *getrunken* tivesse bebido tivéssemos bebido (tivésseis bebido) tivessem bebido

	INDICATIVO	CONJUNTIVO
Futuro composto	terei bebido *ich werde getrunken haben* terás bebido terá bebido teremos bebido (tereis bebido) terão bebido	tiver bebido *ich werde getrunken haben* tiveres bebido tiver bebido tivermos bebido (tiverdes bebido) tiverem bebido
Condicional composto	teria bebido *ich würde getrunken haben* terias bebido teria bebido teríamos bebido (teríeis bebido) teriam bebido	
Infinitivo pessoal composto	ter bebido teres bebido ter bebido termos bebido (terdes bebido) terem bebido	
Infinitivo impessoal composto	ter bebido *getrunken haben*	
Gerúndio composto	tendo bebido *getrunken habend*	

Konjugationsmuster für ein Verb im Passiv C 1.4

	INDICATIVO		CONJUNTIVO	
Presente (*ich werde* | *werde gezwungen*)	sou és é	} obrigado (-a)	seja sejas seja	} obrigado (-a)
	somos (sois) são	} obrigados (-as)	sejamos (sejais) sejam	} obrigados (-as)

		INDICATIVO		CONJUNTIVO	
Pret. imperf. (*ich wurde* | *würde gezwungen*)		era eras era	} obrigado (-a)	fosse fosses fosse	} obrigado (-a)
		éramos (éreis) eram	} obrigados (-as)	fôssemos (fôsseis) fossem	} obrigados (-as)
Pret. perfeito	**simples** (*ich wurde gezwungen*)	fui foste foi	} obrigado (-a)		
		fomos (fostes) foram	} obrigados (-as)		
	composto (*ich bin* | *sei gezwungen worden*)	tenho tens tem temos (tendes) têm	sido obrigado (-a) sido obrigados (-as)	tenha tenhas tenha tenhamos (tenhais) tenham	sido obrigado (-a) sido obrigados (-as)
Pret. mais-que-perf.	**simples** (*ich war gezwungen worden*)	fora foras fora	} obrigado (-a)		
		fôramos (fôreis) foram	} obrigados (-as)		
	composto (*ich war* | *wäre gezwungen worden*)	tinha tinhas tinha tínhamos (tínheis) tinham	sido obrigado (-a) sido obrigados (-as)	tivesse tivesses tivesse tivéssemos (tivésseis) tivessem	sido obrigado (-a) sido obrigados (-as)

		INDICATIVO		CONJUNTIVO	
Futuro	**simples** (*ich werde* | *werde gezwungen werden*)	serei serás será	obrigado (-a)	for fores for	obrigado (-a)
		seremos (sereis) serão	obrigados (-as)	formos (fordes) forem	obrigados (-as)
	composto (*ich werde* |*werde gezwungen worden sein*)	terei terás terá	sido obrigado (-a)	tiver tiveres tiver	sido obrigado (-a)
		teremos (tereis) terão	sido obrigados (-as)	tivermos (tiverdes) tiverem	sido obrigados (-as)
Condicional	**simples** (*ich würde gezwungen werden*)	seria serias seria	obrigado (-a)		
		seríamos (seríeis) seriam	obrigados (-as)		
	composto (*ich würde gezwungen worden sein*)	teria terias teria	sido obrigado (-a)		
		teríamos (teríeis) teriam	sido obrigados (-as)		
Infinitivo pessoal	**simples**	ser seres ser	obrigado (-a)		
		sermos (serdes) serem	obrigados (-as)		
	composto	ter teres ter	sido obrigado (-a)		
		termos (terdes) terem	sido obrigados (-as)		

		INDICATIVO	CONJUNTIVO
Infinitivo	**simples** (*gezwungen werden*)	ser obrigado (-a)	
	composto (*gezwungen worden sein*)	ter sido obrigado (-a)	
Gerúndio	**simples**	sendo obrigado (-a, -os, -as)	
	composto	tendo sido obrigado (-a, -os, -as)	

Die unregelmäßigen Verben C 2.1

Konjugationsmuster C 2.2

(Die nicht aufgeführten Formen werden regelmäßig gebildet.)

1 **caber** *passen*
Indicativo
Presente: caibo, cabes, cabe, cabemos, (cabeis), cabem
PPS: coube, coubeste, coube, coubemos, (coubestes), couberam
Pret. mais-que-perfeito: coubera, couberas, coubera, coubéramos, (coubéreis), couberam
Conjuntivo
Presente: caiba, caibas, caiba, caibamos, (caibais), caibam
Pret. imperfeito: coubesse, coubesses, coubesse, coubéssemos, (coubésseis), coubessem
Futuro: couber, couberes, couber, coubermos, (couberdes), couberem

2 **cobrir** *bedecken*
Indicativo
Presente: cubro, cobres, cobre, cobrimos, (cobris), cobrem
Conjuntivo
Presente: cubra, cubras, cubra, cubramos, (cubrais), cubram
Pret. imperfeito: cobrisse, cobrisses, cobrisse, cobríssemos, (cobrísseis), cobrissem
Particípio passado: coberto

3 dar *geben*

Indicativo
Presente: dou, dás, dá, damos, (dais), dão
PPS: dei, deste, deu, demos, (destes), deram
Pret. mais-que-perfeito: dera, deras, dera, déramos, (déreis), deram

Conjuntivo
Presente: dê, dês, dê, dêmos, (deis), dêem
Pret. imperfeito: desse, desses, desse, déssemos, (désseis), dessem
Futuro: der, deres, der, dermos, (derdes), derem
Imperativo: dá, (dai)

4 dizer *sagen* ·

Indicativo
Presente: digo, dizes, diz, dizemos, (dizeis), dizem
PPS: disse, disseste, disse, dissemos, (dissestes), disseram
Pret. mais-que-perfeito: dissera, disseras, dissera, disséramos, (disséreis), disseram
Futuro: direi, dirás, dirá, diremos, (direis), dirão
Condicional: diria, dirias, diria, diríamos, (diríeis), diriam

Conjuntivo
Presente: diga, digas, diga, digamos, (digais), digam
Pret. imperfeito: dissesse, dissesses, dissesse, disséssemos, (dissésseis), dissessem
Futuro: disser, disseres, disser, dissermos, (disserdes), disserem
Imperativo: diz, (dizei)
Particípio passado: dito

5 estar *sein*

Indicativo
Presente: estou, estás, está, estamos, (estais), estão
PPS: estive, estiveste, esteve, estivemos, (estivestes), estiveram
Pret. mais-que-perfeito: estivera, estiveras, estivera, estivéramos, (estivéreis), estiveram

Conjuntivo
Presente: esteja, estejas, esteja, estejamos, (estejais), estejam
Pret. imperfeito: estivesse, estivesses, estivesse, estivéssemos, (estivésseis), estivessem
Futuro: estiver, estiveres, estiver, estivermos, (estiverdes), estiverem

6 fazer *machen*

Indicativo
Presente: faço, fazes, faz, fazemos, (fazeis), fazem
PPS: fiz, fizeste, fez, fizemos, (fizestes), fizeram
Pret. mais-que-perfeito: fizera, fizeras, fizera, fizéramos, (fizéreis), fizeram
Futuro: farei, farás, fará, faremos, (fareis), farão

Condicional: faria, farias, faria, faríamos, (faríeis), fariam
Conjuntivo
Presente: faça, faças, faça, façamos, (façais), façam
Pret. imperfeito: fizesse, fizesses, fizesse, fizéssemos, (fizésseis), fizessem
Futuro: fizer, fizeres, fizer, fizermos, (fizerdes), fizerem
Imperativo: faz, (fazei)
Particípio passado: feito

7 **haver** *werden*
Indicativo
Presente: hei, hás, há, havemos, (haveis), hão
PPS: houve, houveste, houve, houvemos, (houvestes), houveram
Pret. mais-que-perfeito: houvera, houveras, houvera, houvéramos, (houvéreis), houveram
Conjuntivo
Presente: haja, hajas, haja, hajamos, (hajais), hajam
Pret. imperfeito: houvesse, houvesses, houvesse, houvéssemos, (houvésseis), houvessem
Futuro: houver, houveres, houver, houvermos, (houverdes), houverem

8 **ir** *gehen*
Indicativo
Presente: vou, vais, vai, vamos, (ides), vão
Pret. imperfeito: ia, ias, ia, íamos, (íeis), iam
PPS: fui, foste, foi, fomos, (fostes), foram
Pret. mais-que-perfeito: fora, foras, fora, fôramos, (fôreis), foram
Conjuntivo:
Presente: vá, vás, vá, vamos, (vades), vão
Pret. imperfeito: fosse, fosses, fosse, fôssemos, (fôsseis), fossem
Futuro: for, fores, for, formos, (fordes), forem
Imperativo: vai, (ide)

9 **ler** *lesen*
Indicativo
Presente: leio, lês, lê, lemos, (ledes), lêem
Conjuntivo
Presente: leia, leias, leia, leiamos, (leiais), leiam
Imperativo: lê, (lede)

10 **ouvir** *hören*
Indicativo
Presente: ouço (oiço), ouves, ouve, ouvimos, (ouvis), ouvem
Conjuntivo
Presente: ouça (oiça), ouças (oiças), ouça (oiça), ouçamos (oiçamos), (ouçais, oiçais), ouçam (oiçam)

11 **passear** *spazierengehen*
Indicativo
Presente: passeio, passeias, passeia, passeamos, (passeais), passeiam
Conjuntivo
Presente: passeie, passeies, passeie, passeemos, (passeeis), passeiem
Imperativo: passeie, (passeai)

12 **pedir** *bitten*
Indicativo
Presente: peço, pedes, pede, pedimos, (pedis), pedem
Conjuntivo
Presente: peça, peças, peça, peçamos, (peçais), peçam

13 **perder** *verlieren*
Indicativo
Presente: perco, perdes, perde, perdemos, (perdeis), perdem
Conjuntivo
Presente: perca, percas, perca, percamos, (percais), percam

14 **poder** *können*
Indicativo
Presente: posso, podes, pode, podemos, (podeis), podem
PPS: pude, pudeste, pôde, pudemos, (pudestes), puderam
Pret. mais-que-perfeito: pudera, puderas, pudera, pudéramos, (pudéreis), puderam
Conjuntivo
Presente: possa, possas, possa, possamos, (possais), possam
Pret. imperfeito: pudesse, pudesses, pudesse, pudéssemos, (pudésseis), pudessem
Futuro: puder, puderes, puder, pudermos, (puderdes), puderem

15 **pôr** *legen*
Indicativo
Presente: ponho, pões, põe, pomos, (pondes), põem
Pret. imperfeito: punha, punhas, punha, púnhamos, (púnheis), punham
PPS: pus, puseste, pôs, pusemos, (pusestes), puseram
Pret. mais-que-perfeito: pusera, puseras, pusera, puséramos, (puséreis), puseram
Futuro: porei, porás, porá, poremos, (poreis), porão
Condicional: poria, porias, poria, poríamos, (poríeis), poriam
Conjuntivo
Presente: ponha, ponhas, ponha, ponhamos, (ponhais), ponham
Pret. imperfeito: pusesse, pusesses, pusesse, puséssemos, (pusésseis), pusessem
Futuro: puser, puseres, puser, pusermos, (puserdes), puserem
Particípio passado: posto

16 **progredir** *Fortschritte machen*
Indicativo
Presente: progrido, progrides, progride, progredimos, (progredis), progridem
Conjuntivo
Presente: progrida, progridas, progrida, progridamos, (progridais), progridam
Imperativo: progride, (progredi)

17 **querer** *wollen*
Indicativo
Presente: quero, queres, quer, queremos, (quereis), querem
PPS: quis, quiseste, quis, quisemos, (quisestes), quiseram
Pret. mais-que-perfeito: quisera, quiseras, quisera, quiséramos, (quiséreis), quiseram
Conjuntivo
Presente: queira, queiras, queira, queiramos, (queirais), queiram
Pret. imperfeito: quisesse, quisesses, quisesse, quiséssemos, (quisésseis), quisessem
Futuro: quiser, quiseres, quiser, quisermos, (quiserdes), quiserem

18 **requerer** *beantragen*
Indicativo
Presente: requeiro, requeres, requer, requeremos (requereis), requerem
Conjuntivo
Presente: requeira, requeiras, requeira, requeiramos, (requeirais), requeiram

19 **rir** *lachen*
Indicativo
Presente: rio, ris, ri, rimos, (rides), riem
Conjuntivo
Presente: ria, rias, ria, riamos, (riais), riam
Imperativo: ri, ride

20 **saber** *wissen*
Indicativo
Presente: sei, sabes, sabe, sabemos, (sabeis), sabem
PPS: soube, soubeste, soube, soubemos, (soubestes), souberam
Pret. mais-que-perfeito: soubera, souberas, soubera, soubéramos, (soubéreis), souberam
Conjuntivo
Presente: saiba, saibas, saiba, saibamos, (saibais), saibam
Pret. imperfeito: soubesse, soubesses, soubesse, soubéssemos, (soubésseis), soubessem
Futuro: souber, souberes, souber, soubermos, (souberdes), souberem

21 **sair** *ausgehen*
Indicativo
Presente: saio, sais, sai, saímos, (saís), saem
Imperfeito: saía, saías, saía, saíamos, (saíeis), saíam
PPS: saí, saíste, saiu, saímos, (saístes), sairam
Pret. mais-que-perfeito: saíra, saíras, saíra, saíramos, (saíreis), saíram
Conjuntivo
Presente: saia, saias, saia, saiamos, (saiais), saiam
Pret. imperfeito: saísse, saísses, saísse, saíssemos, (saísseis), saíssem
Particípio passado: saído

22 **sentir** *fühlen*
Indicativo
Presente: sinto, sentes, sente, sentimos, (sentis), sentem
Conjuntivo
Presente: sinta, sintas, sinta, sintamos, (sintais), sintam

23 **ser** *sein*
Indicativo
Presente: sou, és, é, somos, (sois), são
Pret. imperfeito: era, eras, era, éramos, (éreis), eram
PPS: fui, foste, foi, fomos, (fostes), foram
Pret. mais-que-perfeito: fora, foras, fora, fôramos, (fôreis), foram
Conjuntivo
Presente: seja, sejas, seja, sejamos, (sejais), sejam
Pret. imperfeito: fosse, fosses, fosse, fôssemos, (fôsseis), fossem
Futuro: for, fores, for, formos, (fordes), forem
Imperativo: sê, (seja)

24 **ter** *haben*
Indicativo
Presente: tenho, tens, tem, temos, (tendes), têm
Pret. imperfeito: tinha, tinhas, tinha, tínhamos, (tínheis), tinham
PPS: tive, tiveste, teve, tivemos, (tivestes), tiveram
Pret. mais-que-perfeito: tivera, tiveras, tivera, tivéramos, (tivéreis), tiveram
Conjuntivo
Presente: tenha, tenhas, tenha, tenhamos, (tenhais), tenham
Pret. imperfeito: tivesse, tivesses, tivesse, tivéssemos, (tivésseis), tivessem
Futuro: tiver, tiveres, tiver, tivermos, (tiverdes), tiverem
Imperativo: tem, (tende)

25 **traduzir** *übersetzen*
Indicativo
Presente: traduzo, traduzes, traduz, traduzimos, (traduzis), traduzem
Imperativo: traduz, (traduzi)

26 trazer *bringen*
Indicativo
Presente: trago, trazes, traz, trazemos, (trazeis), trazem
PPS: trouxe, trouxeste, trouxe, trouxemos, (trouxestes), trouxeram
Pret. mais-que-perfeito: trouxera, trouxeras, trouxera, trouxéramos, (trouxéreis), trouxeram
Futuro: trarei, trarás, trará, traremos, (trareis), trarão
Condicional: traria, trarias, traria, traríamos, (traríeis), trariam
Conjuntivo
Presente: traga, tragas, traga, tragamos, (tragais), tragam
Pret. imperfeito: trouxesse, trouxesses, trouxesse, trouxéssemos, (trouxésseis), trouxessem
Futuro: trouxer, trouxeres, trouxer, trouxermos, (trouxerdes), trouxerem
Imperativo: traz, (traga)

27 **valer** *wert sein*
Indicativo
Presente: valho, vales, vale, valemos, (valeis), valem
Conjuntivo
Presente: valha, valhas, valha, valhamos, (valheis), valham

28 **ver** *sehen*
Indicativo
Presente: vejo, vês, vê, vemos, (vedes), vêem
PPS: vi, viste, viu, vimos, (vistes), viram
Pret. mais-que-perfeito: vira, viras, vira, víramos, (víreis), viram
Conjuntivo
Presente: veja, vejas, veja, vejamos, (vejais), vejam
Pret. imperfeito: visse, visses, visse, víssemos, (vísseis), vissem
Futuro: vir, vires, vir, virmos, (virdes), virem
Particípio passado: visto

29 **vir** *kommen*
Indicativo
Presente: venho, vens, vem, vimos, (vindes), vêm
Pret. imperfeito: vinha, vinhas, vinha, vínhamos, (vínheis), vinham
PPS: vim, vieste, veio, viemos, (viestes), vieram
Pret. mais-que-perfeito: viera, vieras, viera, viéramos, (viéreis), vieram
Conjuntivo:
Presente: venha, venhas, venha, venhamos, (venhais), venham
Pret. imperfeito: viesse, viesses, viesse, viéssemos, (viésseis), viessem
Futuro: vier, vieres, vier, viermos, (vierdes), vierem
Particípio passado: vindo

244

Merke:

wie cobrir *werden konjugiert:*

acudir	construir	cuspir	descobrir	destruir
dormir	encobrir	engolir	fugir	reconstruir
sacudir	subir	tossir		

wie dizer *werden konjugiert:*

condizer	contradizer	desdizer	maldizer	predizer

wie fazer *werden konjugiert:*

desfazer	refazer	satisfazer

wie ler *werden konjugiert:*

crer	descrer	reler

wie passear *werden konjugiert:*

ansiar	incendiar	negociar	odiar	premiar
recear	remediar			

wie pedir *werden konjugiert:*

desimpedir	despedir	expedir	impedir	medir

wie pôr *werden konjugiert:*

compor	decompor	depor	descompor	dispor
expor	impor	opor	propor	repor
supor	transpor			

wie progredir *werden konjugiert:*

agredir	prevenir	transgredir

wie rir *wird konjugiert:*

sorrir　　　(*aber*　*ihr lacht:* sorris)

wie sair *werden konjugiert:*

atrair	cair	trair

wie sentir *werden konjugiert:*

advertir	competir	conferir	conseguir	consentir
convergir	despir	digerir	divergir	divertir
ferir	ingerir	inserir	mentir	perseguir
preferir	pressentir	referir	reflectir	repelir
repetir	ressentir	seguir	servir	sugerir
vestir				

wie traduzir *werden konjugiert:*

conduzir	deduzir	introduzir	produzir	reduzir

wie valer *wird konjugiert:*

equivaler

wie ver *werden konjugiert:*

prever	rever

wie vir *werden konjugiert:*

convir	intervir	sobrevir

acudir	(2)	engolir	(2)	**querer**	(17)
advertir	(22)	equivaler	(27)	recear	(11)
agredir	(16)	**estar**	(5)	reconstruir	(2)
ansiar	(11)	expedir	(12)	reduzir	(25)
atrair	(21)	expor	(15)	refazer	(6)
caber	(1)	**fazer**	(6)	referir	(22)
cair	(21)	ferir	(22)	reflectir	(22)
cobrir	(2)	fugir	(2)	reler	(9)
competir	(22)	**haver**	(7)	remediar	(11)
compor	(15)	impedir	(12)	repelir	(22)
condizer	(4)	impor	(15)	repetir	(22)
conduzir	(25)	incendiar	(11)	repor	(15)
conferir	(22)	ingerir	(22)	**requerer**	(18)
conseguir	(22)	inserir	(22)	ressentir	(22)
consentir	(22)	intervir	(29)	rever	(28)
construir	(2)	introduzir	(25)	**rir**	(19)
contradizer	(4)	**ir**	(8)	**saber**	(20)
convergir	(22)	**ler**	(9)	sacudir	(2)
convir	(29)	maldizer	(4)	**sair**	(21)
crer	(9)	medir	(12)	satisfazer	(6)
cuspir	(2)	mentir	(22)	seguir	(22)
dar	(3)	negociar	(11)	**sentir**	(22)
decompor	(15)	odiar	(11)	**ser**	(23)
deduzir	(25)	opor	(15)	servir	(22)
depor	(15)	**ouvir**	(10)	sobrevir	(29)
descobrir	(2)	**passear**	(11)	sorrir	(19)
descompor	(15)	**pedir**	(12)	subir	(2)
descrer	(9)	**perder**	(13)	sugerir	(22)
desdizer	(4)	perseguir	(22)	supor	(15)
desfazer	(6)	**poder**	(14)	**ter**	(24)
desimpedir	(12)	**pôr**	(15)	tossir	(2)
despedir	(12)	predizer	(4)	trair	(21)
despir	(22)	preferir	(22)	**traduzir**	(25)
destruir	(2)	premiar	(11)	transgredir	(16)
digerir	(22)	pressentir	(22)	transpor	(15)
dispor	(15)	prevenir	(16)	**trazer**	(26)
divergir	(22)	prever	(28)	**valer**	(27)
dizer	(4)	produzir	(25)	**ver**	(28)
dormir	(2)	**progredir**	(16)	vestir	(22)
encobrir	(2)	propor	(15)	**vir**	(29)

Unregelmäßige Partizipien

abrir	öffnen	aberto	geöffnet
cobrir	bedecken	coberto	bedeckt
dizer	sagen	dito	gesagt
escrever	schreiben	escrito	geschrieben
fazer	machen	feito	gemacht
ganhar	verdienen	ganho	verdient
gastar	ausgeben	gasto	ausgegeben
pagar	bezahlen	pago	bezahlt
pôr	stellen	posto	gestellt
ver	sehen	visto	gesehen
vir	kommen	vindo	gekommen

Verben mit einem regelmäßigen und einem unregelmäßigen Partizip C 2.5

aceitar	annehmen	aceitado	aceite	
acender	anzünden	acendido	aceso	
afligir	aufregen	afligido	aflito	aufgeregt
agradecer	sich bedanken	agradecido	grato	dankbar
atender	beachten	atendido	atento	aufmerksam
cegar	erblinden	cegado	cego	blind
completar	ergänzen	completado	completo	vollständig
descalçar	ausziehen	descalçado	descalço	barfuß
eleger	wählen	elegido	eleito	erwählt
entregar	abgeben	entregado	entregue	
enxugar	abtrocknen	enxugado	enxuto	trocken
exprimir	ausdrücken	exprimido	expresso	
expulsar	vertreiben	expulsado	expulso	
fartar	sättigen	fartado	farto	satt
imprimir	einflößen, drücken	imprimido	impresso	
inquietar	beunruhigen	inquietado	inquieto	unruhig
juntar	versammeln	juntado	junto	zusammen
libertar	befreien	libertado	liberto	frei
limpar	reinigen	limpado	limpo	sauber
matar	töten	matado	morto	tot
morrer	sterben	morrido	morto	tot
ocultar	verstecken	ocultado	oculto	
prender	befestigen, festnehmen	prendido	preso	
romper	zerreißen	rompido	roto	zerlumpt, verschlissen

salvar	retten	salvado	salvo	heil (außer Gefahr)
secar	trocknen	secado	seco	trocken
segurar	festhalten, sichern	segurado	seguro	fest, sicher
soltar	losmachen	soltado	solto	los
suspeitar	vermuten	suspeitado	suspeito	verdächtig
suspender	unterbrechen	suspendido	suspenso	

Bemerkung:

Das regelmäßige Partizip wird gewöhnlich zusammen mit Formen von **ter** zur Bildung der zusammengesetzten Verbformen gebraucht.

Das unregelmäßige Partizip hingegen wird in Kombination mit Formen von **ser** und **estar** benutzt. Außerdem kann das unregelmäßige Partizip als **Adjektiv** dienen.

Beispiele:
Tinha acendido a luz.   *Er hatte das Licht angemacht.*
A luz estava acesa.   *Das Licht war an.*

Portugiesisch-Deutsches Wörterverzeichnis

Die Tilde (∼) wiederholt das Stichwort.

A

a die, das; zu, nach, in, an; sie, Sie; ∼ (+ Pers. Inf.) wenn; à zur, nach der, in die, an die; **ao** zum, nach dem, in den, an den; ∼ (+ Inf.) als; **a não ser que** es sei denn daß

aberto offen, auf; freundlich

abraço *m* Umarmung

Abril *m* April

abrir öffnen

absolutamente durchaus; ∼ **nada** ganz und gar nicht

absurdo absurd

abundante reichlich

acabar beenden; aufhören; zu Ende sein; vorbeigehen; fertig sein

acaso *m* Zufall

acção *f* Handlung

aceitação *f* Annehmen

aceitar annehmen

acender anzünden

acertar treffen; **acertei** ich habe es getroffen

aceso: deixar aceso anlassen

achar meinen; finden; ∼ **graça (a)** (j-n) niedlich finden

acompanhamento *m* Begleitung

aconselhar raten

acontecer passieren; vorkommen

acordar wach werden; wekken

acordo *m* Übereinstimmung

acostumado: estar ∼ **(a)** gewohnt sein

acreditar (em) glauben (an)

actividade *f* Aktivität

activo aktiv

acto *m* Akt

acudir (a) (j-m) helfen

adaptar anpassen

adeus auf Wiedersehen

adiante vorwärts; **ir** ∼ vorausgehen

adiar aufschieben

admirado (com) erstaunt (über)

admirar-se (de) sich wundern

adormecer einschlafen

advertir (de) aufmerksam machen (auf); in Kenntnis setzen (von)

advogado *m* Rechtsanwalt

afastar-se sich entfernen

afinal schließlich

afligir aufregen

afluxo *m* Zustrom

afogueado: estar ∼ glühen

agarrado gebunden

agência *f* Annahmestelle, Agentur

aglomerado *m* Ansiedlung

agora jetzt; nun

Agosto *m* August

agradável angenehm

agradecer dankbar sein (für); sich bedanken (für)

agredir angreifen

agrícola landwirtschaftlich

água *f* Wasser; ∼ **corrente** fließendes Wasser

aguardente *f* Branntwein; Schnaps

aí da; dort; **e** ∼ **tem** und da haben Sie es

ainda noch; ∼ **que** wenn ... auch

álbum *m* Photoalbum

aldeia *f* Dorf

alegar argumentieren

além de über; außer

Alemanha *f* Deutschland

alemão deutsch; ∼ *m*, **alemã** *f* Deutscher, Deutsche

alfaiate *m* Schneider

alfarrobeira *f* Johannisbrotbaum

Algarve *m* (*Provinz*) Algarve

alguém jemand

algum einer; **alguma coisa** etwas; **alguma vez** einmal; **alguns** einige

alheio fremd

ali dort; ∼ **adiante** dort drüben

aliás übrigens

almoçar zu Mittag essen

almoço *m* Mittagessen

alongar-se sich ausdehnen; sich erstrecken

alterar ändern

alternadamente abwechselnd

altitude *f* Höhe

alto groß, hoch; **de** ∼ **a baixo** vom ersten bis zum letzten Buchstaben

altura *f* Höhe; Größe; **nessa** ∼ damals

alugar vermieten

aluno *m* Schüler

amanhã morgen

amarelo gelb

amargura *f* Erbitterung

amável nett

ambos beide

amendoeira *f* Mandelbaum

americano amerikanisch; ∼ *m* Amerikaner

amigo *m* Freund

amizade *f* Freundschaft

amor *m* Liebe

amuar schmollen

andar gehen; fahren; sein; **anda** sag schon; **anda lá** mach schnell; ∼ *m* Stockwerk; Etagenwohnung
animar anregen
ânimo *m* Mut; Lust; **sem** ∼ entgeistert
ano *m* Jahr; ∼ **bissexto** Schaltjahr; **anos e anos** Jahr für Jahr; **durante anos e anos** Jahr für Jahr; **pelos anos** zum Geburtstag; **fazer anos** Geburtstag haben; **ele faz 20 anos** er wird 20 Jahre alt; **quantos anos tens?** wie alt bist du?; **tenho 20 anos** ich bin 20 Jahre alt
ansiar (por) sich sehnen (nach)
antepassados *m/pl.* Vorfahren
antepor voranstellen
anterior vorherig
antes vorher; lieber; ∼ **de** vor; bevor; ∼ **que** bevor
antever voraussehen; sich auf etw. freuen
antigo alt
anunciar ankündigen; anzeigen
apagar ausmachen
aparecer erscheinen; auftreten; sich blicken lassen
aparente scheinbar
apelido *m* Nachname
apenas nur
aperitivo *m* Aperitif
apertar pressen
apesar de trotz, obwohl
apetecer Lust haben (auf)
apoiar (em) stützen (auf)
apontar (para) zeigen (auf)
após nach
aposta *f* Wette
apostar (em) setzen (auf)
aprender lernen; studieren
apresentação *f* Vorstellung
apresentar aufweisen
apressado eilig
aproveitar ausnützen
aproximar-se (de) sich nähern (von)
aquele, -a dieser, diese
aqui hier, hierher; **por** ∼ hier entlang; hier
aquilo das
ar *m* Miene; Luft
arbóreo: espécie *f* **arbórea** Baumart
arder brennen

área *f* Fläche
Argentina *f* Argentinien
argentino argentinisch; ∼ *m* Argentinier
argumento *m* Argument
ária *f* Arie
armário *m* Schrank
armazém *m* Warenhaus; Lagerhaus
arquitecto *m* Architekt
arranjar finden; reparieren; ∼ **namoro (com)** sich befreunden (mit); **isso arranja-se** das kommt schon in Ordnung; das wird sich ergeben
arredores *m/pl.* Umgebung
arrepender-se (de) bereuen
arroz *m* Reis
arruinado ruiniert
artigo *m* Artikel; Ware
árvore *f* Baum
aspecto *m* Aspekt
assim so; ∼ **que** sobald
assinar unterschreiben; abonnieren
assistir (a) zusehen
assobiar pfeifen
assumir übernehmen
assunto *m* Sache; Angelegenheit
até sogar; bis; ∼ **lá** bis dahin; ∼ **que** bis
atenção: prestar ∼ zuhören
atender bedienen; beachten
atento aufmerksam
aterrar landen
atingir erreichen
Atlântico *m* Atlantik; **atlântico** atlantisch
atlas *m* Atlas
atmosfera *f* Atmosphäre
atrair anziehen
atrapalhado verlegen
atrás de hinter
através hindurch; ∼ **de** durch
atravessar überqueren
audácia *f* Kühnheit
aula *f* Unterrichtsstunde; **aulas** *f/pl.* Unterricht
Austrália *f* Australien
australiano australisch; ∼ *m* Australier
Áustria *f* Österreich
austríaco österreichisch; ∼ *m* Österreicher
autocarro *m* Bus
automóvel *m* Auto; ∼ **de corrida** Rennauto
autor *m* Autor

auxílio *m* Hilfe
avariado defekt
avenida *f* Allee
avião *m* Flugzeug; **andar de** ∼ fliegen; **ir de** ∼ fliegen
avisar Bescheid sagen
avô *m* Großvater; **avó** *f* Großmutter
azinheiro *m* Steineiche
azul blau

B

bagagem *f* Gepäck
bairro *m* Viertel
baixio *m* Klippe
baixo niedrig; **em** ∼ unten
balão *m* Ballon
balcão *m* Theke
banco *m* Bank
banheira *f* Badewanne
banho *m* Bad
baptizado *m* Taufe
bar *m* Bar
barato billig
barba *f* Bart; **de** ∼ **feita** rasiert
barco *m* Schiff; Boot; ∼ **à vela** Segelboot
barriga *f* Bauch; **de** ∼ **para o ar** auf dem Rücken
barril *m* Faß
barulho *m* Krach
bastante ziemlich
bastar genügen
bater (a) klopfen (an)
bater *m* Schlagen
bêbado trunken
beber trinken
beberrão versoffen, trunksüchtig; ∼ *m* Säufer
bebida *f* Getränk
beira *f* Rand
belo hübsch
bem gut; deutlich; na ja; ∼ *m* das Gute; **perguntavam** ∼ sie hatten gut fragen
bênção *f* Segen
Berlim *f* Berlin
biblioteca *f* Bibliothek; ∼ **Nacional** Staatsbibliothek
bicha *f* Schlange
bicicleta *f* Fahrrad
bife *m* Steak
bilhete *m* Fahrkarte; Eintrittskarte
bisavô *m* Urgroßvater; **bisavó** *f* Urgroßmutter
boca *f* Mund; **com a** ∼ **cheia** mit vollem Mund

bocado *m* Stück; **aos** ~s in Brocken; **mais um** ~ etwas länger
bola *f* Ball
boletim *m* Schein; Totoschein
Bolívia *f* Bolivien
boliviano bolivianisch; ~ *m* Bolivianer
bolo *m* Kuchen
bolso *m* Tasche
bom, boa gut; **bom na ja; bom dia** guten Morgen; **boa tarde** guten Tag; **boa noite** guten Abend; **gute Nacht**
Bona *f* Bonn
bondade: **ter a** ~ **de** bitte
bondoso gutherzig
bonito hübsch
bordado *m* Stickerei
bossa-nova *f* Bossa-Nova (Tanz)
botão *m* Knopf
braço *m* Arm
branco weiß; ~ **de neve** schneeweiß
Brasil *m* Brasilien
brasileiro brasilianisch; ~ *m* Brasilianer
breve kurz
brilhar glänzen
brincalhão verspielt; lustig; ~ *m* Spaßvogel
brincar spielen; scherzen
brinquedo *m* Spielzeug
bugiganga *f* Kleinkram
buscar holen; **ir** ~ holen

C

cabeça *f* Kopf
cabelo *m* Haar
caber passen; Platz haben
cachopo *m* Knabe
cada jeder
cadeira *f* Stuhl
café *m* Kaffee; Café
cair hinfallen
cais *m* Kai
caixa *f* Schachtel
calado: **estar** ~ schweigen
calar-se schweigen
calças *f/pl.* Hose
calhar: **ser ao** ~ sich treffen
calmo ruhig
calor *m* Wärme; Hitze; **estar** ~ warm sein; **estar com** ~ schwitzen; **tenho** ~ mir ist warm

cama *f* Bett; **ir para a** ~ ins Bett gehen
Câmara Municipal *f* Rathaus
camião *m* Lastwagen
caminho *m* Weg
camisa *f* Hemd
campainha *f* Klingel
canalha *m* Aas
canalizador *m* Klempner
canasta *f* Canasta (Kartenspiel)
canção *f* Lied
cancela *f* Zaun
candeeiro *m* Laterne
caneta *f* Füller
canivete *m* Taschenmesser
cano *m* **da água** Wasserrohr
cansado müde
cantar singen
cantarolar trällern
cão *m* Hund
capa *f* Umschlag
capital *f* Hauptstadt
capitão *m* Kapitän
cara *f* Gesicht; **à má** ~ gewaltsam
característica *f* Charakter
caracterizar kennzeichnen; charakterisieren
caramba zum Teufel
carência *f* Mangel
carneiro *m* Hammel
caro teuer
caroço *m* Kern
carregado voll
carro *m* Auto
carta *f* Brief; ~ **(de condução)** Führerschein
cartão *m* Pappe
carteira *f* Schachtel; Tasche; Brieftasche
carvalho *m* Eiche
casa *f* Haus; Wohnung; **a** ~ **de** zu; **em** ~ zu Hause; **em** ~ **de** bei; **para** ~ nach Hause
casado verheiratet
casal *m* Ehepaar
casamento *m* Hochzeit
casar **(com)** heiraten
casarão *m* Riesenhaus
casino *m* Kasino
caso *m* Fall; Sache; ~ **(que)** falls; **isso é outro** ~ das ist etwas anderes
castanheiro *m* Kastanienbaum
castiço rein
catalão katalanisch; ~ *m*, **catalã** *f* Katalane

católico katholisch
catraio *m* Junge
cavalo *m* Pferd
cedo früh
cegar erblinden
cego blind
célebre berühmt
celeiro *m* Scheune
cemitério *m* Friedhof
cena *f* Szene
centavo *m* 0,01 Escudo
centeio *m* Roggen
centímetro *m* Zentimeter; ~ **cúbico** Kubikzentimeter; ~ **quadrado** Quadratzentimeter
cento *m* Hundert
central zentral
centro *m* Ort
cerca de etwa
cerealífico: **cultura** *f* **cerealífica** Getreideanbau
cerejeira *f* Kirschbaum
certeza *f* Gewißheit; **com** ~ bestimmt; **de** ~ bestimmt; **ter a** ~ sicher sein
certo gewiß; **o** ~ **é que** Tatsache ist, daß; **estar** ~ richtig gehen; **pela certa** bestimmt; **mit Sicherheit; certamente sicher**
cerveja *f* Bier
cessar aufhören
céu *m* Himmel
chá *m* Tee
chamar rufen; aussprechen; **chamar-se** heißen
chave *f* Schlüssel
chávena *f* Tasse
checoslovaco tschechisch; ~ *m* Tscheche
Checoslováquia *f* Tschechoslowakei
chegar ankommen; **chegar-se (para)** rücken (nach); ~ **a** dazukommen
cheio voll
cheiro *m* Duft
chifre *m* Horn
Chile *m* Chile
chileno chilenisch; ~ *m* Chilene
China *f* China
chinês chinesisch; ~ *m*, **chinesa** *f* Chinese, Chinesin
chocolate *m* Schokolade
chover regnen
chuva *f* Regen; **faz** ~ **es** regnet
chuvoso regnerisch

cidade *f* Stadt
Ciências Económicas e Financeiras *f/pl.* Volkswirtschaft
cigarro *m* Zigarette; ponta *f* de ~ Kippe
cinema *m* Kino
cinto *m* Gürtel
cinza *f* Asche
cinzeiro *m* Aschenbecher
cirurgião *m* Chirurg
claro klar; é ~ natürlich; ~ que natürlich
clima *m* Klima
climático klimatisch; climaticamente klimatisch
clínico *m* Kliniker
cobrir bedecken
coibir hindern
coisa *f* Sache; uma ~ eines; coisíssima nenhuma nichts
coitado (do) armer
colcha *f* Bettdecke
colecção *f* Sammlung
colega *m* Kollege
colocar stellen
colóquio *m* Gespräch
com mit
combinar abmachen
comboio *m* Zug
começar anfangen
começo *m* Anfang
comédia *f* Komödie
comentar bemerken
comer essen
comerciante *m* Händler
comércio *m* Handel
comida *f* Essen
comigo mit mir
comilão verfressen; ~ *m* Vielfraß
como weil; da; wie; ~ que irgendwie; ~ se als ob
companheiro *m* Kamerad
companhia *f* Gesellschaft
comparar vergleichen
competir zustehen
completar ergänzen
completo vollständig
complicado kompliziert
compor komponieren
comprador *m* Käufer
comprar kaufen
compras: ir às ~ einkaufen gehen; zum Einkaufen gehen
compreender verstehen
compreensão *f* Verständigung
comprido lang; ao ~ ausgestreckt
comprimento *m* Länge
comprimido *m* Tablette; ~ para dormir Schlaftablette
compromisso *m* Verpflichtung
comum allgemein; gemeinsam
comunhão *f* Verbundenheit
comunicar sprechen; mitteilen
concerto *m* Konzert
concluir abschließen
conclusão *f* Ergebnis; chegar a uma ~ zu einem Ergebnis kommen
concordar (com) einverstanden sein (mit)
concurso *m* Ausspielung
condicionar bedingen
condizer (com) passen (zu)
conduzir fahren
conferir überprüfen
confessar gestehen
confiança *f* Vertrauen; ter ~ (em) j-m trauen
configuração *f* Gestalt
confirmar bestätigen
conforme je nachdem; es kommt darauf an
confundir verwirren
confuso verwirrt
conhecer kennen; kennenlernen
conhecido bekannt
conjugação *f* Verbindung
connosco mit uns
conseguir können; erreichen; bekommen; consigo es gelingt mir
consentir erlauben
conservar beibehalten
considerar bedenken
consigo mit Ihnen; mit sich
constante beständig; constantemente ständig
constranger verlegen machen; beengen
construir bauen
cônsul *m* Konsul
consultar fragen
consultório *m* Arztpraxis
conta *f* Rechnung
contanto que vorausgesetzt daß; falls
contar erzählen; zählen; ~ (com) rechnen (mit)
contente zufrieden
contigo mit dir
continental kontinental

continuar fortbestehen; fortfahren; ~ (a) weiter ...
conto *m*: um ~ 100 Escudos
contra gegen
contradizer widersprechen
contrapor entgegenstellen
contraste *m* Gegensatz
convencer überzeugen
convergir konvergieren
conversa *f* Gespräch
conversar sich unterhalten
convidado *m* Gast
convidar einladen
convir passen; convém man soll; man muß
convite *m* Einladung
conviver umgehen
convosco mit euch
copo *m* Glas
cor *f* Farbe; de ~ auswendig
coração *m* Herz
cordilheira *f* Gebirgskette
corpo *m* Körper
correio *m* Postamt; Post
corrente *f*: ~ do Golfo Golfstrom
correr laufen
cosméticos *m/pl.* Kosmetika
costas *f/pl.* Rücken; pôr-se de ~ sich auf den Rücken legen
costumar pflegen; die Gewohnheit haben; gewöhnlich
costume *m*: de ~ gewöhnlich
cozinha *f* Küche
creme *m* Creme
crer glauben
crescer wachsen
criada *f* Dienstmädchen; ~ de mesa Kellnerin; Bedienung
criado *m* Kellner
criança *f* Kind
criar-se entstehen
cristão *m* Christ
cronologia *f* Chronologie
croquete *m* Krokette
cruel böse
cuidado *m* Vorsicht; ter ~ vorsichtig sein
cumprimentar grüßen
cumprir einhalten
cunhado *m* Schwager
curioso merkwürdig
curso *m* Studium
curto kurz

cuspir ausspucken
custar kosten; schwerfallen

D

daí a pouco kurz danach
dali von dort
danado verdammt
dar geben; erteilen; ~ (para) gut sein (für); ~ por isso merken; dar-se stattfinden
data *f* Datum; uma ~ de viele; eine Menge
de von; ~ que worüber
decénio *m* Jahrzehnt
decidir beschließen; decidir-se (por) sich entschließen (für)
decilitro *m* Deziliter
decímetro *m* Dezimeter; ~ cúbico Kubikdezimeter; ~ quadrado Quadratdezimeter
declarar erklären
decompor zerlegen
decréscimo *m* Rückgang; ~ populacional Bevölkerungsrückgang
dedo *m* Finger
deduzir ableiten
defeito *m* Nachteil; Fehler
degrau *m* Stufe
deitar fora wegwerfen
deitar-se ins Bett gehen
deixar de saber vergessen; nicht mehr wissen
dele sein; ihr; o ~ sein; ihr
demais zuviel
demorado lang
demorar dauern
dente *m* Zahn
dentista *m* Zahnarzt
dentro (de) in; innerhalb von; lá de ~ heraus; de ~ von drinnen
depender (de) abhängen (von)
depois danach; dann; hinterher; ~ de nach; nachdem; e ~ na und
depor absetzen
depressa schnell
desagradável unangenehm
desaparecer verschwinden
desarranjo *m* Störung; Schwierigkeit
desastre *m* Unfall
descalçar ausziehen
descalço barfuß
descarregar entladen

descer herunterkommen; aussteigen
descobrir entdecken
descompor entstellen
descontente unzufrieden
descrer nicht glauben
desculpar entschuldigen
desde seit; ~ que seit; sofern ... nur; vorausgesetzt daß
desdizer bestreiten
desejar wünschen
desejo *m* Wunsch; Absicht
desencadear auslösen
desenhar zeichnen
desenho *m* Zeichnen
desenrolar-se sich abspielen
desfazer zerreißen
desiludido enttäuscht
desimpedir freilegen
desistir aufgeben; ~ (de) verzichten (auf)
deslumbrado begeistert
desnível *m* Unebenheit
despedir-se (de) sich verabschieden (von)
despejar leeren
despertar wach machen; wecken
despesa *f* Ausgabe
despido kahl
despir ausziehen
desprendimento *m* Gleichgültigkeit
desrespeitar mißachten
desse dieses (*Genitiv*)
deste dieses (*Genitiv*)
destruir vernichten
desviar: ~ os olhos wegschauen
detalhe *m* Einzelheit
deturpado entstellt
Deus *m* Gott; pelo amor de ~ um Gottes willen; valha-me ~ um Himmels willen
devagar langsam
dever müssen; sollen; wohl; schulden; dever-se (a) zurückzuführen sein (auf)
devido infolge
Dezembro *m* Dezember
dezenas de zahllos
dia *m* Tag; até ao ~ 15 bis zum 15.; de ~ tagsüber; de ~ para ~ von Tag zu Tag; de 3 em 3 dias alle 3 Tage; que ~ é hoje? welchen Wochentag haben wir heute?; no

~ anterior (atrás) am Tage davor; todo o ~ den ganzen Tag; todos os dias jeden Tag
diabetes *m/pl.* Zuckerkrankheit
diabo *m* Teufel; para que ~ wozu zum Teufel
diabólico teuflisch
diálogo *m* Dialog
diante de vor
dicionário *m* Wörterbuch
diferença *f* Unterschied
diferente anders; verschieden
difícil schwierig
dificuldade *f* Schwierigkeit
digerir verdauen
dignidade *f* Würde
digno würdig
dimensão *f* Ausmaß
diminuir verringern
Dinamarca *f* Dänemark
dinamarquês dänisch; ~ *m*, dinamarquesa *f* Däne, Dänin
dinheiro *m* Geld
direcção *f* Richtung
directo direkt
director *m* Direktor
direito recht; para a direita nach rechts; auf die rechte Seite
Direito *m* Jura
dirigir führen; leiten; dirigir-se sich begeben
disco *m* Schallplatte
dispor anordnen; verfügen; dispor-se (a) sich entschließen (zu)
distância *f* Entfernung
distracção *f* Zerstreuung
distrair unterhalten; zerstreuen
distribuição *f* Einteilung
divergir abweichen
diversidade *f* Verschiedenartigkeit
divertido unterhaltsam; lustig
divertir sich unterhalten
dividir teilen; ~ ao meio teilen
dizer sagen
dito gesagt
do, da des
doce süß; lieblich
doente krank
doido verrückt
dois zwei; os ~ die beiden
dominar überragen
domingo *m* Sonntag

dona (d.) *f* (Anrede); ~ **da casa** Hausbesitzerin; ~ **de casa** Hausfrau
donde woher
dono *m* Besitzer
dor *f* Schmerz
dormir schlafen
doutor (dr.) *m* Doktor; Licenciado (Akad. Titel)
droga *f* Droge; **ser uma** ~ nichts taugen
duna *f* Düne
durante während
durar dauern
dúvida *f* Zweifel

E

e und
edifício *m* Gebäude
educação *f* Erziehung; **Ministro da** ~ Kultusminister
efeito *m* Wirkung
efémero vergänglich; kurzlebig
egípcio ägyptisch; ~ *m* Ägypter
Egipto *m* Ägypten
egoísta *m* Egoist
ele er; **ela** sie
eléctrico *m* Straßenbahn
eleger wählen
eleição *f* Wahl
elemento *m* Element
elevado hoch
elevador *m* Fahrstuhl
elucidativo aufschlußreich
em in; ~ **baixo** unten; ~ **cima** oben; ~ **cima de** auf
embaraçado (com) verlegen (wegen)
embora obgleich; obwohl
embriagador betörend
emigratório: movimento *m* ~ Auswanderung
empresa *f* Firma
emprestar leihen
encantador reizvoll
encaracolado lockig
encarnado rot
encarregado verpflichtet
encher füllen
enclausurado eingesperrt
encoberto bedeckt
encobrir verbergen
encomenda *f* Päckchen, Paket
encontrar treffen
encontro *m* Treffen; Begegnung; Spiel

encostar-se (a) sich lehnen (an)
encruzilhada *f* Kreuzweg; entscheidende Situation
encurtar abkürzen
enfático pathetisch
enfiar hineintun
enganar betrügen
engenheiro *m* Ingenieur
engenhoca *f* Apparat; Maschinchen
engolir schlucken
engordar dick werden
engraçado lustig; witzig
engrandecer-se sich interessant machen; sich erhöhen
enlaçar umschlingen
enorme riesig
enquanto während; solange
ensaio *m* Probe
ensinar lehren; zeigen
então nun; also; dann
entender meinen; verstehen; **entender-se** sich verständigen
enterro *m* Begräbnis
entrar (em) betreten; hereinkommen; **entre!** herein!
entre zwischen; unter
entregar abgeben
entreouvir undeutlich hören
entusiasmado begeistert
entusiasmo *m* Enthusiasmus
envelhecer *m* Altern
enxofre *m* Schwefel
enxugar abtrocknen
enxuto trocken
equivaler entsprechen
escola *f* Schule
escolher auswählen
escorrer tropfen
escrever schreiben
escrito geschrieben
escritor *m* Schriftsteller
escritório *m* Büro
escudo *m* Escudo
escuro dunkel; **às escuras** im Dunkeln
escutar hören
esferográfica *f* Kugelschreiber
esforçar-se sich anstrengen
esfregar reiben
espaçadamente in Abständen
Espanha *f* Spanien

espanhol, ~**a** spanisch; ~ *m*, ~**a** *f* Spanier, Spanierin
espantado erstaunt
especial besonder; bestimmt
espécie: que ~ **de** was für
espectáculo *m* Schauspiel; Vorstellung; Ereignis
espectador *m* Zuschauer
esperar (por) warten (auf); erwarten; **estar à espera (de)** warten (auf); erwarten
espesso dick
esposa *f* Frau
esquecer-se (de) vergessen
esquerdo link; **à esquerda** links; **para a esquerda** nach links; auf die linke Seite
esse, essa dieser, diese; **uma ideia dessas** eine solche Idee
essência *f* Gehalt
essencial wesentlich
estabelecimento *m* Geschäft
estação *f* Bahnhof; Jahreszeit
estádio *m* Stadion
estalagem *f* Gasthaus
estar sein; **como está?** wie geht es Ihnen?; **estou melhor** mir geht es besser; **está-se mesmo a ver** es ist offensichtlich; ~ **com haber;** ~ **deitado** liegen; ~ **em pé** stehen; ~ **pendurado** hängen; ~ **sentado** sitzen; **não** ~ **para** keine Lust haben (zu)
este, esta dieser, diese
este *m* Osten
estender aufhalten; **estender-se** sich legen
estojo *m* Etui
estômago *m* Magen
estrangeiro ausländisch; ~ *m* Ausländer
estranhar seltsam finden; befremden
estranho fremd; seltsam
estudante *m* Student; Schüler
estudar studieren
estupidez *f* Dummheit
etc. usw.
eu ich
Europa *f* Europa
europeu europäisch

evidência *f* Offensichtlichkeit
evidente offensichtlich
evitar vermeiden
exagerar übertreiben
exame *m* Prüfung; Exa-
men
examinar beobachten
excepção *f* Ausnahme
excepto außer; mit Aus-
nahme von
excitação *f* Aufregung
excitado aufgeregt
exclamar ausrufen; plötz-
lich sagen
exclusivamente ausschließlich
excursão *f* Ausflug
exemplo *m* Beispiel
exercício *m* Aufgabe
exigir verlangen
existência *f* Existenz; Leben
existir: existe, existem es
gibt
expedir absenden
experiência *f* Erfahrung
explicação *f* Nachhilfe-
unterricht
explicar erklären
expor ausstellen
exposição *f* Ausstellung
expressão *f* Ausdruck
exprimir ausdrücken; ex-
primir-se sich ausdrücken
expulsar vertreiben
êxtase *m* Ekstase
extenuado erschöpft
extraordinariamente außerordentlich
extremo äußerst; ~ *m*
Ende

F

fábrica *f* Fabrik
fácil leicht
facilidade *f* Leichtigkeit
facto *m* Tatsache; de ~
tatsächlich
fada *f* Fee
faixa *f* Streifen
falar sprechen
faltar fehlen
família *f* Familie
fantástico phantastisch
farmacêutico *m* Apotheker
farmácia *f* Apotheke
farsa *f* Farce
fartar sättigen
farto satt
fatalidade *f* Schicksalhaftigkeit

fato *m* Kostüm; Anzug;
Kleid; ~ de banho Bade-
anzug
favor *m* Gefallen; é ~
bitte; faz ~ bitte; se faz
~ bitte; por ~ bitte
fazer machen; tun; ein-
nehmen; komponieren;
unternehmen; ~ dimi-
nuir verringern; ~ ideia
(de) etwas ahnen; ~ falta
fehlen; nötig sein; ~ mal
schaden; fazer-se entender
sich verständlich machen
febre *f* Fieber
fechar schließen; zuma-
chen; zudrehen
feito gemacht
felicidade *f* Glück
feliz glücklich; felizmente
glücklicherweise; feliz-
mente que glücklicher-
weise
férias *f/pl.* Ferien
ferir verletzen
feroz schlimm
ferrar o galho einschlafen
ferver kochen
festa *f* Fest
Fevereiro *m* Februar
ficar sein; werden; blei-
ben; ~ bem gut stehen;
~ situado liegen; ~ a
pensar denken; schließen
(aus)
fiel treu; ~ (a) treu (zu)
fígado *m* Leber
figueira *f* Feigenbaum
filho *m* Sohn; Kind
filmar filmen
fim *m* Ende; "~ de esta-
ção" Sommer- bzw. Win-
terschlußverkauf; ~ de
semana Wochenende; a
~ de um ... zu; damit;
a ~ de que so daß
finalmente schließlich
fingido fingiert; künstlich
físico physisch
fita *f* Band
fixar fixieren
fixo fest
flor *f* Blüte; Blume
florestal: espécie *f* ~
Baumart
folha *f* Blatt
folheto *m* Begleitsatz
fome *f* Hunger
fora auswärts; draußen;
cá ~ draußen; de ~
draußen
forçado gezwungen

forma *f* Form; de ~ alguma auf keinen Fall;
desta ~ so
formar-se sich bilden
formidável wunderbar
formosura *f* Schönheit
forno *m* Backofen
forte stark
fósforo *m* Streichholz
fotografia *f* Fotografie
fraco schwach
fraga *f* Felsen
França *f* Frankreich
francês, francesa franzö-
sisch; ~ *m*, -esa *f* Franzo-
se, Französin
frasco *m* Fläschchen
freguês *m* Kunde; Gast
frente: de ~ direkt; para
a ~ nach vorne
frequentar besuchen
frequentemente oft; häufig
fresco frisch; kühl
friccionar einreiben
frio kalt; ter ~ frieren
fronteira *f* Grenze; ~ terrestre Landgrenze
frutífero: espécie *f* frutífera
Obstart
fruto *m* Frucht
fugir fliehen
fumar rauchen
fumo *m* Rauch
fundo tief; ao ~ am Ende;
no ~ im Grunde
futebol *m* Fußball

G

gaivota *f* Möwe
gajo *m* Kerl
ganhar gewinnen; verdie-
nen; bekommen
garagem *f* Garage
garantir sagen; behaupten
gargalhada: dar uma ~
lachen
garoto *m* Junge; Milch-
kaffee
garrafa *f* Flasche
gasolina *f* Benzin
gastar ausgeben
gasto ausgegeben
gaveta *f* Schublade
generoso großzügig
genro *m* Schwiegersohn
gente *f* Leute; Menschen
gerente *m* Geschäftsführer
gesto *m* Geste
gigante *m* Riese
gira-discos *m* Plattenspieler
girar sich drehen

globo *m* Globus
golo *m* Schluck
gostar (de) mögen; gern haben; **gostaram muito es hat ihnen sehr gut gefallen**
gosto *m* Geschmack
governar regieren
governo *m* Regierung
graça *f* Anmut; **graças a dank; ter outra** ~ ansprechender sein
grama *m* Gramm
grande groß
granítico aus Granit
grato dankbar
gravata *f* Krawatte
grave schwer
gravidade *f* Wichtigkeit
Grécia *f* Griechenland
grego griechisch; ~ *m* Grieche
gripe *f* Grippe
gritar rufen; schreien
grupo *m* Gruppe
guardar bewahren; aufbewahren
guerra *f* Krieg
guiar fahren
guisado *m* Gulasch

H

há seit; vor; es gibt; ~ **coisa de** etwa vor; ~ **muito tempo** schon lange; ~ **quanto tempo** seit wann
habilidade *f* Talent
habitante *m* Einwohner
hábito *m* Gewohnheit
habituado (a) gewohnt (zu)
Hamburgo Hamburg
haver werden; sollen; müssen; haben; **há** es gibt
hectolitro *m* Hektoliter
herói *m* Held
hesitar zögern
história *f* Geschichte
hoje heute
Holanda *f* Holland
holandês, holandesa holländisch; ~ *m*, **-esa** *f* Holländer, Holländerin
homem *m* Mann; Mensch; ~ **da cidade** Stadtmensch; ~ **da terra** Mensch vom Land
hora *f* Stunde; Uhr; **a que horas** rechtzeitig; **a que horas** um wieviel Uhr; **de** ~ **a** ~ von Stunde zu Stunde; **que horas são?**

wie spät ist es?; **antes da** ~ zu früh, vor der verabredeten Zeit; **à última** ~ in letzter Minute; **a** ~ **exacta** die abgemachte Zeit
hóspede *m* Gast
hospedeira *f* Stewardeß
hotel *m* Hotel
húmido naß
Hungria *f* Ungarn
húngaro ungarisch; ~ *m* Ungar

I

ibérico iberisch
idade *f* Alter; **da mesma** ~ **gleich alt; que** ~ **tem?** wie alt sind Sie?; **ter a mesma** ~ gleich alt sein
ideia *f* Vorstellung; Idee; Gedanke
idioma *m* Sprache; Idiom
idiota idiotisch
ignorar nicht wissen
igreja *f* Kirche
igual gleich
ilha *f* Insel
imagem *f* Bild
imaginação *f* Phantasie; Einbildung
imaginar sich vorstellen
imediato unmittelbar; **imediatamente** sofort
imenso sehr
imerso gesunken
impávido unerschütterlich
impedir verhindern
impor auferlegen
importante wichtig
importar ausmachen
importar-se (de) j-m etwas ausmachen
impossível unmöglich
imposto *m* Steuer
impressão *f* Eindruck
imprevisto *m* Unvorhergesehenheit; Abruptheit
imprimir einflößen; drükken
incendiar in Brand setzen
incomodar stören
incomportável unverträglich
Índia *f* Indien
indiano indisch; ~ *m* Inder
indicação *f* Anweisung; Indikation
indicar zeigen; nennen
Indonésia *f* Indonesien
indonésio indonesisch; ~ *m* Indonesier

induzir fördern
inesquecível unvergeßlich
inevitável unvermeidlich
infantil kindlich
infelizmente leider
informulado unausgesprochen
ingerir verschlucken
Inglaterra *f* England
inglês, inglesa englisch; ~ *m*, **-esa** *f* Engländer, Engländerin
inicial: as palavras iniciais die ersten Worte
início *m* Anfang; Beginn
injustiça *f* Ungerechtigkeit
inquietar beunruhigen
inquieto unruhig
inquirir fragen
inserir einfügen
insistência *f* Forderung
insistir (em) bestehen (auf)
inspirar inhalieren; einatmen
instalado postiert
instante *m* Augenblick
instinto *m* Instinkt
inteiro ganz
inteligente intelligent
intenção *f* Absicht
interessado interessiert
interessante interessant
interessar reizen; interessieren
interesse *m* Reiz; **não ter qualquer** ~ ganz uninteressant sein; **interesses** *m/pl.* Interessen
interlocutor *m* Gesprächspartner
interrogar ausfragen; befragen
interrompido unterbrochen
intervir dazwischenkommen; eingreifen
íntimo intim
introdução *f* Einleitung
introduzir einführen
intuição *f* Intuition
inventar erfinden
inverno *m* Winter
invólucro *m* Schachtel
ir gehen; fahren; werden; sein; ~ **(de)** fahren (mit); ~ **buscar** holen; **ir-se embora** weggehen; **vá los**; **vamos los**
irmão *m*, **irmã** *f* Bruder, Schwester
irónico ironisch

irredutível unauflösbar;
(wörtl.) nicht weiter reduzierbar
irresistível unwiderstehlich
isqueiro *m* Feuerzeug
isso das; ~ **é que** doch
isto das
Itália *f* Italien
italiano italienisch; ~ *m*
Italiener

J

já schon; gleich; sofort;
~ **agora** jetzt ist es
schon gleich; ~ **não**
nicht mehr; ~ **que** weil;
da
jamais nie
Janeiro *m* Januar
janela *f* Fenster
jantar zu Abend essen;
~ *m* Abendessen
Japão *m* Japan
japonês, japonesa japa-
nisch; ~ *m*, -**esa** *f* Japa-
ner, Japanerin
jogar (em) spielen
jogo *m* Spiel
jornal *m* Zeitung
jovem *m* junger Mensch
Jugoslávia *f* Jugoslawien
jugoslavo jugoslawisch; ~
m Jugoslawe
julgar denken; **julgo que sim**
ich denke schon
Julho *m* Juli
Junho *m* Juni
juntar versammeln; **juntar-
-se** zusammenkommen
juntos zusammen
justamente gerade

L

lá dort; mal; ~ **pensar,**
penso das schon
lábio *m* Lippe
lado *m* Seite; **ao** ~ **de**
neben; **de** ~ auf die Seite
lâmina *f* Klinge
lápis *m* Bleistift
laranja *f* Apfelsine
laranjada *f* Limonade
laranjeira *f* Apfelsinen-
baum
largo breit
largura *f* Breite
lata *f* Schachtel
lavar waschen
leão *m* Löwe

leitaria *f* Meierei
leite *m* Milch
lembrança *f* Erinnerung
lembrar-se (de) sich erinnern (an)
lenço *m* Taschentuch
ler lesen
leste *m* Osten
levantar-se aufstehen
levar fahren; führen; nehmen; ~ **(a)** bringen (zu)
léxico *m* Wortschatz
lhe ihm; ihr; Ihnen; **lho es**
ihm; es ihr; es Ihnen
liberalidade *f* Freigebigkeit
liberdade *f* Freiheit
libertar befreien
liberto frei
licença *f* Erlaubnis; **dar** ~
erlauben; **com** ~ erlau-
ben Sie?, erlaubst du?
licenciado (akademischer
Titel)
liceu *m* Gymnasium
limite *m* Grenze
limpar reinigen; saubermachen
limpeza *f* Sauberkeit
limpo sauber
língua *f* Sprache; Zunge;
~ **estrangeira** Fremd-
sprache; **não ter papas na**
~ kein Blatt vor den
Mund nehmen
lista *f* Liste
literatura *f* Literatur
litoral *m* Küste
litro *m* Liter
livro *m* Buch
lobo *m* Wolf
locução *f* Ausdrucksweise
lógico logisch
logo gleich; ~ **que** sobald;
~ **em seguida** unmittelbar danach; gleich dar-
auf
logrado betrogen
loja *f* Laden
longe weit; **de** ~ von weitem; **é de** ~? sind Sie
von weit her?
longo lang
louro blond
loucura *f* Verrücktheit
lugar *m* Platz; **em primeiro**
~ erstens
luminosidade *f* Helligkeit
lunático wunderlich
luso-brasileiro portugiesisch-brasilianisch
lutador *m* Kämpfer
luz *f* Licht

M

maciço *m* Massiv
macieira *f* Apfelbaum
maço *m* Päckchen
mãe *f* Mutter
Maio *m* Mai
maior größer; **a** ~ **parte**
die meisten; der größte
Teil
mais mehr; ~ **pequeno**
kleiner; ~ **de** über; mehr
als; ~ **nada** nichts mehr;
de ~ **a** ~ besonders;
(os ~**), os outros** die anderen; **gostar** ~ lieber
mögen
majestoso hoheitsvoll
mal schlecht; falsch; sobald; ~ *m* Übel; das
Schlechte
maldizer verfluchen
mala *f* Koffer
maluco (por) verrückt
(nach)
mandão herrschsüchtig; ~
m Machthaber
mandar lassen; schicken;
senden; **quem me manda**
wie konnte ich
maneira *f* Weise, Art; **de**
~ **a** so daß; **de** ~ **que**
so daß; **de** ~ **nenhuma**
auf keinen Fall
manha *f* List
manhã *f* Morgen; **de** ~
frühmorgens; morgens
mania *f* Manie
mansamente sanft
manteiga *f* Butter
manter aufrechterhalten
mão *f* Hand; **estando nas**
minhas mãos wenn es in
meiner Macht steht; **levar**
as mãos à cabeça die
Hände über dem Kopf
zusammenschlagen
máquina *f* **de filmar** Kamera
mar *m* Meer; **fazer-se ao** ~
in See stechen
maravilhado entzückt
marca *f* Marke; Anzeichen
Março *m* März
marcha *f* Marsch (Tanz)
marido *m* Ehemann; Mann
marinha *f* Marine
marinheiro *m* Matrose
Marrocos *m* Marokko
marroquino marokkanisch;
~ *m* Marokkaner
mas aber; doch; ~ **(sim)**
sondern
massa *f* Geld; Moneten

matar töten
matemática *f* Mathematik
matizar färben
mau, má schlecht; böse
máximo höchst
me mir; mich
medicina *f* Medizin
médico *m* Arzt
medida *f* Maß; à ~ que während; em que ~ inwiefern
médio durchschnittlich
mediocre mittelmäßig
medir messen
mediterrânico: tipo *m* ~ Mittelmeertyp
medo *m* Angst
meia-noite *f* Mitternacht
meias *f/pl.* Strümpfe
meio halb; ~ *m* Mittel; no ~ de inmitten; ~ de transporte Verkehrsmittel; meio-dia *m* zwölf Uhr
mel *m* Honig
melão *m* Melone
melhor besser
melro *m* Amsel
menor kleiner; minderjährig
menos weniger; ao ~ wenigstens; uns minutos a mais, uns minutos a ~ ein paar Minuten mehr oder weniger
mensal monatlich
mentir lügen; anlügen
mentira *f* Lüge
mês *m* Monat; por ~ im Monat
mesa *f* Tisch; ~ de cabeceira Nachttisch
mesmo selbst; wirklich; unmittelbar; dicht; genau; gerade; eben; o ~ dasselbe; os mesmos die gleichen; ~ nada ganz und gar nicht; ~ que wenn auch
mesquinho kleinlich; schäbig
metafísico metaphysisch
meter stecken; hineintun
meter a mão (em) greifen (in)
método *m* Methode
metro *m* Meter; ~ cúbico Kubikmeter; ~ quadrado Quadratmeter
meu, o meu mein; meiner
mexer umrühren
México *m* Mexico

mexicano mexikanisch; ~ *m* Mexikaner
mexilhão *m* Miesmuschel
mil réis: dois ~ zwei Escudo
milho *m* Mais
miligrama *m* Milligramm
milionário *m* Millionär
mim mir; mich
minha, a minha meine
mínimo minimal; geringst
ministro *m* Minister
minuto *m* Minute
missa *f* Messe
mistério *m* Geheimnis
misterioso geheimnisvoll
misturar mischen
miúdo *m* Kind; em ~ als Kind
mocidade *f* Jugend
moço *m* Junge
moda *f* Mode
moderado mild
moderno modern
modesto bescheiden
modista *f* Schneiderin
modo: de ~ a so daß; de ~ que so daß
moeda *f* Münze
momento *m* Augenblick
monotonia *f* Monotonie
montanhoso: conjunto *m* ~ Gebirgsmassiv
montra *f* Schaufenster
morar wohnen
moreno brünett
morrer sterben
morte *f* Tod
morto *m* der Tote
mosteiro *m* Kloster
motivar verursachen; veranlassen
mudar: ~ de casa umziehen
muito sehr; viel; häufig; lange
mulher *f* Frau; Ehefrau
mulherão *m* starke Frau
multiplicar (por) multiplizieren (mit)
mundo *m* Welt
Munique München
murmurar murmeln
música *f* Musik
mutuamente gegenseitig

N

nação *f* Nation
nacionalidade *f* Nationalität
nada gar nicht; nichts; um tudo ~ etwas; não ...

~ überhaupt nicht; não é ~ disso das ist ganz falsch (das ist nichts davon); ~ de especial nichts Bestimmtes
nadar schwimmen
não nicht; ~ é nicht wahr
nascer geboren sein
Natal *m* Weihnachten
natural: ser ~ anzunehmen sein
natureza *f* Natur
navio *m* Schiff
necessário nötig
necessidade *f* Notwendigkeit
negociar handeln
nem nicht einmal; ~ por sombras nicht im geringsten; ~ sequer nicht einmal
nenhum, ~a kein, keine
nervoso nervös
neto *m* Enkel
neutro neutral
nevar schneien
neve *f* Schnee
Nigéria *f* Nigerien
nigeriano nigerianisch; ~ *m* Nigerianer
ninfa *f* Nymphe
ninguém keiner; niemand
nitidez *f* Deutlichkeit
nítido deutlich
no im; auf dem
nó *m* Knoten
noite *f* Nacht; logo à ~ heute abend; hoje à ~ heute abend; de ~ nachts
noivo *m* Verlobter
nome *m* Name
nora *f* Schwiegertochter
nordeste *m* Nordosten
noroeste *m* Nordwesten
norte *m* Norden
Noruega *f* Norwegen
norueguês, norueguesa norwegisch; ~ *m*, -esa *f* Norweger, Norwegerin
nós wir
nos uns
nosso, o nosso unser
nota *f* Geldschein
notar bemerken
notícia *f* Nachricht
Novembro *m* November
novo neu; jung; um ~ noch ein; de ~ wieder
número *m* Nummer
nunca nie; je zuvor
nuvem *f* Wolke

O

o der; ~ que das, was; os três wir drei
objecto m Ding
obra f Werk
obrigação f Verpflichtung
obrigado, obrigada danke; muito ~, -a vielen Dank
obrigar zwingen
ocasião f Gelegenheit
ocidental westlich
óculos m/pl. Brille; ~ escuros Sonnenbrille
ocultar verstecken
ocupado besetzt
ocupar einnehmen
odiar hassen
oeste m Westen
oferecer anbieten; schenken
oficial m da marinha Marineoffizier
olhar (para) schauen; blicken (auf); olha weißt du; olhar-se de frente sich in die Augen blicken
olho m Auge
oliveira f Olivenbaum
ombro m Schulter
onda f Welle
onde in der; wo; para ~ wohin
ontem gestern
operação f Operation
ópera f Oper
operado operiert
opinião f Meinung
opor entgegensetzen
oportunidade f Gelegenheit
optimismo m Optimismus
óptimo ausgezeichnet; vortrefflich
ora ach; na; nun; ~ essa ich bitte Sie
ordem f Befehl
ordenar befehlen
órfão m Waise
órgão m Orgel
orgulhoso stolz
outono m Herbst
outro ander; ein anderer; noch eins; outra vez wieder
Outubro m Oktober
ouvir hören
ovo m Ei
oxalá (que) hoffentlich

P

pá f Schaufel
pagão m Heide
pagar (por) zahlen (für)

pai m Vater
pairar schweben
país m Land
paisagem f Landschaft
paixão f Leidenschaft
palácio m Palast
palavra f Wort; em duas palavras in ein paar Worten; palavras cruzadas Kreuzworträtsel; de poucas palavras kurz angebunden
palestra f Gespräch; Plauderei
pânico m Panik
pano m Stoff
pão m Brot
Papa m Papst
papel m Papier
papelada f Papiere
par m Paar
para nach; in; für; um ... zu; damit; so daß; ~ comigo mir; ~ que so daß
paragem f Haltestelle
parar anhalten; still stehen
parceiro m Partner; Teilnehmer
pardal m Spatz
parecer scheinen; vorkommen; aussehen
parque m Park
parte f Teil
particular besonder; privat
partir abfahren; zerbrechen
parvo dumm
Páscoa f Ostern
pasmado erstaunt
passadeira f Zebrastreifen
passado letzt; vergangen
passageiro m Passagier; Reisender
passar kommen; verbringen; ~ (por) vorbeikommen; vorbeigehen; passar-se sich abspielen; stattfinden; passieren
passear spazierengehen
passo m Schritt; a dois passos nur ein paar Schritte entfernt
pastel m Fleischpastete
pastelaria f Konditorei
pátria f Heimat; irmão m de ~ Landsmann
pausa f Pause
paz f Friede

pé m Fuß; a ~ zu Fuß; de ~ stehend; im Stehen; ao ~ de neben
peça f Stück
pedir bitten; ~ por favor „bitte" zu j-m sagen
pedra f Stein
pegar (em) nehmen
peito m Brust
pelo, -a für das, aus dem, zum; pela certa bestimmt; mit Sicherheit; pela Páscoa zu Ostern; pelo menos wenigstens; pelo que vejo wie ich sehe
pena schade
península f Halbinsel
pensamento m Gedanke
pensão f Pension
pensar (em) denken, nachdenken
penteado m Frisur
pentear-se sich kämmen
pequeno klein; o mais ~ der geringste; ~ almoço Frühstück; tomar o ~ almoço frühstücken
pera f Birne
perante vor
perceber verstehen
perder verlieren; verpassen
perdoar verzeihen
pereira f Birnbaum
perfeitamente genau
perfeito vollkommen
perfume m Duft
pergunta f Frage; fazer perguntas fragen
perguntar (por) fragen (nach)
perigoso gefährlich
permitir erlauben
perseguir verfolgen
persa persisch; ~ m Perser
Pérsia f Persien
pertencer (a) gehören
perto de neben; pertinho ganz nahe
Peru m Peru
peruano peruanisch; ~ m Peruaner
pesadelo m Alptraum
pesado schwer
pessegueiro m Pfirsichbaum
péssimo miserabel; sehr schlecht
pessoa f Mensch; em ~ selbst
pijama m Schlafanzug
piloto m Pilot

pílula f Pille
pinheiro m Kiefer
pintor m Maler
pior schlechter
pires m Untertasse
planície f Ebene
plano eben; ~ m Plan
planura f Hochebene
plátano m Platane
pleno: em ~ direkt an;
  mitten in
pobre arm; o ~ (do) . . .
  der arme . . .
poder können; dürfen
poesia f Gedicht
poeta m Dichter
pois nun; dann; denn;
  doch; jawohl; ~ então
  sicher; ~ não natürlich
  nicht; oder
poisar stellen
polaco polnisch; ~ m
  Pole
Polónia f Polen
ponta f Spitze
pontual pünktlich
população f Bevölkerung
pôr stellen; legen; pôr-se
  (a) anfangen; pôr-se (a)
  sich stürzen (in); ~ em
  pratos limpos klarstellen
por weil; durch; für; aus;
  von; ~ causa de wegen;
  ~ cento Prozent; ~ dia
  pro Tag; ~ isso deswe-
  gen; ~ mais que so sehr
  auch; ~ mim statt mei-
  ner; an meiner Stelle;
  ~ sua vez seinerseits; ~
  volta de gegen
porco m Schwein; porca f
  Sau
porém jedoch
pormenor m Einzelheit
porque warum; ~ é que
  warum; porquê warum
porreiro toll
porta f Tür
portanto also
portão m Tor
porto m Hafen
português portugiesisch; ~
  m, -esa f Portugiese, Portugiesin
possibilidade f Möglichkeit
possível möglich
postal m Karte
potência: em ~ den Vor-
  aussetzungen nach; der
  Möglichkeit nach
pouco wenig; kurz; a ~ e
  ~ nach und nach; um ~

ein bißchen; uns poucos
  de einige; passado um ~
  kurz danach
praça f Platz
praia f Strand
prata f Silber
prato m Teller
precisamente genau
precisar (de) brauchen;
  müssen
preciso nötig; ser ~ nötig
  sein
preço m Preis
predilecto Lieblings. . .
prédio m Gebäude
predizer voraussagen
predominar vorherrschen
preencher ausfüllen
preferir vorziehen
pregar nageln; predigen
preguiçoso faul
premiar belohnen
prenda f Geschenk
prender befestigen; fest-
  nehmen
preocupação f Sorge
preparar vorbereiten
prescindir (de) verzichten
  (auf)
presença f Anwesenheit
presentear schenken
presentemente gegenwär-
  tig
presidente m da Câmara
  Bürgermeister
pressa f Eile; ter ~ es eilig
  haben
pressentir ahnen
prestar um serviço einen
  Dienst tun
preto schwarz
prevenir warnen
prever vorsehen
prévio vorherig; vorweg-
  genommen
primavera f Frühling
primeiro zunächst; o ~
  der erste
primo m Vetter
princípio m Anfang
problema m Problem
procurar suchen
produzir herstellen
professor m Lehrer; Pro-
  fessor
profissão f Beruf
profundamente tief
progredir Fortschritte machen
proibir verbieten
prolongado lang
prometer versprechen

propor vorschlagen; ~
  casamento einen Heiratsantrag machen
proposta f Vorschlag
próprio selber; selbst
prosa f Prosa
provar probieren
província f Provinz
próximo nächster; nahe
publicar veröffentlichen
publicidade f Publizität
pudor m Scham
pungente schmerzhaft;
  quälend

Q

quadrilátero m Viereck; ~
  rectangular Rechteck
quadro m Bild
qual ach was; welcher
qualquer irgendwelcher; ir-
  gendeiner; ~ coisa et-
  was; ~ dia irgendwann
quando wann; wenn; als;
  ~ é que wann
quanto wieviel; ~ menos
  . . . melhor je weniger . . .
  desto besser; quantos são
  hoje? den wievielten haben wir heute?
quarta-feira f Mittwoch
quarto m Zimmer; Viertel;
  um ~ de litro ein Viertelliter; ~ de banho Bade-
  zimmer
quase fast
que daß; der; welcher;
  (do) ~ als; o ~ was; das
  was; é ~ nämlich
queijo m Käse
queimar verbrennen
quem wer
quente warm
quer . . . quer ob . . . oder
  ob; ~ faça sol ou chuva
  ob die Sonne scheint oder
  ob es regnet
querer wollen; ~ dizer
  meinen; quer dizer d. h.
questão f Problem; Frage;
  por uma ~ de aus
quilo m Kilogramm; quilo-
  grama m Kilogramm
quilómetro m Kilometer;
  ~ quadrado Quadratkilo-
  meter
quinta f Gut
quinta-feira f Donnerstag
quotidiano täglich

R

raciocinar überlegen; räsonieren
rádio *m* Radio
raíz *f* Wurzel
rancho *m* Gruppe
rapagão *m* stämmiger Bursche
rapariga *f* Mädchen
rapaz *m* Junge
rapidamente schnell
raquete *f* Schläger
raro selten
rasgo *m* Aufschwung
razão *f* Recht; **ter** ～ recht haben
reacção *f* Reaktion
reafirmar beteuern; bestätigen
recear fürchten
receber empfangen; erhalten
receio *m* Angst
recepção *f* Empfang; Rezeption
recepcionista *m* der Mann in der Rezeption
receptor *m* Empfänger
récita *f* Vorstellung; Aufführung
recitar aufsagen
reclamação *f* Reklamation
recomeçar wieder beginnen
recomendar empfehlen
recompensa *f* Belohnung
reconhecer wiedererkennen
reconstruir wiederherstellen
recordar-se (de) sich erinnern (an)
rectangular rechtwinklig
recusar weigern; widersetzen
redondo rund
reduzir herabsetzen
reencher wieder füllen
refazer reorganisieren
referir erwähnen; **referir-se (a)** erwähnen
reflectir überlegen
refrescar auffrischen
região *f* Gegend; Landschaft
regime *m* System
regressar zurückkommen; zurückgehen
rei *m* König; **ser** ～ herrschen
regresso *m* Rückkehr
relativamente relativ
relatividade *f* Relativität

reler wieder lesen
relevo *m* Oberfläche
relógio *m* Uhr
remediar abhelfen
remédio *m* Mittel; Lösung; Medikament; **não ter** ～ keine andere Möglichkeit haben
remorso *m* Gewissensbiß
remotamente entfernt
reparar reparieren; ～ **(em)** merken
repartição *f* Dienststelle
repelir zurückstoßen
repente: de ～ plötzlich
repentinamente plötzlich
repetir wiederholen
repontar bockig werden; meckern
repor wieder hinlegen
representar aufführen; spielen
requerer beantragen
residente wohnhaft
resistir (a) widerstehen
resmungar brummen
resolver beschließen; erledigen; entscheiden
respeitar berücksichtigen; angehen
respeito: a ～ **de** über
responder (a) antworten
resposta *f* Antwort
ressentir zu spüren bekommen
ressuscitar auferwecken
restar übrigbleiben
restaurante *m* Restaurant
resto *m* Rest
resultado *m* Ergebnis; **dar** ～ Erfolg haben; helfen
retirar herausnehmen
retorno *m* Wiederkehr
reunião *f* Versammlung
reunir versammeln
revelar zeigen
rever durchsehen
revista *f* Zeitschrift; Illustrierte; Revue
rico reich; ～ *m* der Reiche
rio *m* Fluß
rir lachen
risco *m* Risiko
riso *m* Lachen
risonho lächelnd
ritmo *m* Rhythmus
Rodésia *f* Rhodesien
rodesiano rhodesisch; ～ *m* Rhodesier
rolo *m* Rolle
romancista *m* Romancier; Romanschriftsteller

Românicas *f/pl.* Romanistik
Roménia *f* Rumänien
romeno rumänisch; ～ *m* Rumäne
rompante *m* Ausbruch
romper zerreißen
rosa *f* Rose
rosto *m* Gesicht
roto zerlumpt; verschlissen
roubar stehlen
rua *f* Straße; ～ **de sentido único** Einbahnstraße; ～ **de (da, do)** . . . . . . straße
ruído *m* Krach; Geräusch
ruim schlecht
rumo *m* Weg
Rússia *f* Rußland
russo russisch; ～ *m* Russe

S

sábado *m* Sonnabend
saber erfahren; wissen; können; **bem sei** ich weiß wohl; **sei lá** was weiß ich
sabonete *m* Seife
sacudir ausschütteln
sagrado heilig
saída *f* Ausgang
saia *f* Rock
sair verlassen; ausgehen
sala *f* Raum; Zimmer; ～ **de jogo** Spielraum; ～ **de estar** Wohnzimmer
saldar verkaufen
saldo *m* Schlußverkauf; Ausverkauf
saltar springen
salvar retten
salvo heil
samba *m* Samba
sapataria *f* Schuhgeschäft
sapato *m* Schuh
sarampo *m* Masern
satélite *m* Satellit; **aglomerado** ～ Satellitenstadt
satisfazer befriedigen
satisfeito zufrieden
saudade *f* Sehnsucht; **saudades** Grüße
saúde *f* Gesundheit
se man; sich; wenn; ob; ～ **bem que** obgleich; obwohl; ～ **me lembro** und wie ich mich erinnere
sé *f* Dom
seara *f* Getreidefeld
secar trocknen
secretária *f* Sekretärin; Schreibtisch
século *m* Jahrhundert
seda *f* Seide

sede *f* Durst; Sitz
segredo *m* Geheimnis
seguida: de ~ danach; darauf; dann
seguinte folgend; kommend
seguir folgen; **a** ~ folgend; kommend; danach
segunda-feira *f* Montag
segundo *m* Sekunde; der zweite
segurar festhalten; sichern
seguro fest; sicher
selo *m* Briefmarke
sem ohne; ~ **que** ohne daß; ~ **mais nem menos** mir nichts, dir nichts; einfach
semáforo *m* Ampel
semana *f* Woche; **de** ~ **para** ~ von Woche zu Woche
sempre immer; immer noch; immerhin
senão als
senhor *m* **(sr.)** Herr
senhora *f* **(sr.ª)** Dame; Frau
sentar-se sich setzen
sentido *m* Richtung
sentimental sentimental
sentimento *m* Gefühl
sentir fühlen; **não é coisa que se sinta** es ist nicht der Rede wert
sepulto begraben
sequer nicht einmal
ser sein; werden; stattfinden; ~ **(de)** stammen (aus); sein (aus); gehören; ~ **(para)** ursprünglich ...; eigentlich ...; ~ **capaz** können; **seja qual for o tempo** was für ein Wetter es auch immer sein mag
seriedade *f* Ernst
sério ernst; im Ernst; **a** ~ im Ernst
serra *f* Gebirge
servir servieren; dienen; sich eignen; passen; nützen; **não me servem** ich kann sie nicht gebrauchen
Setembro *m* September
seu, o seu sein; ihr; Ihr; seiner; ihrer; Ihrer
sexo *m* Sex
sexta-feira *f* Freitag
si Sie; Ihnen
silêncio *m* Schweigen; **em** ~ schweigend; **ficar em** ~ schweigen

sim ja; doch; ... **sim doch**; ... **sim senhor doch**; **dizer que** ~ ja sagen
simpático nett
simples einfach
simplicidade *f* Einfachheit
sinceramente ehrlich
sinceridade *f* Ehrlichkeit
sincero ehrlich
sino *m* Glocke
sintaxe *f* Syntax
Síria *f* Syrien
sírio syrisch; ~ *m* Syrer
só erst; allein; schon; nur
sobre über; auf
sobreiro *m* Korkeiche
sobrepor legen; stellen auf
sobressair vorwiegen
sobretudo hauptsächlich
sobrevir dazukommen
sobrinho *m* Neffe
sogro *m* Schwiegervater
sol *m* Sonne; **faz** ~ **die Sonne scheint; está** ~ **die Sonne scheint; há** ~ **die Sonne scheint**
solenemente ernst; förmlich
solicitar bitten
solidário solidarisch
soltar losmachen
solteirão *m* Junggeselle
solteiro ledig
solteirona *f* alte Jungfer
solto los
solução *f* Ergebnis
sonhar (com) träumen (von)
sonho *m* Traum
sono *m* Schlaf; **não ter** ~ nicht müde sein; **tirar o** ~ den Schlaf rauben
sopa *f* Suppe
sorrir lächeln
sorriso *m* Lächeln
sorte *f* Glück; **ter pouca** ~ Pech haben
sossegado beruhigt
sótão *m* Dachboden
sozinho allein
sua, a sua seine; Ihre; ihre
suave mild
subir hinaufgehen
sublime erhaben
subtil subtil
suculento saftig
sudeste *m* Südosten
sudoeste *m* Südwesten
Suécia *f* Schweden
sueco schwedisch; ~ *m* Schwede
suficiente ausreichend

sugerir nahelegen
Suíça *f* Schweiz
suíço schweizerisch; ~ *m* Schweizer
sujeito *m* Mensch; Mann
sul *m* Süden
superior: ser ~ **(a)** hinausgehen (über); übertreffen; sich (über etw.) hinwegsetzen
supor annehmen
surdo dumpf
surgir erscheinen; auftauchen
suspeitar vermuten
suspeito verdächtig
suspender unterbrechen
suspirar seufzen

T

tabaco *m* Tabak
tal como sowie
talvez vielleicht
tamanho *m* Größe; **sem** ~ maßlos
também auch
tampo *m* Platte
tango *m* Tango
tanto soviel
tão so; ~ **... como so ... wie**
tapar verschließen
tardar: não ~ bald kommen
tarde spät; ~ *f* Nachmittag; **à** ~ nachmittags; **de** ~ nachmittags; **3 horas da** ~ 3 Uhr nachmittags
táxi *m* Taxi
te dir; dich
teatro *m* Theater
telefonar (a) j-n anrufen
telefone *m* Telefon
telefonema *m* Anruf
telegrama *m* Telegramm
televisão *f* Fernsehapparat; Fernsehen; **ver** ~ fernsehen
telhado *m* Dach
temperado gemäßigt
temperatura *f* Temperatur
tempo *m* Zeit; Wetter; **bom** ~ schönes Wetter; **muito** ~ lange; **nesse** ~ damals; **pouco** ~ kurze Zeit
ténis *m* Tennis
tépido lauwarm
ter haben; ~ **(com)** damit etwas zu tun haben; ~

(de) müssen; ~ (que) müssen; e que tem und was macht es; e que tem isso na und
terça-feira *f* Dienstag
terceiro *m* der dritte
terminar beenden
ternura *f* Zärtlichkeit
terra *f* Land
terreno *m* acidentado hügeliges Gebiet
território *m* Land
terrível schrecklich
testa *f* Stirn
testemunhar bezeugen; bekunden
teu, o teu dein; deiner
texto *m* Text
ti dir; dich
tinta *f* Tinte
tio *m* Onkel
tipo *m* Kerl; Typ
tirar nehmen
toalha *f* Tischdecke
tocar angehen; klingeln; ~ a campainha klingeln
todo ganz; ao ~ im ganzen; todos alle; toda a gente alle Leute; ~ o dia den ganzen Tag
toldado blau
toldar trüben; verdecken
tom *m* Tonfall
tomar nehmen; annehmen
tonelada *f* Tonne
tórax *m* Thorax
tornar wiedergeben
torneira *f* Wasserhahn
torre *f* Turm
tossir husten
tostão *m* 0,1 Esc.
totalista *m* Gesamtgewinner
totalmente ganz
totobola *m* Toto
trabalhador fleißig
trabalhar arbeiten
trabalho *m* Arbeit
tradição *f* Tradition; Überlieferung
traduzir übersetzen
trágico tragisch
trago *m* Zug; dum ~ in einem Zug
trair verraten
transformar-se sich verwandeln
transgredir verstoßen
trânsito *m* Verkehr
transparência *f* Durchsichtigkeit

transpor überschreiten
transtorno *m:* fazer ~ stören; verwirren
tratar por tu duzen; ~ por você (senhor) siezen; tratar-se (de) sich handeln (um)
trato *m:* bom ~ gute Behandlung
trazer bringen; tragen; haben
trigo *m* Weizen
triste traurig
tristeza *f* Traurigkeit
tu du
tua,'a tua dein; deiner
tubo *m* Rohr
tudo alles
turco türkisch; ~ *m* Türke
Turquia *f* Türkei

U

último letzt
ultrapassar überschreiten
um, uma, ein, eine; ungefähr; circa; etwa; uns einige
unha *f* Fingernagel
união *f* Verbindung
único einzig
universidade *f* Universität
usar tragen; benutzen
útil nützlich
utilidade *f* Nützlichkeit
utilitário nützlich
utilizar benutzen
uva *f* Traube

V

vadiar schweifen
vagaroso langsam
vaidoso eitel; stolz
valente tapfer
valer wert sein; ~ a pena sich lohnen
valor *m* Wert
valsa *f* Walzer
válvula *f* Ventil
vários verschiedene
vassoura *f* Besen
vazio leer
vela *f* Segel
velho alt
vender verkaufen
Venezuela *f* Venezuela
venezuelano venezuelisch; ~ *m* Venezolaner
vento *m* Wind
ver sehen; nachsehen; prüfen; ver-se obrigado (a) sich gezwungen sehen

(zu); vejam bem man bedenke
verão *m* Sommer
verdade *f* Wahrheit; Tatsache; ser ~ wahr sein
verde grün
vergonha *f* Schande
verificar-se sich herausstellen
vermelho rot
verso *m* Vers
vestido *m* Kleid
vestir anziehen
vez *f* Mal; às vezes manchmal; desta ~ diesmal; em ~ de statt; muitas vezes oft; mehrmals; pela primeira ~ zum ersten Mal; três vezes dreifach; chegar a ~ dran sein; an der Reihe sein
viagem *f* Reise
viajante *m* Reisender
viajar reisen
vida *f* Leben
videira *f* Weinrebe
vidro *m* Glas
vigarice *f* Betrug
vinho *m* Wein
vir kommen
virar-se sich drehen
vírgula *f* Komma
visita *f* Besuch
visitar besuchen
viver leben; wohnen
vivo lebendig; estar ~ leben; ~ *m* Einfassung
vocábulo *m* Wort
você Sie; vocês Ihr
volta: à ~ de um ... herum; à minha ~ um mich herum
voltar zurückkehren; zurückkommen; kommen; ~ (a) wieder ...; ~ troco antworten; voltar-se (para) sich wenden
volúpia *f* Wollust
vontade: à ~ wohl; ungezwungen
vos euch
vós ihr; euch; eurer
voz *f* Stimme
vulcão *m* Vulkan
vulgar alltäglich

X

xadrez *m* Schach

Z

zangado (com) böse (auf)
zona *f* Zone

Sachregister

(Die Zahlen beziehen sich auf die Seiten)

266